東國四詠 研究

東國四詠 研究

成範重

月印

이 책은 2004년도 울산대학교 저서연구비를 지원 받아 출판되었음

서 언

‘동국사영(東國四詠·東國四咏)’ 또는 ‘동국고사사영(東國故事四詠)’이라는 단어에서 매우 낯선 느낌을 받는 사람이 많을 것이다. 이 말은 고려 후기의 이제현(李齊賢) 이후 조선 초기의 김시습(金時習)에 이르기까지 약 200년에 걸쳐서 우리나라 최고의 지식인·시인들에 의해 꾸준히 창작되었던 작품군, 즉 고려시대 인물 중 가장 전범이 될 만한 일화를 남긴 네 사람의 행적을 제재로 하여 지은 일련의 한시작품들을 집합적으로 일컫는 용어이다.

일찍이 조윤제(趙潤濟) 선생은 『국문학개설』에서 국문학의 특질 중 하나로서 ‘은근과 끈기’를 지목한 바 있었고, 근래에는 조동일(趙東一) 교수가 국문학의 특질로서 ‘질서 변형의 멋, 한풀이와 신명풀이, 교훈과 풍자’를 들었는데, 이런 노력들은 모두 우리 문학의 특질이 무엇인가를 밝혀 보려는 노력의 일환으로 생각된다. 이와 비슷한 노력의 출발이 고려후기에 이제현이 처음 제작한 동국사영이 아닌가 한다. 동국사영은 그 자체가 4수의 한시 작품이지만, 거기서 찾고자 한 의미와 시도는 바로 우리문학에서 본질적으로 다루어야 할 지향점을 드러낸 것으로 이해할 수 있다.

동국사영은 치사(致仕)한 후 노새를 타고 강서사의 승려 혜소(惠素)를 찾아가서 망형지교를 맺었던 김부식(金富軾), 눈 속에서 해동기영회(海東耆英會) 회원들과 함께 소를 타고 송도 근교의 추암(皺巖)을 찾아가서 놀았던 최당(崔讜), 동래의 유배지에서 달밤에 거문고를 타며 연군지사인 <정과정>을 지어 불렀던 정서(鄭敍), 한림학사로 있을 때 비가 오면 맨발로 우산을 쓰고 숭교사(崇敎寺)의 연못에 가서 연꽃을 감상하였던 곽예(郭預)를 시적 제재로 삼아 그들의 고사에서 추출할 수 있는 망형지교, 자연 친화, 연군지사, 자연 완상과 같은 가치를 긍정적인 삶의 전범으로 설정하여 그 의미를 담아 낸 것이다. 이런 가치를 지향하는 작품을 짓는 전통이 고려와 조선의 왕조가 교체되는 과정을 겪으면서도 200년 동안 면면히 지속되었던 것은 적어도 그 시기의 지식인들 사이에서는 이 네 명의 행위가 긍정적 가치를 지닌다는 데 대한 암묵적 동의가 이루어진 것으로 이해할 수 있다.

필자가 동국사영에 대해 관심을 가지고 논문을 쓰기 시작한 지는 이미 햇수로 십 년쯤 된 듯하다. 그러나 천성이 게으른 탓에 처음 이 작업을 개괄하는 논문을 쓰고 나서 그 일을 잊을 만할 때쯤 또 한 편의 논문을 쓰다 보니 글이 축적되기보다는 세월만 쌓였다는 생각을 떨쳐 버릴 수 없다. 그럭저럭 4편의 논문을 쓴 다음, 마지막으로 남은 정서 고사에 대한 논문은 반드시 써야 한다는 동기가 유발되지 않아서 서랍 깊숙이 간직해 두었는데, 어느 날 갑자기 더 미루다가는 이 작업을 마무리하지 못할지도 모르겠다는 생각이 들어서 서둘러 마지막 한 편의 논문을 작성하여 이 일의 끝을 맺기로 하였다.

이 책에 실린 5편의 논문은 「동국사영의 연원과 전통」(『한국한시연구』 4집, 한국한시학회, 1996.12), 「김부식 고사의 시적 변용과 전승」(『울산어문논집』 11, 울산대 국문학과, 1996.12), 「최당 고사의 시적 변용과 전승」(『울산어문논집』 12, 1997.12), 「곽예 고사의 시적 변용과 전승」(『울산어문논집』 13·14합집, 1999.11), 「정서 고사의 시적 변용과 전승」(『한국중세사연구』 19집, 한국중세사학회, 2005.10)의 순서로 발표된 것인데, 이 책에서는 그것들을 총론과 각론으로 나누고, 각론은 다시 동국사영 대상 인물의 출생 시기 순서에 따라 논문을 재배열하고 나름의 정해진 체제에 따라 조금씩 손질을 가하였다.

작업을 끝내고 보니 결국 이 책의 직접적인 자료는 민사평(閔思平)·정추(鄭樞)·한수(韓脩)·김시습(金時習)의 동국사영 4수씩과 권근(權近)의 시 2수, 도합 칠언절구 18수에 지나지 않았다. 20수도 안 되는 절구로써 한 권의 책을 엮었다는 데 대해 너무 논의를 과장하여 전개하지나 않았는지 의구심이 들기도 한다.

책을 간행하여도 잘 팔리지 않을 줄 뻔히 알면서도 흔쾌히 이 책을 출판해 주신 월인의 박성복 사장님과 편집부에서 편집과 교정을 맡아 애써 주신 분들께 깊은 감사를 드린다. 이 책의 잘못된 점이나 소홀한 점에 대하여 많은 분들의 질정을 바라마지 않는다.

2006년 1월

문수산 자락의 연구실에서

성범중(成範重) 씀

목 차

제 I 부 총론 : 「동국사영」이란 무엇인가?

제II부 각론 :
「동국사영」은 어떻게 전승되고 전개되었는가?

제 I 부 총론 :
「동국사영」이란 무엇인가?

제1장 「동국사영」의 연원과 전통

1. 머리말

「東國四詠」[1)]은 고려 후기의 문인 益齋 李齊賢(1287~1367)이 金富軾(1075~1151)·鄭敍(1120?~1171?)[2)]·崔讜(1135~1211)·郭預(1232~1286)의 고사를 대상으로 작시한 데에서 비롯되어 及菴 閔思平(1295~1359)·圓齋 鄭樞(1333~1382)·柳巷 韓脩(1333~1384)·陽村 權近(1352~1409) 등을 거쳐 조선 전기의 梅月堂 金時習(1435~1493)에게까지 전승되었던 일련의 작품군을 가리키는데, 이 용어는 "우리나라[東國]를 대표할 만한 네 인물의 풍류스러운 고사를 읊은 시[四詠]"라는 뜻이다.

---

1) 이 작품군을 가리키는 말로는 '東國四咏'(閔思平·鄭樞), '東國故事四詩'(韓脩) 또는 '東國故事'(金時習) 등으로 나타나지만 여기에서는 가장 일반적이라고 생각되는 '東國四詠'이라는 용어로 통일해서 사용하기로 하겠다.

2) 鄭敍의 생졸년은 미상으로 처리되어 왔으나 鄭景柱 교수와 여운필가 그의 생졸년과 생애를 고증한 바 있어서 본고는 그 견해를 종합하여 수용하였다.(鄭景柱, 「鄭敍의 生涯와 忠臣戀主之詞로서의 鄭瓜亭」, 『釜山漢文學研究』 8, 釜山漢文學會, 1994.1. 및 呂運弼, 「鄭敍의 生涯에 관한 새로운 檢討」, 『睡蓮語文論集』 24집, 수련어문학회, 1999.4, 참조)

그 대상 인물은 모두 고려시대의 권문세가 출신들이라는 공통점을 지니고 있다. 이것은 이제현이 살았던 시기만 하더라도 역사에서 주동적인 역할 담당자는 소수의 지배계급이라는 인식이 일반적이었던 점과, 국가의 건국과 통치에 일반 백성의 역할이 크게 두드러지지 못하여 역사는 물론 문학에서도 이규보의 <동명왕편>, 이승휴의 『제왕운기』 등 최고 지배층의 행적을 기린 작품이 주종을 이루었던 점을 감안하면 당연하다고 할 수 있다.

고려 후기에 들어와서 역사에 대한 문인들의 관심이 고양되고 새로운 인식의 필요성이 제기되면서 우리나라의 역사에 대한 새로운 해석이 요구되었다. 이러한 추이에 따라서 당시의 대표적인 문인들 사이에서 중국의 역사뿐만 아니라 우리나라의 역사 및 풍속 등에 대한 관심이 높아졌고, 또 그러한 대상을 다룬 작품들이 출현하게 되는 결과를 낳았으며,[3] 이제현을 비롯한 많은 문인들이 이러한 생각을 정리하여 작시하는 경우가 많았다. 김건곤 교수는 이제현의 역사에 대한 남다른 관심에 대해 다음과 같이 설명하였다.

> 익재는 歷史家로서 『櫟翁稗說』, 「金公行軍記」, 忠烈·忠善·忠肅王의 『三朝實錄』, 「忠憲王世家」, 『增補編年綱目』, 『國史』 등의 當代史와 고려왕조 通史를 저술하였고, 한편으로는 3차례에 걸쳐 중국의 여러 역사적 현장을 직접 답사하여 확인할 기회를 가졌던 바, 그의 역사에 대한 관심이 남달랐음은 긴 설명이 필요하지 않다. 그가 역사에 대해 많은 관심을 가졌던 것은 옛것을 좋아하는 마음에서 비롯되었으며, 나아가 옛일을 널리 알아 오늘날에 교훈을 얻고자 하였기 때문이다.[4]

---

3) 이런 추이는 李奎報의 <東明王篇>을 비롯해서 一然의 『三國遺事』, 李齊賢과 閔思平의 「小樂府」 등을 통해서도 확인할 수 있다.

4) 김건곤, 『이제현의 삶과 문학』, 以會文化社, 1996, 91~92면.

여기에서는 이제현의 역사에 대한 관심이 남달랐던 이유를 '옛것을 좋아하는 마음'과 '옛일을 널리 알아 오늘날에 교훈을 얻고자 하였기 때문'으로 설명하고 있다. 이러한 설명은 이제현의 역사관이 곧 동양의 전통적인 역사관에 충실하였음을 의미한다고 하겠다. 이 점은 金泰永 교수가 이제현의 역사관을 명분론과 정통론에 입각한 性理學的 春秋史觀에 바탕을 두고 있다고 한 지적과 상통하고 있다.[5] 김건곤 교수는, 이제현이 역사적 사건이나 인물, 고적을 대상으로 읊은 시는 54題 58首로 전체 시의 1/5 이상을 차지한다고 하면서 다음과 같이 논급하였다.

> 익재의 영사시는 두 부류로 나눌 수 있다. 하나는 中原 周遊 時에 역사적 현장에서 읊은 것이고, 다른 하나는 앞의 것과는 전혀 무관하게 자신의 內的 必要에 따라 意圖的으로 선정한 역사적 인물들을 대상으로 한 것이다. 특히 『익재난고』 권3의 <古風>(5)과 <范蠡> 및 권4 소재 <陳勝> 이하 <陸賈>까지의 15인을 대상으로 한 일련의 시가 후자에 해당된다. 그리고 『익재난고』가 저작 시기순으로 편집된 것을 고려하면, 앞의 것은 청장년기 때의 작품이고 뒤의 것은 노년기에 지은 것임을 알 수 있다.
>
> 한편 그 대상 인물은 君王, 名相, 忠臣, 將軍, 孝子, 學者, 方士, 美人 등으로 다양하며, 시대는 중국의 上代로부터 자신이 살던 元代에까지 걸쳐 있다. 시대와 인물에서 주목되는 것은 특히 漢代의 인물을 집중적으로 거론하고 있다는 점이다. 그러나 우리나라의 역사를 대상으로 한 작품이 한 편도 없는 것은 아쉬운 점이 아닐 수 없다. 이는 중국 지향적인 의식의 결과라고 하겠다.[6]

그런데 이 인용문에서 이제현의 영사시 중 우리나라의 역사를 대상

---

5) 金泰永, 「高麗後期 士流層의 現實認識」, 『創作과批評』 44, 창작과비평사, 1977, 339면, 참조.
6) 김건곤, 앞의 책, 96면.

으로 한 작품이 한 편도 없다고 한 지적과 그것에 대한 해석은 필자와 생각이 좀 다르다. 후술되겠지만, 『익재난고』가 이제현의 작품 전체를 수록하지 못하여 거기에는 그가 평소 대단한 관심을 보였던 「동국사영」조차 실려 있지 못하다는 점과, 익재가 역사가로서 「김공행군기」, 충렬・충선・충숙왕의 『삼조실록』, 「충헌왕세가」, 『증보편년강목』, 『국사』 등의 當代史와 고려왕조 通史를 저술하였을 뿐만 아니라 그의 또 다른 저작 『역옹패설』에는 우리나라의 역사적 사실에 대한 관심이 매우 강하게 투영되고 있다는 점을 고려할 수 있기 때문이다.[7] 또 「동국사영」을 이제현이 짓고, 그것을 친밀하였던 민사평이나 문생들에게 짓도록 한 사실은 그의 우리나라의 역사에 대한 관심이 남달랐음을 보여주는 것이라고 하겠다.

「동국사영」의 대상이 되는 고사를 간단히 소개하면 대략 다음과 같다.

① 金富軾이 致仕한 후 노새(또는 나귀)를 타고 江西寺[見佛寺]의 승려 惠素를 찾아가서 忘形之交를 맺었다는 사실.

② 崔讜이 눈 속에서 소를 타고 海東耆英會 회원들과 함께 송도 근교의 皺岩을 찾아가서 놀았다는 사실.

③ 鄭敍가 東萊에 유배되어 있으면서 거문고를 타며 戀君之詞인

7) 鄭求福 교수는 역사와 관계되는 이제현의 저술로 『櫟翁稗說』, 「金公行軍記」, 「忠憲王世家」, 『國史』가 있다고 하고, 이것들은 대개 고려 왕조가 오래 지속된 이유로서 "創業垂統한 太祖의 큰 局量과 偉業에 말미암았으며 역대 군주들의 좋은 정치"가 있었던 사실을 들고 있다고 하였다. 그런 다음 이제현이 "大臣이나 重臣의 업적을 결코 소홀히 여기지 않았을 것이라는 점은 『역옹패설』에서 보이고 있으며, 『국사』에서 列傳을 썼다면 이 점이 강조되었음을 짐작하기 어렵지 않다."라고 하여 고려시대에 대신이나 중신의 역할을 강조하기도 하였다.(鄭求福, 「李齊賢의 歷史意識」, 震檀學會編, 『韓國古典』심포지움, 제2집, 一潮閣, 1985, 140~141면, 참조) 이같은 논의는 이제현이 우리나라의 역사에 대해서도 매우 깊은 관심을 가졌음을 반증해 주는 것이다.

<정과정>을 지어 달밤에 불렀다는 사실.

④ 郭預가 翰林으로 있을 때 비가 오면 맨발로 우산을 쓰고 龍化院 崇敎寺의 蓮池에 가서 연꽃을 감상하였다는 사실.

「동국사영」의 대상 인물은 위의 네 사람으로 고정되지만, 그 배열 순서는 작품에 따라 조금 차이가 나기도 한다. 이제현의 「동국사영」은 현재 전해지지 않기 때문에 확인할 수 없고, 민사평과 정추의 「동국사영」에서는 위와 같은 순서로 배열되고 있지만, 한수와 김시습의 「동국사영」에서는 ②가 마지막에 나오면서 그 이름도 '崔讜[崔太尉]'이 아니라 한수의 작품에서는 '金侍中', 김시습의 작품에서는 '金居士'로 나온다. 권근의 작품은 4수 전체가 전하지 않고 그 가운데 2수만 전하는데 그것도 ②가 ①보다 앞에 실려 있고, ②의 '최당'은 '김거사'라는 이름으로 문집에 남아 있기는 하지만 이 시들이 「동국사영」이라는 큰 제목으로 묶여 있지 않고 개별 작품으로 실려 있기 때문에 애초에 어떤 순서로 배열되었는지 확인하기는 어렵다. 그러나 권근의 「동국사영」이 온전하게 남아 있다고 한다면, 그의 작품은 한수의 영향을 받은 것으로 보이기 때문에 한수의 작품과 같은 순서였을 것으로 짐작된다.[8] ②가 한수의 「동국사영」 이후에 제작되는 작품들에서 마지막에 배열되는 것은 후대로 내려올수록 최당 고사의 의미가 퇴색되거나 그를 다른 인물로 오인됨으로써 그 의미가 약화되었기 때문인 것으로 보인다. 그러나 민사평과 정추의 「동국사영」에서 정서가 최당보다 훨씬 이른 시기의 인물인데도 불구하고, 그를 다룬 작품이 최당을 다룬 작품의 뒤에 배열된 이유는 분명하지 않다.[9]

---

8) 권근은 한수와 개인적인 친분이 매우 짙었으며 또 한수의 문집인 『유항시집』에 批點을 달기도 하였다. 두 사람의 관계에 대해서는 뒤에서 자세히 논의된다.

9) 민사평의 「동국사영」이 이제현의 작품과 같은 운을 사용하고 있기 때문에, 그 작품의 배열 순서도 동일한 것으로 본다면, 이제현의 「동국사영」도 배열 순서

「동국사영」에 대한 기왕의 논의로는 연구자들이 다른 주제를 다루는 과정에서 간단히 언급한 것이 몇 편 있을 뿐이다. 鄭景柱 교수는 정서의 <정과정>을 논의하는 과정에서 「동국사영」에 대해 "이 넷은 모두 동국인으로서의 風流韻事로 기억될 만한 소재들"이라고 하면서, <정과정>이 "「동국사영」의 하나로 채택될 만큼 유배지의 月夜彈琴이라는 것이 사대부의 고결한 韻事의 하나로 계승되고 있었다."라고 하였다.[10] 또 金性彦 교수는 김부식의 삶과 문학을 논의하는 과정에서 "이제현 같은 사람은 門生들에게 「동국사영」이라는 글제를 내었는데 그 중 첫째의 승사가 바로 <김부식 시중이 노새를 타고 강서사의 혜소 상인을 찾아가다(金侍中富軾 騎騾訪江西惠素上人)>였던 것이다. 이 제목으로 시를 남긴 사람은 鄭樞·閔思平·韓脩·權近 등이 있는데 그들의 시는 모두 나라를 위해 진력하던 노재상의 산문에서의 풍류를 칭상한 공통점을 가지고 있다."라고 하였다.[11] 그러나 이 분들은 「동국사영」 자체에 대해 더 이상의 관심을 보이지 않았으며, 이 작품의 의미에 대하여 단순히 風流韻事, 또는 勝事라고 지적하는 데 머물렀다.

본고는 「동국사영」을 본격적으로 논의하기 위한 예비적 고찰로서 먼저 관련 자료를 개괄하고, 이 작품의 연원과 전통을 살펴보고자 한다.

는 민사평의 그것과 마찬가지일 것으로 생각할 수 있다. 그렇다면 이제현은 대상 인물의 활동 시기를 그렇게 중요하게 생각하지 않고, 그냥 네 인물을 무작위로 배열하였을 가능성이 있다. 이제현이 「소악부」를 지으면서, 정서의 <정과정>의 일부를 한역한 것도 남아 있기 때문에 결코 정서에 대한 그의 관심이 최당보다 적었다고 보기는 어렵기 때문이다.

10) 鄭景柱, 앞의 논문, 262~263면.

11) 金性彦, 「金富軾의 삶과 文學」, 『韓國漢詩作家硏究』 1, 太學社, 1995.7, 91~92면.

2. 자료 개관

1) 기본 자료

「동국사영」의 범주에 들 수 있으면서 지금까지 전해지는 것들로는 민사평・정추・한수・권근・김시습의 작품이 있다.[12] 이제현의 「동국사영」은 현재 일실되어 전해지지 않지만, 그가 처음으로 「동국사영」이라는 이름으로 작품을 창작한 다음 그 부류의 작품을 주위 사람들에게 짓도록 한 사실을 현전하는 작품을 통해 확인할 수 있다. 또 권근의 「동국사영」은 김부식과 최당의 고사를 다룬 작품만 남아 있고 그것마저 최당의 고사를 다룬 시는 최태위[최당]의 이름이 와전되어 '김시중'으로 기록되어 전하지만, 시에 담긴 내용으로 보아 그 시는 최당의 고사를 대상으로 한 것이 확실한 만큼 그 작품도 「동국사영」의 하나로 보아 그 목록을 보이면 다음과 같다.

① 閔思平, 「東國四咏 益齋韻」[13]: <金侍中乘騾 訪江西惠素上人>, <崔大尉冒雪 游城北皺岩>, <鄭中丞月下撫琴>, <郭翰林雨中賞蓮>

② 鄭樞, 「東國四咏」[14]: <金侍中富軾騎騾 訪江西惠素上人>, <雙明崔大尉讜雪後騎牛 游城北皺岩>, <鄭中丞敍謫居東萊 每月明彈琴達曙>, <郭翰林預冒雨賞蓮 有詩>

③ 韓脩, 「奉和益齋相國東國故事四詩」[15]: <金侍中騎騾 訪江西慧

12) 김시습 이후에도 「동국사영」이 제작되었을 가능성은 충분히 있으나 그 이후의 자료를 확인하지 못하였다. 앞으로 자료가 더 발견된다면 보완될 수 있을 것이다.

13) 閔思平, 『及菴詩集』 권2, 『韓國文集叢刊』 3, 民族文化推進會, 61면.

14) 鄭樞, 『圓齋稾』 권상, 『韓國文集叢刊』 5, 196면.

15) 韓脩, 『柳巷詩集』, 『韓國文集叢刊』 5, 260면.

素上人>, <鄭中丞謫居東萊 對月撫琴>, <郭翰林冒雨 賞三池蓮花>, <金侍中[16]雪中騎牛 遊皺巖>

④ 權近의 작품[17]: <金居士雪中騎牛 遊皺岩>, <金侍中騎騾 訪江西惠袁上人>

⑤ 金時習, 「詠東國故事」[18]: <金侍中騎騾 訪江西惠臺上人>, <鄭中丞謫居東萊 對月撫琴>, <郭翰林冒雨 賞三池蓮花>, <金居士雪中騎牛 遊皺巖>

2) 보조 자료

「동국사영」에 대한 이상의 기본 자료 이외에도 이것들을 보완해 줄 수 있는 단편적인 자료들을 각종 문헌에서 다수 확인할 수 있다. 다음에 그것들을 대상 인물별로 간략히 정리하기로 하겠다.

(1) 김부식 고사에 대한 자료

김부식의 고사는 주로 승려 惠素와의 교유가 중심이 되는 만큼 혜소와 관련지어 해석할 수 있는 자료가 여기에 포함되는데, 김부식과 혜소와의 만남은 주로 開城의 甘露寺 및 황해도 白川(배천)의 江西寺[見佛寺][19]를 중심으로 이루어지고 있다. 경우에 따라서는 이 두 사찰에서의 그들의 관계가 따로 구분되지 않고 뒤섞여 나타나기도 한다. 여기에 대한 김부식 및 후대 인물들의 작품 중 중요한 것은 대략 다음과 같다.

---

16) 『韓國文集叢刊』 5에 실린 1602년 重刊本 『柳巷詩集』에는 이 인물이 '金□□'으로 되어 있으나 『高麗名賢集』 4에 실린 1863년 중간본 『유항시집』에는 '金侍中'이라고 되어 있어서 본고에서는 후자를 따랐다.

17) 權近, 『陽村集』 권9, 『韓國文集叢刊』 7, 108면.

18) 金時習, 『梅月堂集』, 「詩集」 권2, 『韓國文集叢刊』 13, 113면.

19) 江西寺는 『新增東國輿地勝覽』 권43, 「白川郡」 條에 고을 동쪽 匡正渡 위에 있는데 見佛寺라고도 하며, 승려 惠素가 여기 거주하였는데 金富軾이 늘 나귀를 타고 방문하였다는 기록이 있다.

金富軾, <松都甘露寺 次惠遠韻>[20]
楊士彦(1517～1584), <贈江西寺住持>[21]
辛應時(1532～1585), <江西寺贈僧>,[22] <江西寺贈僧>,[23] <甘露寺 次陽村韻>[24]
徐渻(1558～1631), <甘露寺 次金平章韻>[25]
尹舜擧(1596～1668), <甘露寺 用金富軾韻>[26]

(2) 최당 고사에 대한 자료

최당의 고사는 그가 海東耆英會의 맹주로서 개성 근교의 皺岩에서 놀았던 일화가 중심이 되는 만큼 그에 대한 언급은 추암을 소재로 한 작품들에서 주로 나타나고 있다. 여기에 대한 후대 인물들의 작품 중 중요한 것은 대략 다음과 같다.

李仁老(1152～1220), <崔太尉雙明亭>,[27] <崔太尉騎牛出遊>[28]
成俔(1439～1504), <皺巖>[29]
蔡壽(1499～1515), <皺巖>[30]
曺偉(1454～1503), <皺岩>[31]

---

20) 『東文選』 권9. 이 시는 『三韓詩龜鑑』, 『靑丘風雅』, 『箕雅』, 『大東詩選』, 『小華詩評』, 『新增東國輿地勝覽』 등에도 실려 있다.
21) 楊士彦, 『蓬萊詩集』 권1, 『韓國文集叢刊』 36, 418면. 이 시는 <江西寺謾吟>이라는 제목으로 劉在建(1793～1880) 편, 『古今詠物近體』에도 실려 있다.(『古今詠物近體』 3, 권21, 「佛寺類」, 亞細亞文化社 影印, 1981, 578면)
22) 辛應時, 『白麓遺稿』, 『韓國文集叢刊』 41, 392～393면.
23) 위의 책, 401면.
24) 위의 책, 406면.
25) 徐渻, 『藥峯遺稿』 권1, 『韓國文集叢刊』 63, 146면.
26) 尹宣擧, 『童土集』, 續集 卷1, 『韓國文集叢刊』 100, 88면.
27) 『東文選』 권6. 『三韓詩龜鑑』 권하에는 이 시의 앞 8구만 실려 있다.
28) 위의 책, 권20.
29) 成俔, 『虛白堂集』 권5, 『韓國文集叢刊』 14, 274면.
30) 蔡壽, 『懶齋集』 권2, 『韓國文集叢刊』 15, 404면.
31) 曺偉, 『梅溪集』 권1, 『韓國文集叢刊』 16, 296면.

(3) 정서 고사에 대한 자료

정서의 고사는 그가 讒訴를 입어 東萊로 귀양가서 달밤에 왕을 그리워하는 노래 즉 <정과정>을 지어 불렀다는 일화와 관련된다. 여기에 대한 당대 또는 후대 인물들의 작품 중 중요한 것은 대략 다음과 같다.

林椿, <次韻鄭侍郞敍詩 幷序>,[32] <追悼鄭學士>[33]
李齊賢, 「小樂府」[34]
柳淑(?~1368), <書懷寄趙瑚先輩>[35]
趙浚(1346~1405), <壬戌八月十六日 寓宿草溪 霽月欲上 公館寥闃 時有卞承景者 携琴入謁 彈盡一曲 誦詩而前曰 子能記此乎 曩在京師 余與子訪柳君爰廷 爰廷爲子鼓琴 子作此詩 盖今十有一年 聽訖 余恍然而後省>,[36] <書農堂壁上>[37]
李崇仁(1349~1392), <秋日雨中有感>[38]
權近(1352~1409), <送金直長彌 兼寄鄭三峯>[39]
李稷(1362~1431), <冬至>[40]
卞仲良(?~1398), <寧海>[41]
魚世謙(1430~1500), <效益齋歌詞>[42]

---

32) 林椿, 『西河集』 권1, 『韓國文集叢刊』 1, 212~213면.
33) 위의 책, 권2, 222면.
34) 李齊賢, 『益齋亂藁』 권4, 『韓國文集叢刊』 2, 537면.
35) 『東文選』 권21. 李崇仁의 『陶隱集』 권3에는 이 시를 <秋日雨中有感> 다음에 부록으로 실은 다음, "此思菴先生臨絶之詩也 謹錄如左"라고 하였다.(『韓國文集叢刊』 6, 572면) 또 楊熙止(1439~1504)의 『大峰集』 권1에는 <題鄭瓜亭>이라는 제목으로 실어서 楊熙止의 작품이라고 하였다.(『韓國文集叢刊』 15, 20면)
36) 趙浚, 『松堂集』 권1, 『韓國文集叢刊』 6, 409면.
37) 위와 같음.
38) 李崇仁, 『陶隱集』 권3, 『韓國文集叢刊』 6, 571면. 그런데 『陶隱集』에는 '鄭瓜亭'이 '鄭過庭'으로 잘못 기록되어 있다.
39) 權近, 『陽村集』 권2, 『韓國文集叢刊』 7, 24면.
40) 李稷, 『亨齋詩集』 권3, 『韓國文集叢刊』 7, 547면.
41) 『東文選』 권16.
42) 魚世謙 외, 『咸從世稿』 권8.

李春元(1571～1634), <鄭瓜亭>[43]
洪葳(1620～1660), <鄭瓜亭>[44]
申晸(1628～1687), <瓜亭>[45]
李瀷(1681～1763), <鄭瓜亭>[46]
金養根(1734～1799), <鄭瓜亭>[47]
李學逵(1770～?), <鄭瓜亭>[48]
李圭景(1788～?), <鄭瓜亭紫霞洞曲>[49]
李裕元(1814～1888), <鄭瓜亭>[50]

(4) 곽예 고사에 대한 자료

곽예의 고사는 그가 비가 올 때면 개성에 있는 崇教寺 龍化院의 蓮池에 핀 꽃을 맨발로 찾아가 감상하였다는 일화가 중심이 되는 만큼 蓮池를 소재로 한 작품들에서 주로 언급되고 있다. 그 후 이 蓮池 곁에 玄福君 權廉(1302～1340)이 雲錦樓를 세웠기 때문에 운금루와 관련된 작품들에서도 그의 흔적을 찾을 수 있다. 여기에 대한 작품 중 중요한 것은 대략 다음과 같다.

郭預, <賞蓮>[51]
崔瀣, <追次郭密直預賞蓮詩韻>[52]

---

43) 李春元, 『九畹集』 권1, 「次東萊雜詠」 17수 중 다섯째 수, 『韓國文集叢刊』 79, 142면.
44) 洪葳, 『清溪集』 권2, 『韓國文集叢刊』 125, 37면.
45) 申晸, 『汾厓遺稿』 권2, 「萊山感古」 4수 중 둘째 수, 『韓國文集叢刊』 129, 334면.
46) 李瀷, 『星湖集』 권8, 「海東樂府」.
47) 金養根, 『東埜集』 권4, 「樂府」, 『漢文樂府・詞資料集』 4, 啓明文化社, 1988, 52～53면.
48) 李學逵, 『嶺南樂府』, 위의 책, 194～195면.
49) 李圭景, 『詩家點燈』, 亞細亞文化社, 1981, 465면.
50) 李裕元, 『林下筆記』 권38, 「海東樂府」, 『漢文樂府・詞資料集』 5, 啓明文化社, 1988, 180～181면.
51) 『東文選』 권20.

李齊賢, <雲錦樓記>,[53] <荷洲香月>[54]

閔思平, <約義軒洪鐸賞蓮>[55]

李穡(1328~1396), <葵軒記>,[56] <重大匡玄福君權公墓誌銘幷序>,[57] <閏五月初九日獨坐 至日斜有微雨 日光雨點相雜 因記崔拙翁和郭密直賞蓮詩 漏雲殘照雨絲絲 心語口曰 宋詩有五月臨平山下路 藕花無數滿汀洲之句 五月政荷花開時也 而微雨又如此拙詩情興可想 予以二毛 承乏領史翰 郭公玉堂老之語 先得僕之風情鬢絲也 吟成一篇 爲他日池之會張本>,[58] <將賞蓮龍化池 花無開者>,[59] <欲出未能 有懷雲錦>,[60] <仲夏以來 苦欲賞蓮 一日遣長鬚往候 則雲錦池花亡久矣 獨廣濟池盛開 於是命駕而往 緣堤信馬 偶得任中郎林亭邀天台懶殘子同賞 公設食作碧筒飮 向晩解携 因過南溪院 旣歸則日已晩矣 吟成二首>[61]

3. 「동국사영」의 연원과 전통

1) 「동국사영」 작품군에 대한 개괄적 검토

(1) 이제현의 「동국사영」

앞에서 언급한 바와 같이 「동국사영」이라는 말은 익재 이제현이 처

52) 위와 같음.
53) 李齊賢, 『益齋亂藁』 권6, 『韓國文集叢刊』 2, 555면.
54) 「和李明叔雲錦樓四詠」 중 첫째 수, 위의 책, 권3, 526면.
55) 閔思平, 『及菴詩集』 권2, 『韓國文集叢刊』 3, 62면.
56) 李穡, 『牧隱文藁』 권3, 『韓國文集叢刊』 5, 20~21면.
57) 위의 책, 권16, 143면.
58) 李穡, 『牧隱詩藁』 권16, 『韓國文集叢刊』 4, 192면.
59) 위의 책, 권17, 205면.
60) 위와 같음.
61) 위의 책, 권18, 215면.

음 사용한 용어이다. 익재가 처음으로 「동국사영」이라는 제목의 시를 제작하여 친구와 문생들에게 보여주면서 거기에 和韻하라고 권하거나 명하였던 사실이 확인된다.62) 익재의 작품은 현재 전하지 않아서 그 면모를 확실히 알 수 없지만 그것을 계승하여 온전하게 또는 일부만 전하는 작품들이 상당수 남아 있기 때문에 그것들을 통하여 그의 작품이 지어진 정황과 그 작품군의 의미를 따져 볼 수 있다.

이제현의 「동국사영」이 전하지 않는 까닭은 그가 생전에 부친인 東菴 李瑱(1244~1321)의 문집을 간행하지 못한 상황에서 자신의 문집을 간행할 수 없다고 하여 시문을 지으면 그대로 버렸다는 사실과 연관되는 것으로 보인다. 李穀의 아들로서, 부자가 함께 이제현의 문생이었던 李穡은 『익재난고』의 序文에서 다음과 같이 말하였다.

> 선생은 저술한 것이 매우 많았으나 일찍이 "선친 東菴公의 문집도 아직 세상에 간행하지 못하였는데, 하물며 이 아들의 것이겠는가?"라고 하였다. 그래서 시문을 지으면 짓는 대로 버렸는데도 사람들은 곧 간직해 두곤 하였다. 막내아들 大府少卿 彰路와 큰손자 內書舍人 寶林이 서로 함께 모아서 몇 권을 만들어 그것을 鋟梓하여 영구히 전하려고 하면서, 나에게 序를 청하였다. 나는 "선생이 편찬한 『國史』가 兵禍에 도리어 散逸됨을 면치 못하였는데, 하물며 片言隻字로 남의 서랍 속에 남아 있는 것들이야 언제 어떻게 될지 알겠는가? 그러니 몇 권을 간행하지 않을 수 있겠는가? 두 사람은 거기에 힘써야 하네."라고 하였다.63)

62) 예컨대 다음과 같은 것이 있다. 座主益齋侍中命賦.(鄭樞, 「東國四詠」의 細註, 『圓齋稾』 권상, 『韓國文集叢刊』 5, 196면)

63) 先生著述甚多 嘗曰 先東菴尙未有文集行於世 況少子乎 故於詩文 旋作旋棄 而人輒壯志 季子大府少卿彰路 長孫內書舍人寶林 相與裒集 爲若干卷 謀所以壽之梓 命余序 余曰 先生所撰國史 尙不免散逸于兵 矧片言隻字爲人笥篋者 煨燼何疑 則若干卷 不可不亟刊行也 二君其勉之.(李穡, <益齋先生亂藁序>, 『益齋亂藁』, 『韓國文集叢刊』 2, 497면)

이 인용문을 참조하면, 「동국사영」이 『익재난고』에 수록되지 않은 까닭은 문집이 편찬되던 1363년경에 「동국사영」을 수집하지 못하였든가, 아니면 「동국사영」이 『익재난고』 편찬 이후에 제작된 작품일 가능성을 상정할 수 있다. 그러나 전후의 사정을 감안할 때, 이제현의 「동국사영」은 전자에 해당한다고 할 수 있다. 왜냐하면 그의 작품의 韻字를 사용하여 「동국사영」을 지은 민사평의 歿年이 1359년이기 때문이다. 따라서 이제현의 작품은 1359년 이전에 지은 것으로 볼 수밖에 없고, 또 그가 우리나라 문인들의 각종 고사와 시화에 대한 사실을 정리한 것이 『역옹패설』이라는 점을 감안하면, 그가 「동국사영」을 제작한 시기는 『역옹패설』을 지은 1342년부터 민사평의 몰년인 1359년 사이로 볼 수 있다.

이제현은 평소 「동국사영」에 대단한 관심을 가졌던 것으로 보이는데 이 사실은 그의 문생 정추가 "좌주 익재 시중이 명하여 읊다.(座主益齋侍中命賦)"라고 한 것이나, 한수의 작품 제목이 「익재 상국의 동국고사四詩에 받들어 답하다(奉和益齋相國東國故事四詩)」라는 사실에서 확인된다. 이제현은 이들이 함께 모인 자리에서 동시에 이들에게 「동국사영」 작품을 짓도록 하였거나, 그렇지 않으면 자리를 달리 해서라도 문생들로 하여금 지속적으로 이 계열의 작품을 짓도록 하였을 것이다. 어느 경우이든지 간에 이제현은 이 「동국사영」에 대해 남다른 관심을 가지고 이 작품에 의미를 부여하고자 하였음을 미루어 짐작할 수 있다.

이제현의 「동국사영」이 현재 남아 있지는 않지만 그 편린을 엿볼 수 있는 자료들은 남아 있다. 그는 정서가 지은 <정과정>의 앞 4구를 七言絶句로 한역한 이른바 小樂府 <정과정>을 남기고 있고, 곽예의 고사에 대해서는 『역옹패설』에서 직접적으로 곽예의 작품을 인용하여 언급하고 있다. 김부식과 최당의 고사를 다룬 작품은 『익재난고』에서 현재 확인할 수는 없으나 그가 이 두 인물의 고사에도 상당한 관심이 있었고, 이것들을 종합하여 「동국사영」을 제작하였음을 짐작할 수 있다.

(2) 민사평의 「동국사영」

급암 민사평은 이제현과의 관계가 매우 친밀하였던 것으로 알려져 있다. 이제현의 문생이었던 이색은 이제현과 민사평의 관계에 대하여 다음과 같이 증언하였다.

> 급암 민선생의 시는 造語가 平淡하지만 用意가 精深하다. 그 때 익재 이제현 선생과 愚谷 鄭子厚 선생, 그리고 정승 竹軒 金倫[64]은 같은 마을에 살아서 鐵洞三菴이라고 일컬어졌다. 급암은 죽헌의 사위였는데, 죽헌이 仙去하자 급암이 또 와서 그 집에서 거처하였다. 三菴의 稱號는 끊이지 않아서 한 세상에서 그것을 으뜸으로 삼았다. 나는 늦게 태어났으나 다행히 평시에 그 도덕의 빛을 모두 접할 수 있어서 종신토록 泰山北斗처럼 우러러보는 대상으로 삼았으니 대개 다행 중의 다행이었다.[65]

즉 익재는 급암의 장인이었던 김륜, 정자후와 더불어 鐵洞三菴으로 일컬어졌는데, 김륜이 죽은 후 그 집에 다시 민사평이 들어와 살게 됨으로써 철동삼암이라는 그 명성을 계승하였다고 한다. 여기에서 우리는 익재와 급암이 같은 마을에 거처하면서 매우 친밀한 관계를 유지하였

---

64) 金倫(1277~1348)은 고려의 문신으로 字는 無己, 號는 竹軒, 都僉議參理 賆의 아들이다. 蔭補로 鹵簿判官이 된 이후 忠烈王을 따라 元나라에 가서 侍從하였다. 忠惠王 때 曺頔의 난에 연루된 죄인들에게 고문을 피하고 德義로 심문함으로써 죄인들이 죄상을 숨기지 않았다고 한다. 彦陽君에 봉해지고, 忠烈王 때에는 左政丞이 되어 府院君에 봉해졌다. 諡號는 貞烈이다.

65) 及菴閔先生詩 造語平淡而用意精深 其時益齋先生愚谷先生與竹軒政丞居同里 號鐵洞三菴 及菴竹軒壻也 竹軒仙去而及菴又來居其第 三菴之稱未絶 一世宗之 予晩生幸及平時 皆得接其道德之輝 以爲終身山斗之仰 盖幸之幸也(李穡, <題愓若齋學吟後>, 『牧隱文藁』 권13, 『韓國文集叢刊』 5, 109면)

음을 알 수 있다. 또한 급암은 익재의 부친인 東菴 李瑱의 문생으로[66] 이진이 생존해 있을 때 수시로 그 집에 드나들면서 宗伯인 익재와 교분을 쌓았을 것으로 짐작할 수 있다. 더욱이 급암은 익재의 문집을 전라도에서 발간하도록 주선하였고,[67] 이제현은 민사평이 죽은 후 『급암시집』에 序를 썼다는 사실[68]까지를 고려하면, 급암과 익재의 친밀한 관계를 충분히 짐작하고도 남음이 있다. 실제 작품을 통해서 보더라도 민사평은 <伏蒙宗伯益齋公示近所爲詩數篇 (下略)>,[69] <次韻愚谷拜呈益齋>[70] 등에서 보듯이 이제현을 宗伯, 拜呈 등의 용어를 써서 깍듯이 공대하고 있으며, 이제현도 <昨見郭翀龍言 及菴欲和小樂府 (下略)>[71]와 <後儒仙歌 爲崔拙翁作 示及菴>[72] 등을 통해 민사평에 대한 애정 어린 시각을 보여주고 있다. 또 이제현과 민사평은 인척 관계에 있기도 하였으니, 金倫의 아들인 金希祖는 바로 이제현의 사위[委禽]였고, 민사평은 김륜의 사위였기 때문이다.[73]

민사평의 「동국사영」은 제목을 「익재의 운으로 쓴 동국사영(東國四咏 益齋韻)」이라고 하여 익재의 작품을 읽고 그 韻字를 사용하여 쓴 것임을 알 수 있다. 두 사람은 8살의 나이 차이가 있기는 하지만, 매우 친밀하였기 때문에 익재는 급암에게 이와 같은 작품을 한 번쯤 써 보라

66) 『及菴詩集』에 수록된 「年譜」에 따르면 급암은 1315년(忠定王 2) 朴仁幹의 榜에 급제하였다고 하는데(閔思平, 『及菴詩集』, 『韓國文集叢刊』 3, 52면), 『高麗史』 권73, 「志」 권27, '選擧' 1에 "1315년 정월에 李瑱이 考試官이 되고 尹奕이 同考試官이 되어 進士를 取하고 朴仁幹 등 33人에게 급제를 賜하였다."라는 기록이 있어서 이 사실을 입증하고 있다.

67) 沈慶昊, 「閔思平論」, 『韓國漢詩作家硏究』 1, 太學社, 1995.7, 337면.

68) 閔思平, 『及菴詩集』 卷首, <李齊賢題>, 『韓國文集叢刊』 3, 43면.

69) 閔思平, 『及菴詩集』 권3, 『韓國文集叢刊』 3, 68면.

70) 위의 책, 70면.

71) 李齊賢, 『益齋亂藁』 권4, 『韓國文集叢刊』 1, 537면.

72) 위의 책, 538면.

73) 李齊賢, <悠遠高麗國輸誠守義協贊輔理功臣壁上三韓三重大匡彦陽府院君贈謚貞烈公金公墓誌銘 幷序>(『益齋亂藁』 권7, 「碑銘」, 위의 책, 567~569면), 참조.

고 권유하였거나, 급암 스스로 그 작품을 보고 次韻하여 이 작품을 지었을 것으로 짐작된다. 그러나 급암의 「동국사영」은 익재의 그것과는 상당히 다른 내용을 담았을 것으로 보이는데, 그 이유는 대개 다음과 같은 점 때문이다.

<어제 郭翀龍을 만났더니 그의 말이 급암이 소악부에 和答을 하려고 하였으나 '같은 일에 말이 겹치기(事一而語重)' 때문에 하지 않았다고 한다. 나는 그에 대하여 '劉賓客[劉禹錫]이 지은 <竹枝歌>는 夔州와 三峽 지역의 남녀들이 서로 즐기는 사연이고, 蘇東坡는 二妃·屈原·楚 懷王·項羽의 일을 엮어 長歌를 지었는데 옛 사람의 것을 답습한 것이었던가? 급암은 別曲으로써 마음에 느낀 바를 취하여 새로운 가사를 짓는 것이 옳을 것이다.' 하고 두 편을 지어 도발한다(昨見郭翀龍言 及菴欲和小樂府 以其事一而語重 故未也 僕謂劉賓客作竹枝歌 皆夔峽間男女相悅之辭 東坡則用二妃屈子懷王項羽事 綴爲長歌 夫豈襲前人乎 及菴取別曲之感意者 翻爲新詞可也 作二篇挑之)>74)

작품 제목으로는 매우 긴 이 인용문에 대해 金聖基 교수는 다음과 같이 설명하였다.

이 글에서 '事一而語重'이라 함은 原歌의 狀況을 李齊賢과 閔思平이 같은 態度로 表現하는 것을 意味한다고 할 수 있는데, 閔思平이 이것을 꺼린다는 것이다. 이에 對하여 李齊賢은 事를 반드시 그대로만 느낄 것이 아니라, 及菴만이 마음에 느낀 바를 取하여 새로운 가사를 지으면 된다는 것이다. 李齊賢의 생각으로는 비록 素材는 같은 데서 取하더라도 表現하는 詩意는 詩人의 個性에 따라 달라지게 된다는 것이다. 閔思平에게 같은 素材를 取하여 小樂府 짓기를 要求한

74) 李齊賢, 『益齋亂藁』 권4, 위의 책, 537면.

> 것도 李齊賢이 詩人의 個性에 따라 詩가 지어진다는 생각을 表現한 것이라 하겠다.[75]

이 설명은 같은 대상이라고 하더라도 시로 지을 때는 그 대상을 새롭게 해석하여 새로운 意境을 담은 시를 지어야 한다는 이제현의 생각을 담고 있는데, 이것은 시에서 독자적인 발상이 매우 중요하다는 것을 드러낸 것이다. 이 말 속에는 동일 대상으로 시를 지을 때 독자적인 발상을 담지 않고 동일 범주의 의경에 머물게 되면 그 시는 좋은 작품이 되기 어렵다는 인식이 담겨 있다. 이런 생각은 이제현의 다른 언급에서도 나타난다.

> 古人들이 역사에 대하여 읊은 작품이 많이 있는데 만약 쉽게 이해되고 쉽게 싫증이 난다면 그 이유는 역사적 사실을 곧바로 서술하여 새로운 뜻이 없기 때문이다.[76]

여기에서 이제현은 詠史詩에서 역사적 사실을 다만 直述하는 데 그치게 되면 그 작품은 시로서의 감흥을 줄 수 없기 때문에 쉽게 싫증이 난다고 하였다. 따라서 영사시는 역사적 사실을 진술하는 데 그쳐서는 아니되고 그것에 대한 시인의 독특한 해석이나 의미 부여가 있어야 한다는 것이다. 이 부분에 대한 김성기 교수의 해석은 다음과 같다.

> 이 인용문에 의하면 李齊賢은 시에서 소재가 되는 역사적 사실을 直述하는 것[直述其事]은 바람직하지 않은 것으로 본다. 따라서 李齊

---

75) 金聖基, 「李齊賢의 詩文學 硏究」, 서울대학교 대학원, 문학박사학위논문, 1990.8, 40~41면.

76) 古人多有詠史之作 若易曉而易厭 則直述其事 而無新意者也.(李齊賢, 『櫟翁稗說』, 「後集」 2)

> 賢이 역사적 사실을 시의 대상으로 취하는 경우는 일반적 의미의 전달이나 보편적 이해를 위한 表現이 아니라 詩人으로서의 새로운 해석을 하고 새로운 의미를 부여하고자 하는 것이라고 할 수 있다.[77]

이러한 이제현의 생각은 「동국사영」의 경우에도 똑같이 적용될 수 있다. 즉 이제현은 자기가 지은 「동국사영」과는 다른 각도에서 민사평이 새로운 내용의 「동국사영」을 짓기를 바랐을 것이다. 또 급암은 익재의 이러한 생각을 잘 알고 있었기 때문에 그의 작품에서 형상화한 내용은 익재의 그것과는 상당히 달랐을 것이다. 급암은 동일 대상을 다룬 시라고 하더라도 그 의경은 서로 달라야 한다는 익재의 생각을 잘 알고 있었고, 또한 그 역시 '같은 일에 말이 겹치는 것'(事一而語重)은 원하지 않았던 것으로 미루어 보아 익재의 「동국사영」과 유사한 의경의 작품을 짓지는 않았을 것이다. 따라서 급암의 「동국사영」은 익재의 「동국사영」과 같은 대상을 다루되 그 내용은 상당한 차이를 보였을 것이고, 韻字는 「東國四咏 益齋韻」이라는 제목에서 보듯이 익재의 작품에서 쓴 것을 그대로 썼다고 볼 수 있다. 그 제작 시기는 앞에서 살펴본 익재와 급암의 친분을 고려할 때, 익재는 「동국사영」을 지은 지 오래지 않아 급암에게 보여주었고 급암도 오래지 않아 거기에 차운한 작품을 지었을 것으로 보이기 때문에 익재의 작품 제작 시기와 큰 차이가 없을 것으로 생각된다.

익재와 급암의 「동국사영」에서 사용된 운자는 김부식의 고사를 다룬 작품은 平聲 刪韻 山, 寒韻 干·看, 최당의 고사를 다룬 작품은 平聲 刪韻 山, 寒韻 難·看, 정서의 고사를 다룬 작품은 平聲 支韻 枝·期·知, 곽예의 고사를 다룬 작품은 平聲 支韻 池·詩[時][78]·絲였다.

77) 金聖基, 앞의 논문, 43면.

78) 閔丙秀 교수는 민사평이 지은 시의 承句 '幽人乘興獨尋詩'의 '詩'는 '時'의 잘

이렇게 보면 이제현의 「동국사영」은 대상 인물에 따라 각기 다른 韻字를 사용하여 지은 작품임을 알 수 있다. 특히 곽예를 대상으로 한 시는 곽예의 <연꽃을 감상하다(賞蓮)> 시에서 次韻하고 있는 것으로 보아, 익재는 「동국사영」을 특정한 시기에 갑자기 지었다기보다는 대상 인물별로 따로 시 1수씩을 지었다가 나중에 그것들을 모아 「동국사영」이라는 이름을 붙였을 가능성이 있다. 그러나 급암이 익재의 「동국사영」에서 사용된 韻字를 그대로 사용하여 완결된 「동국사영」을 지었다는 사실은 익재의 완성된 작품을 보고 거기에 차운해서 작품을 제작하였다는 것을 분명히 보여준다.

(3) 정추의 「동국사영」

급암의 시와는 달리 원재 정추의 「동국사영」은 "좌주 익재 시중이 명하여 읊다.(座主益齋侍中命賦)"라는 細註에서 보이듯이 이제현의 명에 의해 지은 작품이다. 물론 이 때에도 익재는 자기 작품의 의경과는 다른 것을 기대하면서 작품을 짓도록 하였을 것이다.

정추는 이제현의 문생으로서 같은 문생이었던 이색 등과 어울려 시문을 주고받으며 어울렸던 사실이 권근의 <圓齋鄭文簡公樞文集序>에서 확인된다.

> 나는 젊은 시절에 목은 선생의 문하에서 놀았다. 그 때 名卿들이 도덕 문장으로써 높이 대우받으며 시문으로 서로 화답한 것이 많았는데, 원재 정공과 유항 한공 같은 이가 가장 뛰어난 사람이었다. 선생은 원재에게는 웅혼하고 섬부한 것을 칭찬하고, 유항에게는 맑고 높은 것을 칭찬하여 매번 시를 지을 때에는 번갈아 서로 화답해서 수십 편이 쌓이고 (작품이) 나오면 나올수록 무궁하였으니, 아 성대하였

못인 듯하다고 하였다.(閔丙秀, 『韓國漢詩講解』, 太學社, 1995, 115면, 참조)

> 다. 그 우정은 더욱 돈독해져서 서로 찾음에 며칠을 거르지 않았고, 만나면 문득 조용히 도의를 의논하고 상고해서 유연히 서로 즐거워하여 종일토록 돌아감을 잊어 버렸다.[79]

여기에서 보면, 정추는 이색·한수 등과 더불어 시문을 주고받으며 거의 매일 어울려 道義를 논하였음을 알 수 있다.

그가 「동국사영」을 제작한 시기는 1365년(恭愍王 14) 7월부터 이듬해 4월 사이라고 추정할 수 있으니 그것은 다음과 같은 이유에서이다. 정추의 문집인 『圓齋稾』에는 작품이 제작 시기순으로 실려 있는데, 「동국사영」의 앞과 뒤에 이웃해서 실린 작품을 보면 다음과 같다.

① <許掌令少由流海上作詩寄之>
「東國四詠」(4首)
② <德津縣途中>
③ <宿金沙驛>
④ <過熊川>
⑤ <東萊公館 次檜崗韻>
⑥ <東萊懷古用韓昌黎集中桃原圖韻>(卷上의 마지막 작품)

①은 그 제작 시기가 1365년 7월임이 분명하다. 왜냐하면 『고려사』에 許少遊[80]를 공민왕 14년(乙巳年, 1365년) 5월 庚午日에 監察掌令에 임명하였다가 그 해 7월 癸酉日에 그가 왕의 교지를 받들지 않았다

79) 予少也 嘗遊牧隱先生之門 一時名卿 以道德文章 見其推重而多所唱酬者 有若圓齋鄭公柳巷韓公 尤其傑然者也 先生於圓齋 稱其雄贍 柳巷稱其淸峻 每得一韻 更次迭賡 累至數十篇 愈出而愈不窮 嗚呼盛哉 若其交契之篤 久而彌敬 命駕相諶 不隔數晨 見輒從容 相確道義 悠然相樂 竟日忘歸.(權近, <圓齋鄭文簡公樞文集序>, 『東文選』 권91)

80) 시에서 (許)少由라고 한 것은 許少遊의 착각으로 보아 『高麗史』의 기록대로 許少遊로 적기로 한다.

고 하여 竄逐하여 全羅戍卒로 삼았다는 기록[81]이 있기 때문이다. 따라서 이 시는 海上[전라도]으로 유배되는 監察掌令 許少遊에게 준 작품이라는 것을 알 수 있고, 따라서 1365년 7월 이후의 작품임을 확인할 수 있다.

②~⑥은 1366년 4월 이후 정추가 東萊縣令으로 좌천되어 任地로 가는 도중, 또는 동래에 도착하여 쓴 작품들이다. 『고려사』에는 공민왕 15년(丙午年, 1366년) 4월 甲子日에 左司議大夫 鄭樞와 右正言 李存吾가 辛旽을 논하는 상소를 올리자 왕이 크게 노여워하여 정추를 동래현령으로 좌천시키고, 李存吾를 長沙監務로 삼았다는 기록[82]이 있기 때문이다. ②의 德津縣은 현재의 충남 공주시 반포면이고, ③의 金沙驛은 충남 연기군 남면에 있던 역이며, ④의 熊川은 충남 공주시로서 모두 동래로 가는 도중에 있는 지명들이다. 따라서 정추의 「동국사영」은 1365년 7월부터 이듬해 4월 사이에 쓴 작품이 분명하다.

정추의 「동국사영」에서는 김부식의 고사를 다룬 작품은 平聲 尤韻 流·幽·樓, 최당의 고사를 다룬 작품은 平聲 灰韻 堆·回·來, 정서의 고사를 다룬 작품은 平聲 先韻 天·年·絃, 곽예의 고사를 다룬 작품은 平聲 支韻 絲·奇·時를 韻字로 사용하고 있다. 이 작품은 위에서 언급한 민사평의 「동국사영」과 운자가 일치하지 않는다. 다만 곽예의 고사를 다룬 작품은 그 운자가 平聲 支韻이라는 점에서 민사평의 작품을 依韻한 것으로 볼 수도 있으나 이것은 우연의 일치인 것으로 보인다.

(4) 한수의 「동국사영」

유항 한수는 15세 되던 丁亥年(1347년, 忠穆王 3)에 稼亭 李穀이

81) 『高麗史』 권41, 「世家」 권41, '恭愍王' 4.

82) 위와 같음.

知貢擧를 맡았던 과거에서 급제하였다. 그러나 이미 蔭職으로 두 번이나 眞殿直과 別將에 임명된 적이 있었기 때문에 벼슬을 구하지 않고 익재에게 가서 『左傳』·『史記』·『漢書』 등을 읽었으며, 글씨를 익혀서 眞書와 草書가 다 정묘한 경지에 이르렀다고 한다.83) 이렇게 되면 한수는 이제현의 문생[李穀]의 문생인 셈이고, 또 직접 이제현에게 가서 배웠기 때문에 그의 문인이기도 한 것이다. 권근은 <柳巷先生韓文敬公脩文集序>에서 다음과 같이 증언하고 있다.

> 공은 일찍이 시로 이름이 나서 익재·가정의 칭찬을 받았으며, 만년에는 더욱 정진하여 법도를 착실히 지켰고, 묻는 자가 있으면 반드시 본말을 다 가르쳐 주었다.84)

여기에서는 한수가 일찍부터 시로 명성을 떨쳐 익재와 가정의 아낌을 받았으며, 만년에 더욱 정진하였다는 점을 지적하고 있다. 따라서 한수가 익재에게서 「동국사영」에 대한 이야기를 듣고 또 그 시를 보았을 가능성은 충분히 있다고 하겠다. 한수의 「동국사영」은 「익재 상국의 동국고사 四詩에 받들어 답하다(奉和益齋相國東國故事四詩)」라는 제목으로 보아 익재가 생존해 있을 때 쓴 작품이 분명하기 때문에 익재의 卒年인 1367년 이전에 지은 것임을 알 수 있다. 한수의 「동국사영」은 『柳巷詩集』의 제일 첫머리에 실려 있기 때문에 그의 문집에 실린 작품들이 창작 연대순으로 수록되어 1377년(45세) 경부터 卒年인 1384년(52세)까지의 작품이 집중적으로 실린 듯하다85)는 지적과도 어긋나지 않는다.

---

83) 朴敬伸, 「韓脩와 그의 詩世界」, 『韓國漢詩作家硏究』 2, 太學社, 1996.12, 142면, 참조.

84) 公於詩早有聲 爲益齋稼亭所稱賞 晩乃益進 謹守三尺 有問之者 必竭兩端.(權近, <柳巷先生韓文敬公脩文集序>, 『東文選』 권90)

85) 朴敬伸, 앞의 논문, 155면.

따라서 이 작품은 『유항시집』의 편차에 의하면 1377년 이전의 작품, 제목 상으로 보면 1367년 이전의 작품으로 볼 수 있으니, 결국 1367년 이전에 제작되었음을 알 수 있다. 그는 나이가 정추와 동갑으로서, 두 사람이 매우 친밀하였다는 권근의 증언과, 그가 정추의 挽詞를 썼던 점[86] 등을 종합해 볼 때, 그의 작품은 정추의 「동국사영」과 비슷한 시기에 제작되었을 것으로 추정할 수 있다.

또 이 작품은 제목에 나타나듯이 한수가 익재의 「동국사영」에 和韻한 것으로 볼 수 있다. 대체로 和韻은 "남이 지은 시의 韻字를 인용하여 그와 같은 운으로 和應하는 것, 또는 그렇게 지은 시"로 규정되는데,[87] 여기에는 依韻・次韻・用韻이 있다. 依韻은 같은 운에 속하는 글자는 쓸 수 있으므로 반드시 그 글자를 쓸 필요가 없는 것이고, 次韻은 그 原韻에 和應하여 선후 차례를 그대로 따르는 것이며, 用韻은 그 운을 쓰되 선후를 반드시 따를 필요가 없는 것이다.[88] 따라서 和韻이란 贈詩者의 의도에 和答하는 것이며 韻의 구속은 없었던 것이라고 할 수 있다.[89] 이렇게 보면, 이 시는 익재의 작품에 和答하되 依韻・次韻・用韻의 어디에도 속하지 않는 작품임을 알 수 있다. 부분적으로는 특정 작품에 한정되지 않으면서 依韻한 경우가 있기도 하지만[90] 韻字는 비교적 자유스럽게 사용하고 있음을 알 수 있다. 즉 김부식의 고사를 다룬 작품은 平聲 蒸韻 層・澄・僧, 정서의 고사를 다룬 작품은 平

86) 韓脩, <哭鄭圓齋公權>, 『柳巷詩集』, 『韓國文集叢刊』 5, 273면, 참조.
87) 서울대학교 東亞文化硏究所 편, 『國語國文學事典』, 新丘文化社, 1974, 697면.
88) 按和韻詩有三體 一曰依韻 謂同在一韻中 而不必用其字也 二曰次韻 謂和其原韻 而先後次第皆因之也 三曰用韻 謂有其韻 而先後不必次也.(徐師曾, 「和韻詩」, 『詩體明辯』, 臺北: 廣文書局有限公司, 1972, 520면)
89) 李圭虎, 「次韻法과 鄭知常의 送人」, 『韓國古典詩學論』, 새문사, 1985, 24면.
90) 예컨대 익재의 운을 그대로 사용하고 있는 것으로 보이는 급암의 작품 중 김부식의 작품에서 사용하고 있는 운자를 依韻하고 있는 것이 한수의 「동국사영」에서 金侍中의 고사[실제로는 최당의 고사이다]를 다룬 작품이다.

聲 侵韻 琴·深·心, 곽예의 고사를 다룬 작품은 平聲 尤韻 殊·拘·珠, 내용으로 보면 최당의 고사를 대상으로 한 것이 분명하지만 '최태위'가 아니라 '김시중'이라고 표기되어 있는 작품[91]은 平聲 刪韻 間·攀·山을 韻字로 사용하고 있다.

(5) 권근의 「동국사영」

권근은 檢校政丞 權僖(1319~1405)의 아들이고 菊齋 權溥(1262~1346)의 증손으로서 목은 이색의 문인이다. 목은이 익재 이제현의 문생이고, 익재는 菊齋 權溥의 문인인 동시에 그의 사위였음을 고려하면, 권근도 익재 가문과는 世交가 있었음을 알 수 있다.

권근의 작품은 '동국사영'이라는 큰 제목이 없이 개별 제목의 시 2수가 문집에 실려 있을 뿐이다. 이것은 권근의 死後 그의 아들 權蹈[踶]가 문집을 편찬할 때, 온전하게 전하지 않는 이 작품을 「동국사영」의

91) 이 시는 『韓國文集叢刊』 5의 『柳巷詩集』[이것은 韓脩의 仲子 尙質이 수집·편차하여 權近의 批點을 받은 定稿本을 門生 成石瑢 등이 1400년에 간행한 뒤, 8대손 全羅觀察使 韓浚謙이 校正하여 1602년 전주에서 목판으로 간행한 重刊本을 영인한 것이다.]에는 '金□□'으로 되어 있고, 『高麗名賢集』 4(成均館大學校 大東文化硏究院 影印, 1980)의 『柳巷集』[이것은 1864년에 한수의 후손 韓在諡에 의해 木活字로 重印된 것을 영인한 것이다.]의 목차에는 '金□'으로 되어 있으나 본문에는 '金侍中'이라고 되어 있어 당초 이 문집을 편찬하던 당시부터 이 부분이 멸실되어 확실한 결론을 얻지 못하고 추정하여 '金□□'로 적어 놓았던 것이 후대에 다시 '侍中'이라는 말을 첨가하여 金侍中으로 굳어졌을 가능성과, 다른 하나는 애초부터 한수가 이 고사를 최당이 아닌 金侍中[김부식일 것으로 추정된다.]의 일화로 착각하여 그렇게 썼을 가능성이 있다. 필자는 이 가운데 후자가 타당할 것으로 보는데, 그것은 이 문집에 批點을 단 권근의 작품에서도 이 고사를 다룬 시에서는 최당이 아닌 金侍中으로 나타나기 때문에 권근도 이 고사의 주인공이 金侍中이라고 알고 있었던 것으로 보이기 때문이다. 내용으로 보아 이 시는 최당의 고사를 대상으로 한 것이 확실하다. 또 한편으로는, 권근이 1404년(太宗 4)에 쓴 <後耆英會序>(『陽村集』 권19)에는 그가 최당의 海東耆英會 활동에 대해 자세히 언급하고 있는 것으로 보아, 최당의 고사에 대해 잘 알고 있었다는 사실이 드러나는데, 권근이 이 글을 쓴 시기와 「동국사영」을 쓴 시기는 대개 비슷한 것으로 보인다.

일부인 줄 모르고 개별 작품으로 잘못 알아서 별개의 작품으로 처리하였기 때문으로 보인다. 그의 「동국사영」은 한수와의 관계를 고려하지 않을 수 없는데, 그가 「동국사영」을 지은 계기도 한수의 영향이었을 것으로 짐작된다. 우선 권근의 증언을 들어보기로 한다.

> 공[한수]이 銓選을 맡았을 적에 나는 후진으로서 寮佐가 되었다. 하루는 함께 대궐 안에서 숙직하는데, 내가 밥을 먹으면서 책을 보니 공은 웃고 말하기를, "나는 그대가 敬을 위주로 하는 공부가 부족함을 알겠네. 입에는 밥이 들어 있고 눈으로는 보는 것이 있으니 마음이 專一할 수 있겠는가?"라고 하므로, 나는 그 말을 듣고 송구하였다. 그래서 그 후부터는 비록 힘써 행하지는 못하였지만 또한 감히 잊어버리지는 않았다. 공의 한마디 말이 나에게 평생의 이익이 되었으니, 공이 사람을 규계하는 것은 모두 이 같은 것들이었다.92)

여기에서 권근은 한수가 知貢擧가 되었을 때 그를 보좌하였다는 점과 한수로부터 '敬'에 대한 충고의 말을 들음으로써 평생토록 이익이 되었다는 점을 고백하고 있다. 따라서 두 사람의 관계는 매우 친밀하였음을 알 수 있고, 앞서 정추의 문집 서문에 나타난 바와 같이 권근이 젊은 시절에 출입하던 좌주 이색의 집에서 정추·한수 등이 시문을 주고받는 모습을 보았다는 사실도 그가 한수를 친밀하게 느끼게 한 계기가 되었을 것이다. 그것뿐만 아니라 권근은 한수의 문집 『유항시집』에 批點을 닮으로써 그의 시문을 자세히 검토할 기회를 가지기도 하였다. 이런 과정을 통해서 권근은 자연스럽게 「동국사영」에 관심을 가지게

92) 公之典銓選也 予以後進 忝爲寮佐 嘗一日同直闕下 予方食觀書 公笑曰我知君不主敬 口有食目有觀 心主一乎 予聞之悚然 自後雖不能勉 亦不敢忘 公之一言爲吾終身之益 凡公所以規正於人者 皆此類也.(權近, <柳巷先生韓文敬公脩文集序>, 『東文選』 권90)

되었을 뿐 아니라 매우 친숙하게 되어 그도 이 작품을 짓게 되었을 것으로 보인다. 이런 외적 조건뿐만 아니라 작품의 내적 상황을 살펴보아도 권근이 한수의 작품에서 영향을 받은 점을 인정할 수 있다. 즉 한수의 「동국사영」에서 '최태위[최당]'를 '김시중'으로 착각하여 성을 바꾸어 인식하였던 그 잘못이 그대로 나타난다. 그는 한수의 작품에 나오는 '김시중'을 '김거사'로 바꾸어 인식하고 있을 뿐이다. 이러한 착오는 한수와 권근 등이 활동하던 시기에 이르게 되면 「동국사영」의 대상인 김부식이나 최당과는 시간적 거리가 매우 멀었기 때문에 이제현만큼 역사적 사실에 대해 알지 못하고 또 그들에 대한 공부가 깊지 않으면, 전해지는 고사만 기억할 뿐 그 고사의 주인공이 누구인지에 대해서는 착각이 있을 수 있었기 때문이라고 생각된다.

한수의 「동국사영」에서 최당이 '김시중'으로 인식되었던 것은 인물에 대한 단순한 착각이라는 측면이 강하지만 권근의 작품에서 최당이 '김거사'로 인식되는 것은 한수의 작품에서 보인 변이와는 다른 차별성을 지니는 것으로 보인다. 한수의 작품에서 최당이 '김시중'으로 인식되는 것은 두 인물이 다같이 명문세족 출신으로 당대에 이름을 떨친 대단한 권력가였던 점에서 일치하지만, 권근의 작품에서 최당이 '김시중'이 아니라 '김거사'로 나타난 것은 단순한 착각 이상의 의미를 지니는 것으로 볼 수 있기 때문이다. 閥閱 출신의 쟁쟁하였던 인물이 단순한 '거사'로 바뀐 것은 그 대상을 바라보는 권근의 기본적인 시각과 관련되는 것이다. 국어사전에 실린 '居士'에 대한 풀이를 보자.

> ① 【불】 출가(出家)하지 아니한 사람으로서 불교의 법명(法名)을 가진 사람. 처사(處士). 청신사(淸信士).
>
> ② 【유】 도덕과 학예가 도저하면서도 숨어 살며 벼슬을 하지 않는 선비.

③ 【속】 아무 일도 아니하고 놀고 지내는 사람.[93)]

권근의 작품에 나오는 '거사'는 이 중 ②의 뜻이 분명한데, 여기에는 고관대작을 지낸 인물이라는 의미가 없다. '김시중'으로부터 '김거사'로의 변화는 조선시대에 들어, 사대부의 삶의 지향이 굳이 出仕라는 立身揚名의 측면에만 고정되어 있지 않고, 전원에의 退居 또는 隱居를 선택한 處士로서의 心身修養도 삶의 의미를 지닌다는 방향으로 발상의 전환이 이루어진 다음에야 나올 수 있는 현상이다. 권근의 작품에서 이렇게 '시중'이 '거사'로 바뀌고, 그것이 다시 김시습의 작품에 그대로 계승되어 고착화되는 것은 문학사나 사상사의 맥락에서 매우 중요한 의미를 지닌다고 하겠다.

권근의 「동국사영」은 그 제작시기를 명확히 밝힐 수는 없으나, 김부식의 고사를 다룬 시 <김시중이 노새를 타고 강서사의 혜원 상인을 찾아가다(金侍中騎騾 訪江西惠袁上人)>의 내용으로 보아, 조선이 건국된 후 불교를 배척하고 유교를 국가의 기본 통치 이념으로 설정한 이후에 쓴 것으로 생각할 수 있다. 이 시의 轉·結句는 "어찌 禪僧과의 대화가 經世濟民에 도움이 되랴? 다만 가히 들판의 계책이 쓸쓸할 뿐이네.(肯將禪話裨經濟 只可蕭然野外謀)"라고 되어 있는데, 이 구절은 경세제민의 治道에 도움을 받으려는 관료의 현실적인 차원의 문제 인식으로 해석될 수 있기 때문이다. 따라서 이 시는 조선이 개국되고 「佛氏雜辨」을 지은 鄭道傳이 죽은 다음, 그가 조선시대 최초의 文衡으로 활동하게 된 이후에 제작된 것으로 생각할 수 있다. 더 정확하게는 그의 문집의 시들이 대개 제작 연도순으로 배열되어 있는 점을 고려할 때, 이 작품은 癸未年(1403년) 9월에 지은 시와 乙酉年(1405년) 正月에 지

93) 신기철·신용철, 『새 우리말 큰사전』 상, 증보판, 三省出版社, 1979, 133면.

은 시 사이에 배열되어 있기 때문에 대략 1403년 9월에서 이듬해 12월 사이에 지은 것으로 볼 수 있다.

권근의 작품 중 현재 전하는 2수에서 사용되고 있는 운자를 보면, 김거사[94]의 고사를 다룬 작품에서는 平聲 支韻 奇·遲·詩, 김부식의 고사를 다룬 작품에서는 平聲 尤韻 憂·丘·謀를 韻字로 사용하고 있다.

(6) 김시습의 「동국사영」

권근과는 상당한 시간적 거리를 보이지만, 현재 남아 있는 자료로서는 가장 후대의 작품이라고 할 수 있는 김시습의 「동국사영」은 제목이 「동국고사를 읊다(詠東國故事)」라고 되어 있어서 이 작품도 한수와 권근의 작품을 이은 것으로 볼 수 있다. 즉 민사평과 정추의 「동국사영」은 제목에 '동국사영'이라는 용어가 사용되고 있지만, 한수의 작품부터는 '동국고사'라는 용어가 사용되고 있기 때문이다.[95]

김시습의 이 작품은 「동국사영」 작품군의 대상 인물, 그들을 읊은 시인들, 그리고 문헌 또는 구전으로 전승되어온 작품들에 대한 지식을 바탕으로 다시 그가 선배들의 작품을 본받아 새로운 「동국사영」을 지은 것이라고 하겠다. 특히 최당의 고사를 다룬 시 <김거사가 눈 속에서 소를 타고 추암에서 놀다(金居士雪中騎牛 遊皺巖)>에서는 최당이라는 고관대작의 모습은 사라지고 문자 그대로의 '김거사'의 정취를 권근의 작품에서보다 더 적극적인 자세로 내세우고 있다. 이 시의 轉·結句는 "袁安이 빳빳하게 누워 사람들에게 구걸하지 않은 뜻이, 어찌 鄭公의 다리 위에서의 情趣만 할 것인가?(袁安僵臥不干意 那及鄭公橋上情)"라고 되어 있다. 袁安은 어린 나이에도 눈 속에서 굶주리는

94) 실제로는 최당의 고사를 다룬 작품이다.

95) 권근의 「동국사영」은 현재 제목을 확인할 수 없으나, 이 작품도 '동국고사'라는 용어가 사용되었을 것으로 생각된다.

사람들처럼 구걸하기 싫어서 집에서 나오지 않고 빳빳하게 드러누워 있었던 後漢의 인물로서,[96] 그의 행동은 구차스럽게 살지 않고 고상한 가치를 추구하는 인물의 대명사로 사용된다. 그런데 이 시의 후반부에서는 원안의 이러한 뜻이 '鄭公의 다리 위에서의 情趣'에 미치지 못한다고 함으로써, 원안의 고상한 가치추구보다 鄭公의 높은 풍류를 높이 평가하고 있다.

이 시에서 말하는 鄭公이 누구인지는 김시습의 언급이 없어 불분명하지만 시의 내용상으로 보아 鄭道傳(?~1398)을 가리키는 게 아닌가 한다. 이 시에서 언급된 '鄭公의 다리 위에서의 情趣'는 정도전의 <김거사의 시골집을 찾아가다(訪金居士野居)>[97]에서 형상화된 그림 같은 경관 속의 情趣를 기리고 있는 것으로 보이기 때문이다. 정도전의 이 시는 『三峯集』에 실려 있기 때문에 김시습이 그것을 읽었을 가능성이 충분히 있다. 또 이 두 작품에 공통적으로 나타나는 '김거사'로 보아 김시습은 애초에 「동국사영」의 김거사를 정도전의 시에 나오는 김거사로 착각하였거나 의도적으로 변개시킨 것이 아닌가 한다. 정도전의 이 시는 『삼봉집』의 <重九> 시 細註에 「錦南雜詠」이라고 특기되어 있는 작품 중의 하나이기 때문에 그가 호남 지방에서 지었음을 알 수 있다.[98]

---

96) 袁安은 後漢 때의 사람으로 字는 彦伯이고 陳郡人이다. 원안이 아직 빈천한 때 눈이 一丈이 넘게 쌓이게 되었는데, 洛陽令이 몸을 빼어내어 순시하며 인가에서 모두 눈을 치우고 나와 乞食하는 것을 보았다. 원안의 문에 이르러 나다닌 길이 없는 것을 보고, 원안이 이미 죽었다고 하였다. 사람을 시켜 눈을 치우게 하고 들어가서 袁安이 빳빳하게 누워 있는 것을 보고, 왜 나오지 않았느냐고 물으니, 원안은 "큰 눈이 와서 사람들이 모두 굶주리고 있는데 나가서 구걸함은 옳지 않습니다."라고 하였다. 낙양령은 그가 어질다고 생각해서 천거하여 孝廉으로 삼았다고 한다.(袁安未達時 大雪積地丈餘 洛陽令身出按行 見人家皆除雪出 有乞食者 至袁安門 無有行路 謂安已死 令人除雪入戶 見安僵臥 問何以不出 安曰 大雪人皆餓 不宜干人 令以爲賢 擧爲孝廉: 『後漢書』, <袁安傳>)

97) 秋陰漠漠四山空 落葉無聲滿地紅 立馬溪橋問歸路 不知身在畫圖中.(『三峯集』 권2, 『韓國文集叢刊』 5, 305면)

98) 以下八首錦南雜詠.(위와 같음)

「금남잡영」은 정도전이 호남에 유배되어 있을 때 지은 작품이다. 따라서 김시습의 이 시에 나오는 鄭公은 바로 정도전을 가리키는 것으로 볼 수 있는 개연성이 충분하다고 할 것이다. 김시습은 이처럼 최당과 같은 여유로운 중앙 노정객의 풍류를 유배지의 거사를 찾는 유배객의 풍류로 대치함으로써 그 분위기를 일신시키고 있다고 할 수 있다.

김시습이 「동국사영」을 제작한 시기를 짐작하기는 쉽지 않다. 『매월당집』에 실린 시작품들이 대개 소재별로 묶여 있어서 그 제작 시기를 추정할 단서를 찾기 어렵기 때문이다. 그러나 이 작품도 권근의 작품에서와 마찬가지로 김부식의 고사를 다룬 시 <김시중이 노새를 타고 강서사의 혜대 상인을 찾아가다(金侍中騎騾 訪江西惠臺上人)>를 통해 그 시기를 대략 추정할 수는 있다. 이 시의 앞 2구는 "머리 위로 붉은 티끌이 석 자나 날리니, 벼슬아치는 늘 위기를 겪을까 두려워하네.(頭上紅塵三尺飛 簪纓常恐履危機)"라고 되어 있어서 그가 생존한 당시의 관료들이 겪은 정치적 위기 상황이 바탕에 깔려 있다. 그가 목격한 대표적 정치적 위기 상황으로는 1453년(端宗 1)의 癸酉靖難과 1455년의 단종 폐위, 1456년의 死六臣의 참변 등을 들 수 있다. 그리고 뒤 2구는 "서리 내린 대숲 속의 江西寺에서, 한결같은 禪窓의 맛에 是非가 없음과 어떠한가?(爭如霜竹江西寺 一味禪窓無是非)"라고 되어 있어서 이 부분은 그가 단종의 폐위 사건을 보고 사흘을 통곡한 후 머리를 깎고 중이 되었다는 사실과 연결시켜 생각해 볼 수 있다. 이상의 사실들을 고려할 때, 김시습이 이 작품을 지은 것은 1456년을 전후한 시기라고 할 수 있을 것이다.

앞 작품들과의 연관성을 살피기 위해 김시습의 「동국사영」에서 사용된 운자를 살펴보면, 김부식의 고사를 다룬 작품은 平聲 微韻 飛·機·非, 정서의 고사를 다룬 작품은 平聲 先韻 憐·邊·絃, 곽예의 고사를 다룬 작품은 平聲 咸韻 衫, 覃韻 酣·簪, 김거사[99]의 고사를 다룬 작품은 平聲 庚韻 行·瓊·情을 韻字로 사용하고 있다. 정서의 고사를 다룬 작품이 정추의 「동국사영」에서 정서의 고사를 다룬 작품과 같이 平聲 先韻으로 되어 있기는 하지만 이것은 우연의 일치가 아닌가 한다.

2) 「동국사영」의 연원과 전통

이상에서 개괄적으로 살펴본 「동국사영」 작품군의 상호 연관성을 살피기 위해 각 작품에서 사용된 韻字를 도표로 나타내면 다음과 같다.

<표 1> 「동국사영」에서 쓰이고 있는 韻字

작품 / 인물	金富軾 故事	崔讜 故事	鄭敍 故事	郭預 故事	金侍中(金居士) 故事
李齊賢 閔思平	刪韻 山, 寒韻 干·看	刪韻 山, 寒韻 難·看	支韻 枝·期·知	支韻 池·詩[時]·絲	
鄭 樞	尤韻 流·幽·樓	灰韻 堆·回·來	先韻 天·年·絃	支韻 絲·奇·時	
韓 脩	蒸韻 層·澄·僧		侵韻 琴·深·心	尤韻 殊·拘·珠	刪韻 間·攀·山
權 近	尤韻 憂·丘·謀		확인 불가	확인 불가	支韻 奇·遲·詩
金時習	微韻 飛·機·非		先韻 憐·邊·絃	咸韻 衫, 覃韻 酣·簪	庚韻 行·瓊·情

* 이 표에서 '金侍中(金居士) 故事'라고 되어 있는 것은 내용상으로는 '崔讜 故事'와 일치한다.

99) 이 시에서는 최당이 '金侍中'을 거쳐 '金居士'로 바뀌어 나온다. 이렇게 바뀐 이유와 그 의미에 대해서는 뒤에서 다시 논의될 것이다.

이 표를 통해서 보면, 이제현으로부터 시작된 「동국사영」 작품군은 일정한 韻字에 의존하는 和韻詩 형식으로 전승된 것이 아니라 대상 인물의 고사라는 독특한 측면을 바탕으로 전승되어 온 관행임을 짐작할 수 있다. 또 이 작품의 전승은 각각의 개별 작품이 七言絶句의 형식으로 제작되었다는 공통점을 가지고 있다. 그러나 和韻詩의 형식도 아니면서 七言絶句로 이루어졌다는 점만 가지고 그 전승의 動因을 형식적 측면에서 찾는 것은 무리라고 생각된다. 따라서 「동국사영」의 전승 동인은 결국 정신적 지향의 동질성 인식이라는 측면에서 찾아야 할 것이다.

이렇게 볼 때 「동국사영」을 창작하는 관행은 고려의 역사를 통찰하면서 이념적으로, 또는 인간적으로 가장 바람직한 상태의 고사를 남긴 인간 군상을 발견하고 그들의 고사와 그 의미에 대하여 친구 및 문생들의 일정한 공감을 획득하게 된 이제현이 그 인물들의 고사를 바탕으로 작품화하여 「동국사영」이라고 이름을 붙인 다음, 친구와 문생들에게 그것을 보여주고 그들에게도 그런 작품을 지어 보라고 권유하거나 시켰을 것으로 생각된다. 그 때 지어진 작품들이 상당수 있었을 것으로 짐작되지만 대개는 일실되고 몇몇 작품들만이 지금까지 문집에 남아 있는 것으로 생각할 수 있다. 그 후 선배들이 「동국사영」이라는 시를 지었다는 사실을 전해 들었거나 문헌에서 확인한 후대의 시인인 김시습 등이 그런 전통을 계승하여 작품화함으로써 「동국사영」을 창작하는 관행은 오랜 기간 지속되었고, 또 그렇게 하여 지은 작품 중 현재까지 기록에 남아 확인할 수 있는 것은 극히 일부에 불과한 것으로 생각된다.

그리고 「동국사영」은 특정 인물을 대상으로 하기는 하였으나, 내면적으로 그 인물 개개인의 가치 지향보다는 그 대상 인물의 행위를 바라보고 해석하는 작시자의 입장이 훨씬 더 중시되었던 작품 전승이라고 할 수 있다. 다시 말하면, 이 시의 전통은 이제현이 마음속으로 그리거나 이상적으로 생각하였던 네 가지 인물 유형을 통해서 드러나는 가치 개념의 呈示에서 시작되어 그 전통을 이으려는 사람들이 나름대로 그 틀에 맞추기도 하고 또 그 틀을 변형시키기도 하면서, 자신이 처한 시대적·개인적 취향과 가치관에 따라 독특한 개성적 시각을 담는 작업이 지속됨으로써 이루어진 것이라고 하겠다. 따라서 「동국사영」을 짓는 전통이 고려 후기부터 조선 전기까지 지속되었다고 할 때, 이 작품들을 지은 사람들은 김시습을 제외하고는 관료이면서 시인이라는 이중성을 띠었고, 또 조선의 건국이 지배 집단의 성격을 근본적으로 뒤바꾸지 않은 易姓革命이라는 점을 감안하면, 처음 이제현이 우리나라를 대표할 만한 인간형으로 설정하였던 그 틀이 크게 바뀌지 않았을 것임을 쉽게 짐작할 수 있다. 주지하다시피 이제현은 고려 후기에 고려와 元나라 新儒學의 정통 학맥을 계승하였고 우리나라에서 신유학 정통 사상의 기초를 開創한 인물이었고,[100] 그를 계승하여 「동국사영」을 제작한 사람들이 모두 전형적인 신유학의 신봉자들이었다는 점에서 「동국사영」을 바라보는 기본 시각은 큰 변화 없이 지속된다고 볼 수 있다. 이 점은 위에서 언급한 바와 같이, 「동국사영」이 정신적 지향의 동질성 인식이라는 점에 바탕하고 있음을 재삼 확인할 수 있게 하는 것이다. 이 작품의 제작자들이 정신적 지향의 동질성을 인식하지 못하였다면 그와 같이 지속적으로 작품 창작이 이루어지기는 어려웠을 것이고, 또 다른 측면에서 생각할 때 「동국사영」이라는 제목에 동의한다고 하더라도 개별 작품에서 다루는 인물이 동일 인물로 고착화되기는 어려웠을 것이다.

---

100) 李齊賢承受高麗和元朝新儒學之正統學脈, 在韓國文化史上, 開創儒學正統思想之基礎.(洪禹欽, 「益齋亂藁中所見李齊賢之新儒學思想」, 『漢詩論』, 「附錄 2」, 영남대학교출판부, 1991, 48면) 홍우흠 교수는 이 논문에서 이제현이 安珦·李瑱·白頤正·權溥의 學脈을 이었을 뿐 아니라 姚燧·閻復·趙孟頫·虞集 등 7인의 燕京諸士와의 교유를 통해 그들의 영향을 받았을 것으로 보고, 그 학맥은 이곡·이색 부자를 거쳐 정몽주·정도전·권근으로 이어진다고 하였다.

따라서 이 시인들이 「동국사영」을 제작하고 또 그것을 그들 개인의 문집에 실은 것은 그들이 직접 言明하지는 않았으나, 심정적으로는 그 네 인물의 고사를 '동국사영'으로 인정하는 데 대해 동의하고 있음을 나타낸다고 할 수 있다.

그래서 그들은 김부식 고사를 통해서 儒·佛의 개별적 가치 지향을 넘어선 진정한 忘形之交의 한 전형을 찾으려 하였고, 곽예 고사를 통해서는 自然玩賞이라는 사대부의 한가로운 멋의 한 전형을 찾으려 하였으며, 정서 고사를 통해서는 忠臣戀主라는 왕조시대의 전형적 가치를 추구하고자 하였음을 알 수 있다. 따라서 이러한 세 가치 범주는 시대가 변하여도 결코 변할 수 없는 至高한 것이었기에 이제현으로부터 김시습에 이르기까지 절대 불변의 정형화된 틀로 고정될 수 있었던 것이다. 그러나 최당의 고사를 다룬 작품의 변이는 부귀한 한 인물의 自然趣樂이라는 것이 곽예의 고사와 일부분 겹치는 점이 있기 때문에 그 의미가 감소되는 면도 있지만, 고려왕조가 망하고 조선이 건국된 후에 節義를 지키다 죽은 杜門洞 72賢이나 新王朝의 정치에 참여하기를 거부하고 초야에 묻혀 살았던 吉再와 같은 일단의 인물군이 등장하여 그들의 행동에 대해 일정한 가치를 인정받게 됨으로써 出仕하여 중앙 정계에 진출하는 것만이 진정한 자아 실현의 방법일 수만은 없다는 생각이 사회적 통념으로 등장하게 되는 단계에 이르러서는 致仕 후의 豪奢한 풍류를 기리는 이 작품의 의미가 퇴색되는 것으로 해석할 수 있을 것이다. 그래서 이 작품에서는 '최태위' 또는 '김시중'이라는 최고위 관료로 나타나던 인물이 어느 사이에 '김거사'라는 중립적 또는 비관료적인 인물로 설정되는 변이 양상을 보여주는 것으로 생각할 수 있는 것이다.

4. 맺음말

이상에서 고려 후기의 이제현으로부터 조선 전기의 김시습까지 지속적으로 제작되고 전승되었던 「동국사영」 작품군의 연원과 전통에 대하여 살펴보았다. 이제현과 민사평의 작품 제작시기를 1342년[『역옹패설』 제작 연대]부터 1359년[민사평의 몰년] 사이, 정추와 한수의 작품 제작 시기를 1365년 7월부터 이듬해 4월 사이, 권근의 작품 제작 시기를 1403년 9월부터 이듬해 12월 사이, 김시습의 작품 제작 시기를 1456년[사육신의 몰년]을 전후한 시기로 볼 때, 이 작품군은 고려 후기와 조선 전기의 격변기에 주로 제작되었음을 알 수 있다. '우리나라[東國]를 대표할 만한 네 인물의 풍류스러운 고사를 읊은 시[四詠]'라는 뜻을 지니는 이 작품군은 이제현의 우리나라 역사에 대한 남다른 관심에서 출발하여 친구와 문생들을 통하여 후대에 전승되었다고 할 수 있다. 그러나 정작 이제현의 작품은 그의 문집에 수록되지 않았는데, 이것은 그가 생전에 부친[李瑱]의 문집이 간행되지 않은 상황에서 자신의 문집을 간행할 수 없다고 하여 시문을 지으면 그대로 버렸다는 사실과 관련지어 해석할 수 있다.

민사평은 이제현과 매우 친밀한 관계에 있었기 때문에 쉽게 그의 「동국사영」을 접하고 거기에 차운한 작품을 남긴 사실을 알 수 있으며, 정추의 작품은 1365년 7월에서 이듬해 4월 사이에 좌주 이제현의 명에 의해 지었음을 알 수 있다. 이제현의 문생[李穀]의 문생이면서 동시에 익재의 제자이기도 하였던 한수가 「동국사영」을 지은 동기도 대개 정추와 비슷할 것으로 보인다. 한수의 문집 『유항시집』에 批點을 달았을 뿐 아니라 젊은 시절에 한수의 寮佐이기도 하였던 권근은 한수의 영향으로 「동국사영」을 제작하였던 것으로 볼 수 있다. 이 점은 한수와의 개인적 친분뿐 아니라 작품 내에서도 '최태위[최당]'를 '김시중'으로 착각하였던 한수의 전례를 이어받아 그 역시 '김시중'을 '김거사'로 바꾸어 인식하고 있는 사실 등을 통해서 확인할 수 있다. 그러나 권근이 '김시중'을 '김거사'로 바꾼 것은 의도적인 것이었던 것으로 보이는데, 시대의 변화에 따라 사대부의 삶의 지향이 出仕라는 立身揚名의 측면에만 고정되지 않고 處士로서의 心身修養도 삶의 의미를 지닌다는 방향으로의 발상의 전환이 이루어짐에 따른 것으로 볼 수 있기 때문이다. 김시습의 「동국사영」은 한수와 권근의 작품을 계승한 것으로 볼 수 있는데, 여기에 이르면 이제현이 설정하였던 최당의 여유로움에 바탕한 중앙 정객의 풍류는 자연 속에 은거하는 인물을 찾아보는 유배객의 풍류로 환치되어 그 분위기가 일신되기도 하는 것이다.

「동국사영」 작품의 전승 동인은 그 형식적 측면보다는 정신적 지향의 동질성 인식에서 찾을 수 있다. 즉 「동국사영」을 창작하는 관행은 고려의 역사를 통찰하면서 이념적으로, 또는 인간적으로 가장 바람직한 상태의 고사를 남긴 인간 군상을 발견하고 그들의 고사와 그 의미를 바탕으로 이제현이 작품화하여 「동국사영」이라고 이름 붙인 다음, 친구와 문생들에게 자기 작품을 보여주고 그들에게도 그런 작품을 지어 보라고 권유하거나 시켰을 것으로 생각된다. 그들은 김부식 고사를 통해서 유·불의 가치 지향을 넘어선 진정한 忘形之交의 한 전형을 찾으려 하였고, 곽예 고사를 통해서는 自然玩賞이라는 사대부의 한가로운 멋의 전형을 찾으려 하였으며, 정서 고사를 통해서는 忠臣戀主라는 왕조시대의 전형적 가치를 추구하고자 하였음을 알 수 있다. 따라서 이러한 세 가치 범주는 변할 수 없는 절대적인 것이었기에 이제현으로부터 김시습에 이르기까지 변하지 않는 한 정형의 틀로 고정될 수 있었다고 하겠다. 그러나 최당의 고사는 부귀한 한 인물의 자연 완상이라는 것이 곽예 고사와 겹치기도 하지만, 신유학이 국가의 지도적 이념으로 자리를 잡으면서 出仕만이 자아 실현의 방법은 아니라는 생각이 사회적 통념으로 등장하게 되는 단계에 이르러 '최태위' 또는 '김시중'이라는 최고위 관료로 나타나던 인물이 '김거사'라는 중립적 또는 비관료적인 인물로 설정되는 변이 양상을 보인다고 생각할 수 있다.

김시습 이후에 「동국사영」이라는 제목은 사라졌지만, 이 작품의 대상이 되었던 인물들의 고사는 후대 시인들에게 작품의 좋은 소재가 되었으며, 이제현이 중점적으로 평가하려고 하였던 그 생각이 변함없이 지속되거나 변화의 과정을 거치면서 시인이 살아가는 자기 시대가 요구하는 가치를 투영시키려고 하였던 것은 부정할 수 없는 사실이라고 할 것이다.

제Ⅱ부 각론 :
「동국사영」은 어떻게 전승되고 전개되었는가?

제2장 김부식 고사의 시적 변용과 전승

1. 머리말

「동국사영」의 하나로 꼽힌 김부식의 고사는 그가 재상을 지내고 致仕한 후 노새(또는 나귀)를 타고 개성 근교의 江西寺[1])로 惠素 스님을 찾아가서 忘形之交를 맺었다는 것이 중심이 된다. 이제현을 비롯한 후대의 인물들이 그 사실을 아름답게 여겨서 즐겨 시적 제재로 삼았고, 또 그것을 「동국사영」의 하나로 꼽았으니 그들은 김부식의 이 고사를 통해 진정한 親交의 한 표본적 의미를 찾으려 하였던 것으로 이해된다.

여기에서는 먼저 김부식의 생애와 그 고사를 일별한 다음, 그 고사를 다룬 작품들을 「동국사영」뿐 아니라 독립적으로 전해지는 한시까지 포함하여 살펴봄으로써 후대인들이 김부식 고사를 바라보는 시각이 어떠하였는지를 살펴보고자 한다.

---

1) 江西寺는 『新增東國輿地勝覽』 권43, 「白川郡」 條에 고을 동쪽 匡正渡 위에 있는데 見佛寺라고도 하며, 승려 惠素가 여기 거주하였는데 金富軾이 늘 나귀를 타고 방문하였다는 기록이 있다.

2. 김부식의 생애

김부식은 경주 김씨로서 字가 立之, 號가 雷川, 謚號가 文烈이었다. 『高麗史』「列傳」에는 그에 대하여 다음과 같이 기록되어 있다.

> 사람됨은 풍채와 용모가 큰 체구에 안색이 검고 눈이 두드러졌다. 문장으로 세상에 이름이 있었다. 宋나라에서 사신 盧允迪이 왔을 때 富軾은 館伴이 되었는데 그 사신 중의 한 사람인 徐兢이 부식이 글을 잘 짓고 古今에 통달한 것을 보고 그 사람됨을 좋아하였다. 『高麗圖經』을 지어 부식의 世家를 싣고 또 圖形을 그려 (송나라에) 돌아가서 皇帝께 아뢰니 이에 司局에 詔書를 내려 板에 새겨 널리 전하게 하니, 이것으로 말미암아 이름을 천하에 알리게 되었는데, 뒤에 사신으로 宋나라에 가니 이르는 곳마다 禮로써 대우하였다. 세 번이나 禮闈[2]를 주관하여 선비를 얻었다고 일컫는다. 中書令에 追贈되고, 仁宗의 廟庭에 配享되었다. 文集 20권이 있다.[3]

이처럼 김부식은 문장으로 국내뿐만 아니라 중국에까지 그 이름을 떨쳤으며, 관운도 있어서 한 시대를 좌우할 만큼 화려한 경력을 지녔던 인물이었다. 위의 인용문에서도 간단히 언급되었지만, 1123년(仁宗 원년) 宋의 徽宗이 給事中 盧允迪을 正使로 하고 中書舍人 傅墨卿을 副使로 삼아 고려에 國信使를 파견하였을 때 提轄官으로 왔던 徐兢은 『고려도경』에서 김부식과 그의 가문에 대해 다음과 같이 기술하였다.

---

2) 禮闈는 고려시대에 禮部에서 주관하였던 文科의 일반적 呼稱인 禮部試의 다른 이름이다.

3) 爲人風貌碩體 面黑目露 以文章名世 宋使盧允迪來 富軾爲館伴 其介徐兢 見富軾善屬文 通古今 樂其爲人 著高麗圖經 載富軾世家 又圖形以歸奏于帝 乃詔司局鏤板 以廣其傳 由是名聞天下 後奉使如宋 所至待以禮 三掌禮闈 以得士稱 贈中書令 配享仁宗廟庭 有文集二十卷.(『高麗史』 권98, 「列傳」 권11, ‘金富軾’ 條)

> 김씨는 대대로 고려의 문벌가문[大族]으로 전대의 역사[前史]에 이미 실려 있었다. 박씨(朴氏)와 더불어 가문의 명망[族望]이 서로 대등하였다. 그러므로 그 자손들 가운데 글을 잘 하고 학문에 정진[文學]함으로써 등용된 사람이 많다. 김부식은 장대한 체구에 얼굴은 검고 눈이 튀어 나왔다. 그런데 두루 통달하고 기억력도 탁월하여 글을 잘 짓고 역사를 잘 알아 학사(學士)들에게 신망을 얻는 데에도 그보다 앞선 사람이 없었다. 일찍이 그들 형제의 이름지은 뜻을 넌지시 물어보았는데, 대개 (소식蘇軾과 소철蘇轍을) 사모하였기 때문이라고 한다.[4]

이 진술은 서긍이 중국인이고 고려인에 대한 선입견이 없는 상황에서 기술한 것이기 때문에 어느 정도 객관성을 확보할 수 있는 진술이라고 할 것이다. 그의 가문과 일생에 대하여 金在滿 교수가 잘 정리하였기에 이것을 중심으로 살펴보기로 하겠다.

> 김부식은 신라 왕손의 후예로, 고려조에 들어와서도 누대의 명문세가로 군림한 귀품의 骨血이었다. 고려 건국 초에 태조 왕건에 의해 처음으로 경주 州長으로 임명되었던 金魏英이 그의 증조가 된다. 그의 아버지 金覲은 國子祭酒·左諫議大夫 등의 벼슬을 하였고, 그의 형인 富佾[5]·富弼[6]과 동생 金富儀[초명은 富轍]도 모두 등제하여 고관대작을 역임한 당대의 세도가들이었다.[7]

4) 서긍 저, 조동원외 5인 공역, 『고려도경』, 황소자리, 2005, 139~140면. 이 부분의 원문을 제시하면 다음과 같다. 徐兢, 『宣和奉使高麗圖經』 卷8, 「人物」, < 同接伴通奉大夫尙書禮部侍郎上護軍賜紫金魚袋金富軾>: 金氏 世爲高麗大族 自前史已載 其與朴氏 族望相埒 故其子孫多以文學進 富軾 豐皃碩體 面黑目露 然博學强識 善屬文 知古今 爲其學士所信服 無能出其右者 其弟富轍 亦有詩譽 嘗密訪其兄弟命名之意 蓋有所慕云.

5) 그의 둘째형이다.

6) 그의 맏형이다.

7) 金在滿, 「金富軾」, 『高麗의 人物』(『韓國人物史』 2, 大衆書舘, 1981), 181면.

이처럼 김부식은 신라 왕족의 후예로서, 고려의 건국과 함께 그의 증조부 金魏英은 경주 州長을 지냈으며, 부친 金覲은 물론 그의 형제인 金富佾·金富弼·金富儀 모두가 고관대작을 역임하였던 대단한 가문 출신이었다.

> 숙종 초년까지 고려에서는 세 아들이 등과하면 그 어머니에게 포상하여 歲廩 30석을 하사하였는데, 숙종 2년 김부의가 등제하자 앞서 형 3인이 등과하였으므로 이미 얻은 30석에 10석을 더하는 새로운 규칙이 생겼다고 하였으니, 이는 김부식 일문의 명성이 얼마나 당세에 떨쳤던가를 입증하는 이야기라고 하겠다.
>
> 다음 대의 예종은 김부식 4형제를 文翰侍從으로 삼고, 세기의 대학자들을 낳은 어머니를 大夫人으로 봉하였으며, 관리에게 명하여 새로이 歲賜하도록 하였다. 그러나 김부식의 어머니는 이미 아들들의 녹양을 받고 있어 국은이 분에 넘치는 터에 어찌 감히 더 받을 수 있겠느냐고 사양하였다 한다. (中略) 김부식의 아들 敦中·敦時와 손자 君綏도 문신으로 이름을 냈다.[8)]

이 인용문은 세 아들이 과거에 급제하면 그 어머니에게 포상하여 歲廩 30석을 하사하던 기존의 제도에서, 김부식 등 4형제가 등과함으로써 30석에 10석을 더하는 새로운 규칙이 생겨나게 할 정도로 그의 가문은 당대에 위세를 떨친 명문이었을 말해 주고 있다. 또 그의 아들 金敦中·金敦時 및 손자 金君綏도 문신으로 이름을 떨쳤다고 하여 그의 가문의 권세와 부귀가 후대에까지 지속되었다고 하였다. 훗날 그의 아들 김돈중이 궁정의 연회에서 鄭仲夫의 수염을 태워 武臣亂의 계기를 만듦으로써 아우 김돈시와 함께 죽임을 당하는 화를 초래하기는 하였으나, 김부식 및 그의 일문이 고려조에서 손꼽히는 대단한 가문이었음

---

8) 위의 책, 181~183면.

은 누구도 부정하지 못할 것이다.

그가 거친 중요한 벼슬만 해도 安西大都護府司 錄參軍事 翰林院直任 右司諫 中書舍人 寶文閣待制 御史大夫 戶部尙書 翰林學士 承旨平章事 守司空 妙淸討伐軍中軍將 등이었으니 그가 얼마나 큰 권세를 누렸는지를 짐작하기는 어렵지 않은 일이다. 또 그는 『三國史記』를 찬수하고 『예종실록』 및 『인종실록』을 편찬하였으며, 대각국사 義天의 비문을 개찬하기도 하였으니, 이를 통해 그의 학문의 깊이를 짐작할 수 있다.

이상과 같은 공식적인 기록 이외에 詩話類에서도 그에 대한 몇 가지 고사를 소개하고 있다. 우선 李仁老의 『破閑集』에는 다음과 같은 고사가 실려 있다.

> 樞府 金立之[9]는 문장 이외에 墨畵를 더욱 잘 그렸다. 일찍이 瀟湘江 언덕의 두 그루 대나무를 그려서 大宗伯[10] 崔相國에게 바치니 絶句 한 수를 지어 사례하였다.

> 선제께서 당시에 살아 있는 대나무라고 일컬었는데
> 몇 번이나 서로 그리워하기만 하며 부질없이 정을 머금었던가?
> 두 그루가 홀연히 西軒을 향하여 서 있으니
> 다만 뿌리가 땅에서 돋아나지 않을는지 걱정스럽네.
> 先帝當年稱活竹　幾回相憶謾含情
> 兩叢忽向西軒立　只恐根株發地生[11]

9) 立之는 金富軾의 字이다.
10) 大宗伯은 禮部尙書를 가리킨다.
11) 樞府金立之詞翰外 尤工墨君 嘗以湘岸兩叢獻大宗伯崔相國 作一絶謝之 先帝當年稱活竹 幾回相憶謾含情 兩叢忽向西軒立 只恐根株發地生.(李仁老, 『破閑集』 권상)

이 고사를 통해서 보면, 김부식은 문장 이외에도 그림에도 매우 뛰어난 솜씨를 지녔음을 알 수 있다.[12] 특히 崔相國의 題畵詩는 그림 속의 대나무가 마치 살아 있는 대나무(活竹)인 듯하다는 평가를 받고 있음에 대한 稱賞이다. 그림 속의 대나무가 땅에서 돋아날 듯하다고 하였으니, 이것은 신라 때의 화가 率居가 黃龍寺의 벽에 老松을 그렸더니, 나무의 體幹이 거칠게 비늘 지고 枝葉이 꾸불꾸불하여 까마귀·솔개·제비·참새가 간간이 바라보고 날아들다가 다 와서는 어름거리다가 떨어졌다고 하는[13] 고사와도 통하는 빼어난 그림 솜씨를 지녔음을 지적한 것으로 그의 그림이 매우 사실적이었다는 사실을 말해 주는 것이다. 다음은 李奎報의 『白雲小說』에 실린 것으로서 김부식과 鄭知常 사이의 고사이다.

> 시중 김부식과 학사 정지상은 문장이 한 시대에 이름을 나란히 하여 두 사람이 서로 시기하여 사이가 좋지 않았다. 세상에서 전하기를 정지상이 "琳宮[14]에 불경 소리 끝나니, 하늘빛은 마치 유리처럼 깨끗하네.(琳宮梵語罷 天色淨琉璃)"라는 구절을 지었다. 김부식은 그 구절이 너무나 좋아서 자기가 지은 것으로 하려고 그것을 달라고 하였으나 (정지상은) 끝내 허락하지 않았다. 그 뒤에 정지상이 김부식에게 죽임을 당하여 陰鬼가 되었다. 김부식이 어느 날 <봄을 읊다(詠春)>라는 시에서 "버들 빛은 천 줄기가 푸르고, 복숭아꽃은 만 송이가 붉네.(柳色千絲綠 桃花萬點紅)"라고 읊었다. 갑자기 공중에서 정지상 귀신이 나타나 김부식의 빰을 갈기며 "천 줄기와 만 송이는 누가 세어 본 것이냐? 어찌하여 '버들 빛은 줄기마다 푸르고, 복숭아꽃은 송

12) 김부식은 이동주의 『韓國繪畵小史』(서문문고 1, 서문당, 1972), 安輝濬의 『韓國繪畵史』(一志社, 1980) 등에 고려시대의 화가로 소개되어 있다.

13) 率居 新羅人 (中略) 生而善畵 嘗於黃龍寺壁畵老松 體幹鱗皴 枝葉盤屈 烏鳶燕雀 往往望之飛入 及到蹭蹬而落.(『三國史記』 권48, 「列傳」 8)

14) 琳宮은 金玉으로 장식한 집으로 佛堂이나 道院 같은 집을 가리킨다.

이마다 붉네.(柳色絲絲綠 桃花點點紅)'라고 하지 않느냐?"라고 하였다. 김부식은 마음 속으로 좋지 않은 생각이 들었다.

그 뒤에 어떤 절간에 가서 뒷간에 갔다. 정지상 귀신이 뒤에서 불알을 움켜쥐고 묻기를 "그대는 술도 먹지 않았는데 얼굴이 어째서 그리 붉은가?"라고 하였다. 김부식은 천천히 말하기를 "건너편 언덕에 있는 단풍이 얼굴을 비추어서 붉다."라고 하였다. 정지상 귀신은 불알을 바짝 쥐며 말하기를 "이게 무슨 가죽 주머니냐?"라고 하니, 김부식은 "네 아비 불알은 쇠 주머니란 말이냐?"라고 하고 얼굴빛을 조금도 변하지 않았다. 정지상 귀신은 더욱 힘을 들여 불알을 움켜쥐니, 김부식은 결국 뒷간에서 죽고 말았다고 한다.[15]

이 고사는 김부식과 정지상 사이에 알력이 있었음을 상징적으로 보여주는 허구적 일화이다. 開京 출신으로 기득권을 충분히 확보하고 있었던 김부식과 西京 출신으로 妙淸의 난에 동조하였다가 김부식에 의해 죽임을 당하였던 정지상 사이의 대립 관계는 역사를 통해서 충분히 입증되는 사실이다. 이 인용문에서 최초의 갈등 요인으로 작용하는 모티프는 정지상의 시구가 너무 마음에 들었던 김부식이 그것을 자기의 작품으로 삼으려는 욕심에 정지상에게 달라고 하였으나 정지상이 거절하였다는 것이다. 그러나 이 일이 두 사람 사이에 실제로 있었는지의 여부는 현재로서는 확인하기 어렵다. 오히려 『백운소설』의 이 이야기는 중국 당나라 때의 고사를 끌어와서 附會하였을 가능성이 있다. 『全唐

---

15) 侍中金富軾 學士鄭知常 文章齊名一世 兩人爭軋不相能 世傳知常有琳宮梵語罷天色淨琉璃之句 富軾喜而索之 欲作其詩 終不許 後知常爲富軾所誅 作陰鬼 富軾一日 詠春詩曰 柳色千絲綠 桃花萬點紅 忽於空中 鄭鬼批富軾頰曰 千絲萬點有孰數之也 何不曰 柳色絲絲綠 桃花點點紅 富軾心頗惡之 後往一寺 偶登厠鄭鬼從後握陰囊 問曰 不飮酒 何面紅 富軾徐曰 隔岸丹楓照面紅 鄭鬼緊握陰囊曰 何物皮囊子 富軾曰 汝父囊鐵乎 色不變 鄭鬼握囊尤力 富軾竟死於厠中.(李奎報, 『白雲小說』, 洪萬宗 편, 洪贊裕 역주, 『詩話叢林』 上, 通文館, 1993, 18~20면) *번역문은 필자가 일부 수정하였다.

詩』에 실린 劉希夷의 <代悲白頭吟>의 細註에 다음과 같은 기록이 있다.

> 希夷는 비파를 잘 탔다. 일찍이 <白頭詠>을 지었는데 "금년에 꽃이 지니 얼굴빛이 변하는데, 명년에 꽃이 피면 또 누가 살아 있을까?"라고 하고는 후회하기를, "나의 이 시는 詩讖인 듯하니, 石崇의 '흰머리로 함께 돌아가네.'라고 하는 것과 무엇이 다른가?"라고 하였다. 이에 다시 "해마다 (피는) 꽃은 같건마는, 해마다 (그것을 감상하는) 사람은 다르네."라고 하고는 탄식하기를, "다시 앞서 있었던 詩讖과 비슷하네."라고 하였다. 시를 짓고 한 해가 되지 않아 간사한 사람에게 죽임을 당하였다. 어떤 사람은 말하기를 宋之問이 希夷를 살해하고 <白頭翁>을 자기의 작품으로 삼았다고 한다. 지금까지 이 詩篇을 宋之問의 문집에 실은 것이 있다.16)

이 인용문에서 보면, 송지문은 유희이의 시 <代悲白頭吟>을 좋아하여 결국 그를 죽이고 이 시를 자기의 작품으로 삼았다는 것이다. 여기 文面에는 나타나고 있지 않지만, 그 이면에는 송지문이 유희이에게 그 시를 자기의 작품으로 하게 해 달라고 한 사정이 개재되어 있었을 것이다.17) 이렇게 보면 이 두 사람의 관계는 정지상과 김부식의 관계와 조금도 다른 게 없다. 결국 『백운소설』에서는 정지상과 김부식의 관계를 극적으로 표현하기 위해서 유희이와 송지문 사이의 고사를 끌어다 붙

---

16) 希夷善琵琶 嘗爲白頭詠云 今年花落顔色改 明年花開復誰在 旣而悔曰 我此詩似讖 與石崇白首同所歸何異 乃更作云 年年歲歲花相似 歲歲年年人不同 旣而歎曰 復似向讖矣 詩成未周歲 爲姦人所殺 或云宋之問害希夷 而以白頭翁之篇爲己作 至今有載此篇在之問集中者.(『全唐詩』 上, 上海古籍出版社, 1990, 210면)

17) 胡雲翼은 『中國文學史』에서 "전하는 말에 宋之問이 이 시의 '해마다 꽃은 같건만, 해마다 사람 틀린다.'의 기공을 좋아하던 나머지 제것으로 만들려고 劉希夷를 土囊으로 눌러 죽였다고 한다."라고 하여 이 점을 분명히 밝히고 있다.(胡雲翼 저, 張基槿 역, 『中國文學史』, 大韓敎科書株式會社, 1985, 154면)

인 것으로 볼 수 있다. 이 두 고사는 다같이 타인의 詩句에 반하여 마음을 빼앗긴 어떤 사람[송지문과 김부식]이 그 시를 지은 사람[유희이와 정지상]에게 그 시를 자기가 지은 것으로 할 수 있도록 해 줄 것을 요구하였다가 거절당하자 그 일에 대한 분풀이로 상대방을 죽이고 말았다는 점에서 일치하고 있다. 『백운소설』에서 정지상과 김부식의 관계를 이렇게 설정한 것은 유희이와 송지문의 고사를 끌어와 송지문처럼 김부식의 인간성도 비정하기 그지없는 치명적인 결함이 있음을 드러내려 한 것으로 보인다. 주지하다시피 송지문은 인격적인 면에서는 이중성이 인정되지만 그의 시에서는 전혀 그러한 비열함과 단점이 드러나지 않음으로써[18] 동양의 전래적인 관습인 '글은 곧 그 사람'이라는 점을 부정하는 대표적인 예로 인정되기 때문이다. 따라서 『백운소설』의 작자는 정지상과 대립적인 관계에 있었던 김부식을 송지문과 같은 부정적인 인간의 한 부류로 파악하여 그 점을 강조하려고 하였던 것으로 보인다. 洪萬宗도 『小華詩評』에서 『백운소설』에 실린 정지상과 김부식의 이 고사를 인용하고, 송지문과 유희이의 고사를 언급하면서 장인이었던 송지문이 사위인 유희이를 살해하였다고 한 다음, 결론적으로 사람들이 재주를 싫어하고 이름을 좋아하는 것이 이와 같으니 시를 짓는 사람은 몰라서는 아니 된다고 하였다.[19]

이런 점은 논외로 친다고 하더라도, 김부식과 정지상의 관계는 『고려사』에서 비교적 상세하게 언급되고 있다. 즉 1135년(仁宗 13) 정월에 妙淸이 趙匡·柳昰 등과 함께 西京에서 반란을 일으키자 김부식은 반

18) 胡雲翼은 『中國文學史』에서 "宋之問은 원래 인격이 없는 졸렬한 문인으로 얕은 재주가 있어 열심히 응제하여 일개 어용시인은 되었으나 원래 고상한 成就를 바랄 수는 없었다."라고 하였다.(위의 책, 152면)

19) 按唐劉挺芝作白頭翁詩 其一句曰 今年花落顏色改 明年花開復誰在 其舅宋之問愛其句 乞而不與 怒以土囊壓殺之 噫人之猜才好名如是 爲詩者不可不知.(洪萬宗, 『小華詩評』 권상, 趙鍾業 편, 『韓國詩話叢編』 3, 東西文化院, 1989, 295~296면)

란군을 토벌하는 원수가 되었다. 왕이 兩府 大臣을 불러 군사 출병시킬 일을 물으니 김부식은 여러 재상과 더불어 의논하기를 "西都의 반란에 鄭知常·金安·白壽翰 등이 모의에 참여하였으니 이 사람들을 제거하지 않으면 서도를 평정할 수 없을 것입니다."라고 하였다. 모든 재상이 깊이 그렇게 여겨 정지상 등 3인을 불러오게 하고 비밀스럽게 바르고 순수한 것을 訓諭하고 勇士를 시켜 3인을 끌어내어 궁문 밖에서 베어 죽이고 이를 아뢰었다는 기록으로 보아[20], 김부식은 정지상에 대한 사사로운 감정이 있었던 차에 묘청의 반란에 가담한 사실을 핑계삼아 국왕에게 보고하지 않은 채 그를 제거하고 말았던 것이다. 이 기록만으로 본다면 김부식은 소인배의 마음을 지닌 인물에 지나지 않으니 이런 행동이나 사실이 「동국사영」의 대상이 될 수는 없었다. 따라서 「동국사영」의 대상이 되는 고사는 이것이 아니었다.

3. 「동국사영」과 관련된 김부식 고사

김부식의 인간다운 면모와 풍류를 보여주는 것은 바로 혜소와 관련된 다음의 고사이다. 이 고사는 이미 이제현보다 훨씬 앞의 인물이었던 이인로의 『파한집』에 실려 전파되었다.

西湖의 중 惠素는 內典[21]과 外典[22]에 該博하고 더욱 시에 교묘하

---

20) 十三年正月 妙靑與趙匡柳旵等 據西京反 王以富軾爲元帥 (中略) 王召問兩府大臣將出師 富軾與諸相議曰 西都之反 鄭知常金安白壽翰等與謀 不去是人 西都不可得平 諸相深然之 召知常等三人至 密諭正純 使勇士曳出三人 斬於宮門外乃奏之.(『高麗史』 권98, 「列傳」 권11, <金富軾>)

21) 內典은 佛經을 가리킨다.

22) 外典은 詩文을 가리킨다.

> 여 필적도 또한 묘하였다. 일찍이 大覺國師를 스승으로 섬겨 高弟가 됐다. 국사가 승과에 응시하기를 권하자 대답하기를 "내가 어찌 內廐란 말입니까? 걸음걸이를 시험하십시오."라고 하였고, 늘 국사를 따라다니며 문장을 토론하였다. 국사가 죽은 뒤에 行錄 10권을 찬술하였는데, 金侍中[23]이 이것을 提要하여 碑文을 만들었다. 혜소가 서호의 견불사[24]에 가서 거처하였는데, 방안에 다만 방석 크기 만한 靑石 한 장을 두고 때때로 글씨를 써서 消遣하였다. 시중이 벼슬을 내놓은 뒤에 나귀를 타고 자주 찾아가서 밤을 새우며 道를 談論하였다. 임금이 본시부터 그 이름을 듣고 內道場에 맞아들여 華嚴經을 講說하게 하고 백금을 많이 하사하였다. 혜소가 이것으로 모두 사탕 백 덩이를 사서 거처의 안팎에 벌여 놓았다. 사람들이 그 까닭을 물었더니 "이것은 내가 평생에 즐겨 먹는 것인데, 만약 내년 봄에 장삿배가 오지 않으면 어떻게 구하겠는가?"라고 대답하니, 듣는 사람이 모두 그 진솔함 때문에 웃었다.[25]

이 고사는 『新增東國輿地勝覽』에도 소개되어 있는데,[26] 여기에는 김부식이 대각국사 義天의 高足弟子였던 惠素와 뜻이 맞아 致仕한 뒤에 혜소가 거처하는 西湖의 見佛寺로 나귀를 타고 자주 찾아가 밤을 새우며 道를 담론하였고, 혜소의 성품이 지극히 소탈하고 진솔하였다는 사실이 담겨 있다. 늙은 재상이 나귀를 타고 개성을 벗어난 白川郡에

---

23) 金侍中은 金富軾을 가리킨다.

24) 見佛寺는 江西寺의 다른 이름이다.

25) 李仁老 저, 成樂薰 역, 『破閑集』 권중(『韓國의 思想大全集』 3, 同和出版公社, 1985), 199~200면. 이 부분의 원문을 제시하면 다음과 같다. 西湖僧惠素 該內外典 尤工於詩 筆跡亦妙 常師事大覺國師爲高弟 國師勸令赴僧選 對曰我豈天廐馬也 試其步驟哉 常隨國師所在討論文章 國師歿 撰行錄十卷 金侍中摭取之以爲碑 住西湖見佛寺方丈闃然 唯畜靑石一葉如席大 時時揮灑以遣興 侍中納政後 騎驢數相訪 竟夕談道 上素聞其名 邀置內道場 講華嚴寶典 賜白金至多 師盡用買砂糖百餅 列于所居內外 人問其故 曰 是吾平生嗜好 儻明春商舶不來 則顧何以求之 聞者皆笑其眞率.

26) 『新增東國輿地勝覽』 권43, 「白川郡」, 참조.

있는 절을 찾아가서 거기에 있는 승려 혜소와 밤새워 대화를 나누었다는 것은 뜻이 맞으면 격의 없이 사람을 대하는 김부식의 인간적인 면모를 보여주는 것이기 때문에, 당시의 사람들 사이에 대단한 화젯거리가 되었을 것이다. 김부식과 혜소의 고사는 여기에 그치지 않는다. 이인로는 또 『파한집』에서 이렇게 말하였다.

> 昌華公 李子淵이 南宋에 사신으로 가셨을 때, 潤州 甘露寺에 올라가서 강산의 좋은 경치를 사랑하여 따라간 뱃사공에게 일러 말하기를, "너는 이 산천 누각의 형세를 자세히 살펴보고 털끝만큼도 틀림이 없이 가슴속에 새겨 두어라." 하니 사공이, "명령대로 하겠나이다." 하였다. 還朝한 뒤에 사공과 약속하기를 "대개 천지간에 무릇 형체가 있는 것은 서로 비슷한 것이 있지 아니한 것이 없으므로 瀟湘江가에 九山이 서로 비슷한 것이 있어 길가는 사람들이 의심하게 되었고[九疑山], 황하의 흐르는 물이 아홉 번 굽이치는데 남해에는 아홉 번 꺾인 물굽이가 있으니, 이것으로 보건대 山形 水勢의 서로 타고난 것이 사람의 면목과 같아서 천만 가지로 다를지라도 그 중에 반드시 비슷한 것이 있거든 하물며 우리나라는 蓬萊山에 가기가 머지 않아서 산천이 많고 빼어나기 중국보다 나은 것이 만 배나 되니, 그 형세가 어찌 京口[27]와 서로 비슷한 것이 없겠느냐? 너희는 마땅히 한 조각배와 짧은 돛배로써 떠돌아다니어 물오리와 서로 浮沈하여 아무리 그윽한 곳이나 먼 곳이라도 찾아가서 나를 위하여 알아 오되, 마땅히 10년을 기약하고 바쁘게 서둘지 말아야 할 것이다." 하였다. 사공은 그렇게 하기로 하고 무릇 6년이 지난 뒤에 비로소 서울 서호 가에서 그런 땅을 찾아 가지고 빨리 공에게 보고하기를 "이미 그런 땅을 얻었습니다. 하루 동안이면 왕래할 만하오니 한 번 가 보심이 좋을까 합니다." 하였다. 드디어 함께 그곳에 登臨하자, 기쁨이 형용에 나타나며 "중국 감로사가 비록 기이하고 아름다움이 비할 데 없으나 다만

27) 京口는 潤州를 가리킨다. 潤州 城東에 京峴山이 있기 때문이다.

누각의 웅장함과 단청의 장식이 특히 승할 따름이다. 天生地作의 자연한 형세에 이르러서는 이와의 거리가 참으로 九牛에 한 터럭이로다." 하고 곧 돈과 비단을 들여서 재목과 기와를 갖추어 무릇 누각과 池臺의 制度는 한결같이 중국 甘露寺를 모방하였다. 일을 마침에 이르러 扁額에 題하기를 또한 甘露라 하였다. 지휘하고 계획함과 경영함이 이미 마땅하게 되었으니 1만 가지 경치가 채찍질하지 않고도 절로 이르러 왔다.

뒤에 詩僧 惠素가 처음 시를 짓고 또 시중 金富軾이 끝을 맺으니 듣는 사람들의 화답한 것이 幾千餘 篇이었으므로 드디어 큰 시집을 만들었다.[28)]

이 인용문도 조선시대에 편찬된 『신증동국여지승람』에 거의 그대로 인용되어 후대에까지 그 풍류스러운 이야기가 전파되었는데,[29)] 앞 부분은 개성의 甘露寺가 건축되기까지의 과정을 서술한 것이다. 즉 李子淵(?~1086)이 중국 潤州의 감로사를 보고 감탄한 나머지 우리나라에서 그것과 비슷한 勝景을 찾아 건축한 것이 바로 개성의 감로사로서, 그 樓閣과 池臺의 제도까지 중국의 그것을 모방하였다는 것이다. 그리고

28) 李仁老 저, 成樂薰 역, 『破閑集』 권중, 앞의 책, 203~204면. 이 부분의 원문을 제시하면 다음과 같다. 昌華公李子淵 杖節南朝登潤州甘露寺 愛湖山勝致 謂從行三老曰爾宜審視山川樓觀形勢 具載胸臆間 毋失豪毛 舟師曰謹聞命矣 及還朝與三老約曰夫天地間凡有形者 無不相似 是以湘濱有九山相似 行者疑焉 河流九曲 而南海亦有九折灣 由是觀之 山形水勢之相賦也 如人面目 雖千殊萬異 其中必有相髣髴者 況我東國去蓬萊山不遠 山川淸秀甲於中朝萬萬 則其形勝豈無與京口相近者乎 汝宜以扁舟短棹 泛泛然與鳧雁相浮沉 無幽不至無遠不尋 爲我相收當以十年爲期 愼無欲速焉 三老曰唯 凡六涉寒暑 始得之於京城西湖邊 走報公曰旣得之矣 三殆可返 糞煩王趾一往觀焉 遂相與登臨之 喜見眉鬚曰且南朝甘露寺 雖奇麗無比 然但營構繪飾之工 特勝耳 至於天生地作自然之勢 與此相去眞九牛之一毛也 卽捐金帛庀材瓦 凡樓閣池臺之制度 一倣 中朝甘靈寺 及斷手用題其額亦曰甘露 指晝經營旣得宜 萬像不鞭而自至 後詩僧惠素唱之 而金侍中富軾斷之 聞者皆和幾千餘篇 遂成鉅集.

29) 『新增東國輿地勝覽』 권4, 「開城府 上」, 참조.

뒷 부분이 바로 김부식과 혜소의 이야기이다. 혜소가 먼저 시를 짓고 김부식이 거기에 화답한 것이 알려져서, 수많은 사람들이 수천 편의 시를 지었으므로 그것이 큰 시집을 이루었다는 것이다. 혜소가 지은 시는 그 내용을 확인할 수 없지만, 김부식이 지은 시 <송도 감로사에서 혜원의 시에 차운하다(甘露寺次惠遠韻)>라는 작품은 『東文選』에 수록되어 현재까지 전해지고 있다.

이 밖에도 김부식과 혜소에 대한 자료는 몇 가지가 더 있다. 이인로는 『파한집』에서 서예가인 신라의 金生과 고려의 大鑑國師 坦然 및 洪灌을 三絶이라고 일컫는다고 하면서 眞樂公 李資玄이 죽었을 때 혜소가 제문을 지었다고 하였고,[30] 崔滋는 『補閑集』에서 김부식이 慧素[31]의 記文을 보고 律詩를 지으려 한 듯하다고 농담을 할 정도로 친하였다는 사실을 지적하기도 하였다.[32] 『보한집』에는 또 다음과 같은

30) "신라 사람 金生은 筆法이 奇妙하여 魏·晉의 書家들이 따를 바가 아니었고, 本朝에 이르러서는 오직 大鑑國師와 學士 洪灌이 그 이름을 독차지하여 무릇 寶殿 花樓의 扁額 및 屛障의 銘戒는 모두 이 두 분이 쓴 것이었다. 淸平 眞樂公이 卒하였을 때 西湖의 중 惠素가 祭文을 짓고 國師가 이를 썼는데 더욱 힘을 들였고 그것을 돌에 새겨 전하니 세상에서 이를 三絶이라고 부른다.(雞林人金生筆法奇妙 非晉魏時人所跂望 至本朝 唯大鑑國師 學士洪灌擅其名 凡寶殿花樓額題 及屛障銘戒 皆二公筆也 淸平眞樂公卒 西湖僧惠素撰祭文 而國士書之 尤盡力刻石以傳 世謂之三絶)"(李仁老 저, 成樂薰 역, 앞의 책, 권하, 219면)

31) 惠素의 이름이 『補閑集』에서는 慧素라고 나온다.

32) 중 慧素가 金蘭 叢石亭의 記文을 지었는데 文烈公은 그것을 희롱하여 "이 스님이 律詩를 짓고 싶어하였는가?" 하였다. 어떤 사신이 星山公舘에 시 10韻을 남겼는데 말이 많고 뜻이 완곡하였다. 郭東珣은 그것을 보고, "이것은 記文이요 시가 아니다." 하였다. 특히 시와 문만이 다를 뿐 아니라 한 시문 가운데도 각기 그 體가 있다. 옛 사람의 말에, "對律句의 체는 杜子美요, 樂章의 체는 李太白이며, 古詩의 체는 韓愈와 蘇東坡다. 만일 文이나 辭라면 그 체가 다 각기 한유의 글에 갖추어져 있으니 그것을 익숙하게 읽고 깊이 생각하면 그 체를 얻을 수 있다." 하였다. 그러나 이태백이나 두자미의 고시도 한유나 소동파에 못지 않다. 그런데도 그렇게 말한 것은 후진들로 하여금 여러 사람들의 체를 널리 배우게 하기 위해서이다.(崔滋 저, 南晩星 역, 『補閑集』 권상, 『韓國의 思想大全集』 3, 同和出版公社, 1985, 260~261면)

두 사람의 이야기가 실려 있다.

> 문열공이 혜소 스님의 <고양이(猫兒)> 시에 화답하여 지었다.
>
> 땅강아지와 개미는 도가 있고 이리와 호랑이는 어지니
> 망령된 것 보내야 비로소 참을 구하는 것만은 아니네.
> 선사의 慧眼은 분별이 없으니
> 물건마다 모두 清淨한 몸을 드러내네.
> 螻蟻道存狼虎仁　不須遣妄始求眞
> 吾師慧眼無分別　物物皆呈淸淨身
>
> (이규보의 <두꺼비(蟾)> 시와 이인로의 <개미(蟻)> 시 생략)
> 문순공의 시는 형용의 표현이 매우 교묘하고, 이학사의 시는 글귀마다 다 고사를 인용하여 쓰며, 문열공의 시는 뜻을 불교에 두고 이치를 말함이 매우 심원하다. 대체로 어떤 물체를 표현하는 작품에서는 고사를 인용하는 것이 이치를 말하는 것만 못하고, 이치를 말하는 것이 형용하는 것만 못하다. 그러나 그 잘 짓고 못 짓는 것은 뜻의 구성[構意]과 말 만드는 것에 달려 있을 뿐이다.[33)]

이 인용문은 앞의 감로사에서와 마찬가지로 혜소의 시에 김부식이 화답하였다는 내용과 『보한집』을 지은 崔滋의 비평 기준을 밝힌 것이지만, 우리는 이 글을 통해서 김부식과 혜소가 보통 이상으로 친밀한 관계였음을 확인할 수 있다. 여기에서 김부식이 송도의 감로사에서 혜소의 시에 차운하였다는 시를 살펴보기로 하자.

33) 文烈公和慧素師猫兒云 螻蟻道存狼虎仁 不須遣妄始求眞 吾師慧眼無分別 物物皆呈淸淨身 (中略) 文順公形容甚工 李學士句句皆用事 文烈公寄意浮屠言理最深 大抵體物之作 用事不如言理 言理不如形容 然其工拙 在乎構意造辭耳.(崔滋 저, 南晚星 역,『補閑集』권중, 앞의 책, 282면)

金富軾, <송도 감로사에서 혜원의 시에 차운하다(松都甘露寺次惠遠韻)>[34]

俗客은 이르지 못하는 곳에
올라오니 마음이 맑아지네.
산 모양은 가을에 더욱 좋고
강 빛은 밤에 오히려 환하네.
흰 새는 높이 날아가 버리고
외로운 돛단배는 홀로 가는 모양이 가볍네.
스스로 부끄럽네, 달팽이 뿔과 같은 세상에서[35]
반평생 공명을 찾았음이.
俗客不到處　登臨意思清
山形秋更好　江色夜猶明
白鳥高飛盡　孤帆獨去輕
自慙蝸角上　半世覓功名

이 시 제목의 惠遠은 곧 惠素를 가리킨다. 金性彦 교수는

제목에서 차운한 승려 이름을 惠遠·慧遠·惠素 등으로 표기하고 있는데 어느 것이 정확한지는 알 수 없다. 『동문선』에는 惠遠이라 하였으나 『보한집』과 「동국사영」에서는 惠素, 혹은 慧素라 하였으며, 『

34) 『東文選』, 권9. 이 시는 『三韓詩龜鑑』, 『青丘風雅』, 『箕雅』, 『大東詩選』, 『小華詩評』, 『新增東國輿地勝覽』 등에도 실려 있다.

35) 이 이야기는 『莊子』 「則陽」에 戴晉人이 魏 惠王에게 한 말 중에 나온다. "달팽이의 왼쪽 뿔 위에 나라가 있는데 觸氏라고 하고, 오른쪽 뿔 위에도 나라가 있는데 蠻氏라고 합니다. 때때로 이 두 나라가 땅을 다투어 싸우는데, 전사자가 수만 명이 되고, 패잔병을 쫓아 15일이나 걸렸다가 돌아온다고 합니다.(有國於蝸之左角者 曰觸氏 有國於蝸之右角者 曰蠻氏 時相與爭地而戰 伏尸數萬 逐北旬有五日而後反)" 따라서 좁은 세상에서 하찮은 일로 서로 다투는 것을 蝸牛角上의 爭鬪라고 한다.

> 동국여지승람』「白川郡」, 佛宇, 江西寺에는 惠素라 하였다. 『대동시선』에서는 이를 의식한 듯 승려 이름을 생략하고 그냥 <甘露寺次韻>이라 제목하였다.[36]

라고 하여 이 시의 惠遠이 惠素를 가리킨다고 하였다. 李鍾默 교수도 여기에 대해

> 제목이 『箕雅』『大東詩選』에는 <甘露寺次韻>으로, 『小華詩評』에는 <題松都甘露寺>로 되어 있다. 『三韓詩龜鑑』에는 '惠遠'이 '惠袁'으로 되어 있고, 『青丘風雅』『東國輿地勝覽』에는 '惠素'로 되어 있는데, 실존 인물임이 확인되는 惠素가 옳을 듯하다. 『三韓詩龜鑑』『青丘風雅』『箕雅』『大東詩選』『小華詩評』『東國輿地勝覽』 모두에 '高飛盡'이 '孤飛盡'으로 되어 있다. 『小華詩評』에는 '登臨'이 '高臨'으로 '自慚'이 '自憐'으로 되어 있다.[37]

라고 하여 여러 가지로 표현되는 이 인물은 혜소라고 보는 게 옳을 것이라고 보았다. 실제로 이 인물의 명칭은 이 밖에도 權近의 「동국사영」에서는 惠袁, 김시습의 「동국사영」에서는 惠臺로 나타나기도 하는데, 이것은 아마 惠素의 '素'자가 '袁(遠)'·'臺'자와 비슷한 데서 온 혼란으로 보인다. 이런 현상은 동일한 인물, 또는 사건을 두고 오랜 기간 동안 문헌을 통해, 또는 구전으로 전승되어 오는 과정에서 나타나는 혼란이라고 보는 것이 옳을 것이다. 실제로 구비문학의 현장에서는 '南師古'가 '남삭이'로 바뀌기도 하고,[38] '明沙十里'가 '명사야 십유'로,[39]

---

36) 金性彦, 「金富軾의 삶과 文學」, 『韓國漢詩作家研究』 1, 太學社, 1995.7, 77면.
37) 李鍾默, 「高麗時代 寺刹題詠詩의 作法과 文藝美」, 『韓國漢詩研究』 2, 太學社, 1994.12, 173면의 주석 25).
38) 울산대학교 인문과학연구소 편, 『울산울주지방 민요자료집』, 울산대학교 출판부, 1990, 399~400면, 참조.

‘金堤 萬頃’이 ‘징개맹개’로 나타나기도 하는 것이다.[40]

혜소가 감로사에 머물면서 먼저 감로사에 대한 시를 짓고 김부식이 화답하여 이 시를 지었으며, 거기에 화답한 작품이 천여 편에 이르렀다는 사실은 김부식과 혜소의 이름이 당시의 식자들 사이에 회자되었음을 말해 주는 것이다. 여기서 주목할 것은 이 시의 작자인 김부식과 혜소의 관계이다.

감로사에 있는 혜소를 찾아가 그의 시에 차운한 이 시는, 우선 首聯에서 김부식이 자신을 俗客으로 지칭하여 자연 속의 아름다운 경관 속에서 살아가는 혜소의 삶과 자신의 삶을 대비시키고 있다. 이어서 頷聯과 頸聯에서 눈앞에 펼쳐진 산과 강의 멋진 경관을 그린 다음, 尾聯에서 스스로의 半生을 돌아보면서 세속에서의 헛된 공명을 찾았음을 부끄러워한다는 것이 중심 내용이다.[41] 이 때 반평생 공명을 찾은 사실을 부끄러워하는 속객[김부식]은 결국 자연의 일부인 양 살아가는 혜소를 그 지향점으로 설정하고 있음에 주목할 필요가 있다. 권력과 명성을 얻기 전에는 오로지 그것이 전부인 양 외길로 달려가다가 막상 그것을 차지하고 나서 되돌아 본 인생은 황막하기 그지없다는 깨달음이 바탕에

---

39) 위의 책, 109면.

40) 위의 책, 204~205면.

41) 감로사에서 후대의 시인들의 읊은 시에서는 대개 李子淵이 중국 潤州의 감로사를 모방하여 지었다는 사실을 언급하고 있는데, 그 중에는 김부식의 이 시에 담긴 내용을 반영하거나 차운한 작품도 있다. 김부식 시의 내용을 반영하고 있는 것으로는 辛應時(1532~1585)의 <甘露寺 次陽村韻> : 樓壓江湖十里平 何年選勝此經營 子淵心匠須圖畵 京口山川自化成 對岸蠔粘漁屋比 緣崖蟻附旅人行 浪吟白鳥孤帆句 不覺新詩眼底生(『白麓遺稿』, 『韓國文集叢刊』 41, 406면)을 들 수 있고, 김부식의 이 시에 차운한 것으로는 徐渻(1558~1631)의 <甘露寺 次金平章韻> : 海近潮還汐 長江澄不淸 鍾聲風引遠 月色夜深明 抱病懽情少 逢僧俗慮輕 平生遠遊意 甘露幸同名(『藥峯遺稿』 권1, 『韓國文集叢刊』 63, 146면), 尹舜擧(1596~1668)의 <甘露寺 用金富軾韻> : 地勢剗難平 江流澄不淸 五峯空外直 七浦夢中明 聲仍多慶重 望豈潤州輕 一笑羌無實 千秋浪得名(『童土集』, 續集 卷1, 『韓國文集叢刊』 100, 88면)을 들 수 있다.

깔려 있고, 그런 김부식의 처지에서 바라본 혜소는 완전히 대척적인 위치 즉 세속과 동떨어진 비속세적 공간에서 자연의 질서에 따라 여유롭게 살아가는 존재로 파악되었던 것이다. 어떻게 보면 서로 닮은 점을 찾으려고 하면 할수록 더 닮은 점을 찾을 수 없는 두 인물이, 서로의 존재를 인정하면서 마음을 터놓고 사귀게 될 때 그들은 서로의 처지를 잊은 사귐, 즉 忘形之交를 맺을 수 있었고, 그렇게 됨으로써 두 사람은 매우 긴밀한 친분을 쌓게 되었다고 하겠다.

뒷날 혜소가 거처를 옮겨 강서사에 거처하고 김부식이 致仕하게 되자, 김부식은 이 시에서 보여주었던 마음의 지향점에 놓여 있었던 혜소를 찾아가 평소에 누리지 못하던 자연 속의 한정과 두 사람의 우정을 마음껏 펼칠 수 있었다고 하겠다. 김부식이 나귀를 타고 강서사로 혜소를 찾아가서 쌓은 두 사람의 깊은 교분이 당시의 호사가들에게 널리 알려지게 됨으로써 그들 두 사람의 격의 없는 교분은 한 시대의 빼어난 勝事로 받아들여지게 되었다고 짐작할 수 있다. 洪萬宗이 『小華詩評』에서 이 시에 대해 "표연히 홍진의 세상을 벗어난 아취가 있다."라고 한 평가[42]는 김부식이 만년에 표연히 강서사로 승려 혜소를 찾아가서 함께 소요하였던 그 행적까지를 함께 고려한 촌평인 것으로 보인다. 즉 홍만종은 이 시에서 나타나는 김부식의 정신적 지향과 뒷날 그가 혜소와 망형지교를 맺었다는 결과를 함께 고려한 관점에서의 평가라고 하겠다.

김부식과 혜소의 이와 같은 사귐은 당대의 인물뿐 아니라 후대의 인물들에게도 한 시대의 勝事로 받아들여져서 오랜 세월에 걸친 지속적인 관심의 대상이 됨으로써 이 두 사람의 관계를 다룬 한시 작품들이 꾸준히 창작되었다고 하겠다.

---

42) 洪萬宗, 『小華詩評』 권상, 趙鍾業 편, 『韓國詩話叢編』 3, 295면에는 이 시를 인용하고, "翛然出塵之趣"라고 평하였다.

4. 김부식 고사의 시적 변용과 전승

1) 「동국사영」 작품군에 투영된 김부식 고사

江西寺에서 김부식과 혜소 사이에 있었던 일을 제재로 한 작품은 「동국사영」을 중심으로 한 작품들이 대부분이다. 「동국사영」에 들어 있는 김부식 고사를 다룬 시들은 제목이 모두 <김시중이 노새를 타고 강서사의 혜소 상인을 찾아가다>라고 되어 있다. 표기는 '노새를 타고'라는 뜻으로 '乘騾'(민사평) 또는 '騎騾'(정추 · 한수 · 권근 · 김시습)가 나타나고, '혜소'를 '惠素'(민사평 · 정추), '慧素'(한수), '惠袁'(권근), '惠臺'(김시습)로 표기하기도 하였지만 노새를 탄다는 그 의미와 승려 혜소를 지칭한다는 점은 대동소이한 것이라고 할 수 있다. 즉 「동국사영」 작품군에서는 모두 김부식이 致仕한 후 배천의 강서사로 혜소 스님을 찾아가서 서로 흉금을 털어놓고 대화를 나눈 그 행동에 의미를 부여하고 있는 것이다.

우선 민사평의 작품을 보면, 제목이 <김시중이 노새를 타고 강서사의 혜소 상인을 찾아가다(金侍中乘騾 訪江西惠素上人)>[43]로 되어 있다.

> 혼자 푸른 노새를 타고 푸른 산을 찾았는데
> 山僧은 아마 豐干의 後身이었으리.
> 이 늙은이의 실없이 많은 말이 아니었다면
> 누가 그를 黃扉[44]의 首相으로 보았으리요?

---

43) 閔思平, 「東國四咏 益齋韻」, 『及菴詩集』 권2, 『韓國文集叢刊』 3, 61면. 이 시는 『新增東國輿地勝覽』 권43, 「白川郡」에도 실려 있다.

44) 黃扉는 정승의 문을 가리키는데, 옛날 정승의 문에는 누런 칠을 하기 때문에 이렇게 표현한 것이다.

獨跨靑騾[45]訪碧山　山僧應是後豐干
不因此老閑饒舌　　誰作黃扉上相看

이 시에서 민사평은 김부식과 혜소와의 관계를 중국 당나라 때의 승려 寒山·拾得과 함께 어울렸던 豐干 스님에 비기고 있는데, 그들의 일화를 소개하면 다음과 같다.

> 豐干은 天台山 國淸寺에 있던 중이다. 台州刺史 閭丘胤이 豐干에게 묻기를, "태주에 높은 중이 있는가?" 하니, 풍간이 "國淸寺에 文殊菩薩과 普賢菩薩이 왔으니 부엌에서 그릇을 씻는 심부름을 하는 寒山과 拾得이다." 하였다. 여구윤이 부엌에 가서 한산과 습득에게 절을 하니, 두 중이 웃으며 "풍간이 말이 많아서 누설시켰구나." 하였다. 寒山과 拾得 두 중이 미친 것처럼 행세를 하여 절에서 천대를 받았는데, 豐干이란 중이 말하기를, "寒山은 文殊菩薩이요, 拾得은 普賢菩薩이다." 하였다. 그 말을 들은 이가 한산과 습득에게 가서 절하니, 한산과 습득은 말하기를, "豐干의 입이 싸구나.[饒舌]"라고 하였다. 豐干은 阿彌陀佛의 化身이라고 한다.[46]

민사평의 이 시는 위에 인용한 고사의 구조를 거의 그대로 끌어와 김부식과 혜소의 관계를 설정하고 있다. 즉 위의 고사에서 자신들의 진면목을 숨기고 天台山의 國淸寺에서 부엌에서 심부름하는 일을 하고 있던 寒山과 拾得을 이 시에서는 김부식에 비기고, 그들의 본색을 누설시킨 豐干을 혜소에 비기고 있는 것이다. 이런 전제를 바탕으로 위의 시를 살펴보면, 이 시를 통해서 드러내고자 한 민사평의 진정한 의도를 읽을 수 있다.

---

45) 『新增東國輿地勝覽』 권43, 「白川郡」에는 '靑騾'가 '靑驢'로 되어 있다.
46) 『국역 동문선』 2, 민족문화추진회, 1977, 481면의 주 58)에서 재인용.

起句에서 푸른 노새를 타고 푸른 산 속에 있는 강서사를 찾아가는 김부식의 모습을 제시하고, 承句에서는 그 절간에 있는 혜소를 풍간의 後身이었을 것이라고 하였다. 이것은 그렇게 함으로써 풍간과 관련이 있었던 한산과 습득의 고사를 자연스럽게 떠올릴 수 있도록 한 의도적 장치라고 할 수 있다. 轉句에서는 이 늙은이, 곧 풍간에 비유되는 승려 혜소가 실없이 말이 많았음을 지적하고, 結句에서는 그렇기 때문에 여러 사람들은 강서사를 찾아온 사람이 바로 首相을 지낸 김부식임을 알게 되었다고 하였다. 신분을 숨기고 간소한 차림으로 절간으로 찾아간 김부식의 본색을 혜소가 다른 사람들에게 이야기함으로써 그 사실이 세간에 알려지게 되었다는 것이다. 결국 민사평은 이 시를 통해, 겉으로 자신을 드러내지 않는 늙은 재상인 김부식의 소탈한 성격을 강조하려 하였고, 상대적으로 혜소의 가벼운 입을 질책하고 있음을 알 수 있다.

그렇다고 해서 이 시에서 민사평이 혜소의 언행을 비판하였다고만 보기는 어렵다. 민사평은 혜소의 그러한 언행이 있었기 때문에 김부식의 소탈한 성격과 남다른 행적이 드러나게 되었다는 점을 인정하고, 또 한편으로 위의 인용문에 나온 바와 같이 한산과 습득의 진면목을 알고 있었던 풍간처럼 혜소도 김부식의 진정한 면모를 알고 있었기 때문에 두 사람의 신분을 초월한 망형지교가 가능하였다는 사실을 바탕에 깔고 있다고 하겠다.

정추의 작품은 제목이 <김부식 시중이 노새를 타고 강서사의 혜소 상인을 찾아가다(金侍中富軾騎騾 訪江西惠素上人)>[47]로 되어 있는데, 그 細註에 "좌주 익재 시중이 명하여 읊다.(座主益齋侍中命賦)"라고 기록되어 있어서 이 시는 그의 좌주 이제현의 명에 의하여 지은 것임을

47) 鄭樞, 「東國四咏」, 『圓齋稾』 권상, 『韓國文集叢刊』 5, 196면. 이 시도 『新增東國輿地勝覽』 권43, 「白川郡」에 실려 있다.

알 수 있다.

> 외로운 구름은 바위틈에서 피어나고 큰 강이 흐르는데
> 相國이 노새를 타니 지경은 더욱 그윽하네.
> 무슨 일로 왕래하며 여러 번 만나는가?
> 山僧이 술을 사서 함께 누각에 오르네.
> 孤雲出岫大江流　相國騎騾境轉幽
> 何事往來多邂逅　山僧沽酒共登樓

앞에서 살펴본 민사평의 시가 김부식의 소탈한 성격과 승려 혜소와의 신분을 초월한 교분을 드러냄에 초점이 놓인다고 한다면, 이 시는 자연 속에서 즐기는 김부식의 풍류의 稱賞에 중심이 놓인다고 할 수 있다. 이 시는 기구에서 강서사 주변의 산과 강의 경치를 그린 다음, 승구에서는 그 속에 재상이 노새를 타고 가니 지경이 더욱 그윽하다고 하였다. 전구에서 그렇다면 왜 이런 곳을 여러 번 왕래하는지 의문을 제기한 다음, 결구에서 그 이유가 바로 山僧인 혜소가 술을 사서 함께 누각에 올라서 즐기기 때문이라고 하였다. 이 시의 전·결구에서는 김부식과 혜소의 만남이 한 번에 그친 것이 아니라 지속적인 것이었다는 점과, 그 만남의 이유가 현실적인 이해 관계 때문이 아니라 진정한 교분 때문임을 분명히 하고 있다. 따라서 정추는 세속적 이해를 떠난 진정한 교유의 한 표본으로 김부식과 혜소의 만남을 이해하고 있음을 알 수 있다.

한수의 작품은 제목이 <김시중이 노새를 타고 강서사의 혜소 상인을 찾아가다(金侍中騎騾 訪江西慧素上人)>[48]인데, 이 시는 김부식의 또

---

48) 韓脩, 「奉和益齋相國東國故事四詩」, 『柳巷詩集』, 『韓國文集叢刊』 5, 260면. 이 시도 『新增東國輿地勝覽』 권43, 「白川郡」에 실려 있다.

다른 면모를 보여주고 있다.

> 강가의 푸른 산은 백 층으로 쌓였는데
> 한 마리 노새의 맑은 그림자가 깨끗한 물결에 뒤집히네.
> 모름지기 즐길 바를 알아 무엇하리요?
> 스님을 찾는다고 억지로 말하지만 스님에 있음이 아니네.
> 江上靑山疊百層　一騾淸影倒波澄
> 須知所樂將何事　强道尋僧不在僧

이 시의 기구와 승구는 앞의 정추 시의 그것과 크게 다를 바 없다. 두 작품이 모두 아름다운 경관 속에서 노새를 타고 가는 김부식의 모습을 제시하고 있다. 그러나 전·결구는 두 작품이 서로 매우 다르다. 정추의 시에서는 김부식이 혜소를 찾아가는 것이 혜소와의 풍류를 위한 것이라고 하였으나, 이 시에서는 겉으로는 혜소를 찾아간다고 하였지만 실제로는 혜소를 찾는 데 그 목적이 있는 것이 아니라고 하였다. 따라서 한수는 이 시에서 김부식이 강서사를 찾아가는 진정한 목적은 아름다운 자연 그 자체의 玩賞에 있는 것이지, 혜소와의 교유에 있는 것은 아니라고 해석함으로써, 지금까지의 작품들에서 강조하고 있는 김부식과 혜소 사이의 망형지교라는 시각에 대해 이의를 제기하고 있는 것이다.

이상 3인의 시를 통해서 보면, 그들은 모두 김부식과 혜소의 교유에 대해 나름대로의 독특한 시각을 가지고 바라보고 있으나, 두 사람 사이의 친밀도에 대한 인식이라는 점에서는 상당한 차이를 보여주고 있다. 민사평의 시에서 나타난 친밀도는 김부식과 혜소의 관계가 겉으로 드러나지 않은 면까지 서로 통하는 심적 교유의 단계라고 할 수 있음에 반해, 정추의 시에 나타난 친밀도는 풍류에 바탕한 忘形의 진정한 교유의 단계, 한수의 시에 나타난 친밀도는 두 사람의 교유보다는 단지 자연 완상이 중시되는 단계라고 할 수 있다. 한수의 시에서는 자연을 즐기기 위해 간 그 곳에 승려인 혜소가 있을 뿐이라는 정도로 그 친밀도가 약화되는 것으로 인식되고 있다.

이상의 작품들에 대해 권근의 시는 또 다른 각도에서 두 사람의 관계를 이해하고 있다. 그의 작품은 제목이 <김시중이 노새를 타고 강서사의 혜원 상인을 찾아가다(金侍中騎騾 訪江西惠袁上人)>[49]이다.

> 廟堂의 큰 인물이라 사직을 근심하는데
> 노새를 타고 맑게 휘파람불며 산언덕에 이르네.
> 어찌 禪僧과의 대화가 經世濟民에 도움이 되랴?
> 다만 가히 들판의 계책이 쓸쓸할 뿐이네.
> 廊廟宏材社稷憂　騎騾淸嘯到山丘
> 肯將禪話裨經濟　只可蕭然野外謀

이 시는 기구와 승구에서 묘당의 큰 인물인 김부식이 사직을 근심하는 마음에 사직을 편안케 하기 위한 방도를 구하려는 목적으로 노새를 타고 산 속의 절간을 찾아간다고 하였다. 전·결구에서는 경세제민에 도움을 주려고 스님과 대화를 나누지만 거기에서 얻는 소득은 있을 수가 없으니 다만 "들판의 계책이 쓸쓸할 뿐"이라고 하여 승려로부터 뚜렷한 도움을 받을 수 없다고 하였다. 김부식과 혜소의 만남을 경세제민의 治道에 도움을 받으려는 관료의 현실적인 차원의 문제로 전환하여 이해하는 이러한 시각은 앞서 살펴보았던 고려시대의 세 사람이 쓴 시의 그것과는 엄청난 거리를 보여준다. 김부식의 생존 당시 또는 그 이후에 망형지교의 한 표본으로 인식되었던 이 두 사람의 교유에 대한 권

49) 權近, 『陽村集』 권9, 『韓國文集叢刊』 7, 108면.

근의 이러한 현실적인 차원에서의 인식으로 보아 이 시는 조선이 건국된 후, 불교의 사상을 배척하고 유교 이념을 국가의 기본 통치철학으로 설정한 이후에 쓴 것으로 생각할 수 있다. 따라서 이 시는 조선의 건국 이후 「佛氏雜辨」을 지은 鄭道傳이 1398년 제1차 王子의 난 때 李芳遠에 의해 제거되고, 권근이 1401년(太宗 1) 藝文館大提學이 되고 이듬해 知貢擧를 맡아 조선시대 최초의 文衡으로 활동하게 된 이후에 제작된 것으로 생각할 수 있다. 더 정확하게는 그의 문집에서 권1의 應製詩를 제외한 나머지 권2부터 권10까지의 시들이 대개 제작 연도순으로 배열되어 있는 점을 고려할 때, 이 작품은 癸未年(1403년) 9월에 지은 시와 乙酉年(1405년) 正月에 지은 시 사이에 위치하고 있기 때문에 대략 1403년 9월에서 이듬해 12월 사이에 지은 것으로 볼 수 있다. 이 시도 흔히 그의 작품을 평가할 때 동원되는 조선시대 최초의 대제학 출신으로 응제시 등 관곽문학을 대표하는 시인이라는 등의 개인사적 편력과 관련지어 해석할 수 있을 것이다.

김시습의 작품은 제목이 <김시중이 노새를 타고 강서사의 혜대 상인을 찾아가다(金侍中騎騾 訪江西惠臺上人)>[50]인데, 이 시도 앞에서 살펴본 작품들과는 또 다른 시각에서 김부식과 혜소의 관계를 파악하고 있다.

> 머리 위로 붉은 티끌이 석 자나 날리니
> 벼슬아치는 늘 위기를 겪을까 두려워하네.
> 서리 내린 대숲 속의 강서사에서
> 한결같은 禪窓의 맛에 是非가 없음과 어떠한가?
> 頭上紅塵三尺飛　簪纓常恐履危機
> 爭如霜竹江西寺　一味禪窓無是非

50) 金時習, 「詠東國故事」, 『梅月堂集』, 「詩集」 권2, 『韓國文集叢刊』 13, 113면.

이 시는 起句에서 국가의 정치현실이 한 치 앞을 짐작할 수 없을 정도이기 때문에 관료들의 처신이 매우 어려운 상황임을 비유적으로 드러낸 다음, 承句에서는 그렇기 때문에 그들은 늘 위기가 닥치지 않을까 두려워한다고 하였다. 轉句와 結句에서는 김부식이 강서사로 간 까닭은 대숲 속에 쌓여 있는 강서사라는 사찰 공간은 세속의 시비와는 상관없는 한결같은 청정한 맛이 있기 때문이라고 하였다.

이 시는 통일신라 말기에 崔致遠이 지은 시 <題伽倻山讀書堂>과 일맥상통하는 의미를 담은 것으로 볼 수 있다. 최치원이 당면하였던 정치 상황이 당나라에 가서 공부하였던 유학파와 국내에서 수학한 國學派의 주도권을 차지하기 위한 대립이었다고 한다면, 김시습이 목격한 정치적 위기상황은 1453년(端宗 1)의 癸酉靖難과 1455년의 端宗 폐위 사건, 이듬해에 일어난 단종 복위운동의 실패로 인한 死六臣의 참변 등이었다. 김시습은 자신이 목격한 일련의 정변에서 체험한 위기상황을 김부식이 처하였던 정치적 위기상황의 사실 여부와는 상관없이 자신이 지은 시의 기구와 승구에서 암시적으로 설정한 것으로 보이는데, 이런 설정은 김부식이 처한 위기상황을 타개하기 위한 방책의 모색이 필요하다는 시상의 전개를 위한 장치라고 해석된다. 이렇게 보면, 이 시는 외형적으로 보기에는 시적 제재를 김부식과 혜소의 친교에서 끌어온 것으로 볼 수 있으나 내면적으로는 김시습 자신이 살던 시기의 정치적 상황을 직접적으로 투영시킨 작품이라고 하겠다. 따라서 이 시는 김부식과 혜소의 친교라는 측면보다는 어지러운 정치현실로부터의 도피에 대한 염원이라는 새로운 의경을 담고 있는 것으로 해석할 수 있다.

전구와 결구에 드러난 김시습의 불교에 대한 긍정적 입장의 표명은 1455년 단종 폐위 이후 머리를 깎고 중이 되었던 그의 개인사적 편력과도 관련지어 생각할 수 있다. 이런 점들을 고려해 볼 때 이 시의 제작 시기는 1456년 사육신의 참변을 전후한 시기라고 짐작할 수 있다.

이상의 논의에서, 조선시대에 제작된 권근과 김시습의 작품은 고려시대에 제작되었던 작품들과는 또 다른 시각을 담고 있음을 알 수 있다. 이 두 작품은 시인 자신들이 처한 정치적 현실이 매우 긴절하게 반영됨으로써 애초에 김부식과 혜소를 통해 구현되었던 망형지교의 한 표본이라는 의미는 퇴색되어 버리고, 다만 이 두 사람이 절간 속에서 만났다는 외형만 남은 상태에서 시인들이 처한 상황의 당위적 문제로 전환되고 있다. 이러한 전승은 동일한 고사라도 그것을 바라보는 입장에 따라 얼마나 다른 각도에서 해석될 수 있는지를 극명하게 보여주는 예라고 할 것이다.

2) 기타 작품에 투영된 김부식 고사

다음에는「동국사영」이외의 작품 가운데 강서사에서의 김부식과 혜소의 흔적을 투영한 것으로 보이는 것들을 몇 수 살펴보기로 하겠다.[51)]

楊士彦, <강서사의 주지에게 주다(贈江西寺住持)>[52)]

비바람 속에 나그네길을 위로해 주는 사람은 없는데
강서사의 주지스님이 가장 반겨 주네.
서로 만나자 곧 <丹沙賦>를 말하는데
山僧이 또 이름을 아는 게 부끄럽네.
風雨無人慰客行　江西寺主最歡迎
相逢便說丹沙賦　慙[53)]愧山僧亦識名

51) 이 작품들은 명백히 김부식과 혜소의 고사를 다룬 것이라는 증거가 없기는 하지만 필자가 보기에 이들과 관련이 있을 것으로 생각되는 것들이다.
52) 楊士彦,『蓬萊詩集』권1,『韓國文集叢刊』36, 418면. 이 시는 劉在建 편,『古今詠物近體』3, 권21,「佛寺類」(亞細亞文化社 影印, 1981, 578면)에는 <江西寺謾吟>이라는 제목으로 실려 있다.

양사언(1517～1584)의 시는 겉으로는 김부식과 아무런 연관성이 보이지 않는다. 그러나 내면적인 측면에서는 민사평의 시에서와 마찬가지로 김부식과 혜소의 관계가 시인 자신[양사언]과 강서사 주지의 관계로 전화되어 설정되고 있음을 알 수 있다. 비바람 치는 험한 날씨에 강서사를 찾아가니 주지스님이 반겨 줄 뿐 아니라 대화를 나누다 보니, 산속의 스님이 자신의 이름을 알고 있어서 부끄럽다고 하였다. 이 때 스님과 시인을 연결시켜 주는 매개물은 <단사부>라는 양사언의 작품이다.[54] 이 점도 김부식이 강서사로 혜소를 찾아가기 전에 서로 상대의 작품을 읽어서 그 이름을 알고 있었다는 사실과 일치하고 있다. 이렇게 보면, 이 시는 비록 겉으로는 김부식 및 혜소와 아무런 연관이 없는 듯이 보이지만, 작품의 내적인 면에서는 이 두 사람의 고사와 매우 유사한 구조를 지니고 있음을 알 수 있다. 그러나 주제의 측면에서는 개인적 친분 이상의 특별한 주장이 담겨 있지는 않은 작품이다.

辛應時, <강서사에서 스님에게 주다(江西寺贈僧)>[55]

몇 번이나 강서사에서 놀았던가?
시를 요구하는 스님을 만나 오랫동안 머무네.
호수와 산을 보는데 익어서 다른 생각이 없는데
누가 붉은 누각을 푸른 개울에 비치게 하였는가?
幾度江西寺裡遊　逢僧長被索詩留
湖山慣見無餘料　誰遣紅樓映碧流

---

53) 劉在建 편, 『古今詠物近體』에는 '塹'이 '殊'로 되어 있다.
54) 이 시의 제목에는 "僧問莫是賦丹砂者乎 時以大同察訪過此"라는 細註가 붙어 있다.
55) 辛應時, 『白麓遺稿』, 『韓國文集叢刊』 41, 392～393면.

신응시(1532~1585)의 이 시도 겉으로는 김부식과 혜소의 고사가 투영된 흔적이 약하다고 할 수 있다. 그러나 굳이 그 관련성을 찾자면, 이 두 사람이 자주 만났다는 점과 두 사람의 관계가 시를 매개로 한 만남이라는 측면,[56] 그리고 정추와 한수의 시에서 드러나듯 강서사라는 사찰이 매우 아름다운 경관 속에 위치한다는 점을 들 수 있다. 그리고 김부식과 혜소의 고사가 워낙 유명하였기 때문에 이 시를 지은 辛應時도 강서사에서 그들에 대한 이야기를 듣고 그것과 관련된 시상을 전개하였을 가능성은 배제할 수 없을 것이다.

그러나 이 두 작품은 위에서 살펴본 바와 같이 「동국사영」에 들어 있는 작품들과는 달리 김부식과 혜소의 관계에 대한 적극적인 해석이 보이지 않는다. 그 까닭은 「동국사영」에서는 두 사람의 관계가 제목에서 명시되어 나타나듯이 그들의 교유 자체가 직접적인 시적 제재가 되고 있음에 반해, 이 두 작품은 일종의 유람시의 성격을 지니고 있음으로써 시인 자신의 행적이 중심이 되고, 기타의 고사나 전설은 시상을 전개하는 데 보조적인 것에 머물고 말기 때문으로 해석된다.

5. 맺음말

이상에서 「동국사영」 작품군에서 주요한 대상이 되는 김부식 고사의 시적 변용과 전승에 대하여 살펴보았다. 논의한 바를 요약하는 것으로써 글을 마무리짓기로 하겠다.

김부식은 신라 왕족의 후예로서, 고려의 건국과 함께 그의 증조부 김

---

56) 이 점은 이 시와 같은 제목의 다음 시의 尾聯에서도 확인된다.
作別歸來晚 烟波江上愁 寒潮初繫纜 秋雨更登樓 漠漠鳥投樹 沉沉雲暗洲 山僧不知我 錯道爲詩留.(『白麓遺稿』, 『韓國文集叢刊』 41, 401면)

위영은 경주 州長을 지냈으며, 부친 김근은 물론 그의 형제인 김부일·김부필·김부의가 모두 고관대작을 역임하였던 대단한 가문 출신이었다. 그는 『삼국사기』를 찬수하였고, 『예종실록』 및 『인종실록』을 편찬하였으며, 대각국사 의천의 비문을 개찬하기도 하였으니 이것만 보아도 그의 학문과 문장의 깊이를 짐작할 수 있고, 또 그림에 매우 뛰어났던 것으로 평가된다. 『백운소설』에서는 정지상과의 관계를 설정하면서 중국 당나라 때의 유희이와 송지문 사이의 고사를 끌어와 그의 인간성도 송지문처럼 비정하고 치명적인 결함이 있음을 드러내려 하기도 하였다.

그러나 김부식이 「동국사영」의 대상이 되게 된 고사는 정지상과의 관계가 아니라 대각국사 의천의 고족제자였던 혜소와의 관계에 있었다. 혜소는 惠遠·惠袁·惠臺 등으로 나타나기도 하는 인물로서 內典·外典에 뛰어나 진락공 이자현의 제문을 짓기도 하였던 學僧이었다. 그와 혜소와의 관계에서는 李子淵이 중국 潤州의 감로사를 본따 개성에 지은 감로사에서 혜소를 만나 차운시를 짓자 듣는 사람들이 화답한 것이 수천 편에 이르렀다는 사실 이외에, 그가 치사한 후 혜소가 거처하는 서호의 강서사[견불사]로 노새를 타고 자주 찾아가 밤을 새우며 道를 담론하였다는 것이 강조되었다. 김부식과 혜소의 이와 같은 망형지교는 당대의 인물들뿐만 아니라 후대의 인물들에게도 한 시대의 빼어난 일로 받아들여져서 후대 인물들에게까지 관심의 대상이 됨으로써 오랜 세월 동안 지속적으로 작품화되었다고 할 수 있다.

김부식 고사의 시적 변용과 계승을 살펴볼 때, 그 주된 대상은 강서사에서의 김부식과 혜소의 교유이지만, 「동국사영」 작품군에서도 이들의 관계를 바라보는 시각은 상당히 다르게 나타난다. 그 중 고려시대에 제작된 민사평·정추·한수의 시는 각기 김부식과 혜소의 교유에 대해 나름대로의 독특한 시각에 바탕하고 있으나, 두 사람 관계의 밀접도에 대한 인식이라는 측면에서는 상당한 차이를 드러낸다. 민사평의 시에 나타난 것은 김부식과 혜소의 관계가 겉으로 표현되지 않은 면까지 서로 통하는 심적 교유의 단계라고 할 수 있음에 비해, 정추의 시에 나타난 것은 풍류를 바탕으로 한 교유의 단계라고 볼 수 있다. 그러나 한수의 시에서는 두 사람의 교유에 중점이 놓이기보다는 자연 완상이라는 데에 중점이 놓임으로써 혜소와의 관계는 친밀도가 매우 약화된 모습으로 나타난다. 즉 자연을 즐기기 위해 찾아가는 그 곳에 단지 승려인 혜소가 있을 뿐이라는 정도로 인식되고 있는 것이다.

조선시대에 제작된 권근과 김시습의 「동국사영」은 고려시대에 제작되었던 작품들과는 또 다른 시각을 담고 있다. 이 두 작품은 시인 자신들이 처한 정치적 현실이 매우 긴절하게 반영됨으로써 애초에 김부식과 혜소를 통해 구현되었던 망형지교의 한 표본이라는 의미는 퇴색되어 버리고, 다만 이 두 사람이 절간에서 만났다는 외형만을 반영시킨 상태에서 시인들이 처한 상황 속의 당위적 문제를 강조하는 쪽으로 방향을 전환하고 있다. 이러한 전승은 동일한 고사라고 하더라도 그것을 바라보는 입장과 시각의 변화에 따라 얼마나 다르게 해석될 수 있는지를 극명하게 보여주는 예인 것이다.

또 「동국사영」에는 들지 않으면서 김부식 고사를 다룬 양사언의 <강서사의 주지에게 주다(贈江西寺住持)>와 신응시의 <강서사에서 스님에게 주다(江西寺贈僧)>에서는 김부식과 혜소의 관계에 대한 적극적인 해석이 보이지 않는데, 이것은 「동국사영」과는 달리 이 작품들이 유람시의 성격을 띰으로써 시인의 행적이 중심이 되고, 기타의 고사나 전설은 시상 전개의 보조물에 머물기 때문으로 보인다.

제3장 정서 고사의 시적 변용과 전승

1. 머리말

「동국사영」의 하나로 꼽힌 정서 고사는 그가 동래에서 유배생활을 하는 가운데 달밤에 거문고를 타며 戀君之詞인 <鄭瓜亭>을 지어 불렀다는 사실이 중심이 된다. 이제현을 비롯한 후대의 인물들이 그 사실을 아름답게 여겨서 즐겨 시적 제재로 삼았고, 또 그것을 「동국사영」의 하나로 꼽았으니 그들은 정서의 이 고사를 통해 왕정체제 하에서 진정한 충신의 한 표본으로서 그의 자세를 높이 사서 귀감으로 삼으려 하였던 것으로 이해된다.

정서와 <정과정>에 대해서는 일찍부터 연구자들의 관심이 쏠린 바 있어서 그 사이에 많은 연구업적이 축적되어 있다.[1] 여기에서는 먼저 정서의 생애와 그의 고사를 일별한 다음, 그 고사를 다룬 작품들을 「동국사영」뿐 아니라 독립적으로 전해지는 한시와 다른 양식의 작품을 함

---

1) 정서의 문학을 집대성하여 모은 책으로는 『瓜亭文學의 再照明』(부산: 坡田韓國學堂, 1997)이 있는데, 그 중 東國四詠과 관련한 논의로는 鄭景柱, 「<정과정> 한시의 서정적 적층에 대하여」를 들 수 있다.

께 살펴봄으로써 후대인이 정서 고사를 바라보는 시각이 어떠하였는지를 고찰하고자 한다.

2. 정서의 생애

鄭敍는 고려의 문신으로 知樞密院事 鄭沆[字 子臨]의 아들이고, 大府卿 鄭穆의 손자이다. 『高麗史』「列傳」에 의하면 그의 부친 鄭沆은 尙州司錄・直翰林院・內侍・右正言・全州通判・右司諫・揚廣忠淸按察使・樞密院承宣・知奏事・知樞密院事・禮部尙書・翰林學士承旨를 지내고 57세에 죽었는데 그 집에 한 섬도 쌓아둔 것이 없음을 仁宗이 듣고 탄식하면서, "30년 近侍에 11년 承制로 가난함이 이와 같으니 가히 가상할 만하다."라고 하고 쌀 백 석, 포 이백 필을 더 賻儀하고 御筆로 특별히 文安을 詩號를 하사하였다고 한다.2) 이를 통해서 보면, 정항은 매우 청렴한 관료 생활을 하였음을 짐작할 수 있다. 정서에 대한 『고려사』「열전」의 기록은 다음과 같다.

> 아들 정서는 벼슬이 內侍郎中에 이르렀는데 그는 恭睿太后 여동생의 남편이었으므로 仁宗에게 사랑을 받았다. 성품이 경박하였으나 재능과 기예가 있었으며 大寧侯 暻과 친밀하여 일상 그와 함께 놀았다. 鄭諴과 金存中 등이 정서의 죄를 날조하여 왕에게 誣告하였으므로 의종이 그를 의심하게 되었는데 또 臺諫에서 "몰래 종실과 친교를 맺어 밤에 모여서 잔치를 베풀고 술을 마십니다."라고 탄핵하자 東萊로 유배하게 되었다고 하는 말이 <大寧侯傳>에 실려 있다. 정서가 장차 유배를 떠나려 할 때 왕이 말하기를, "오늘의 일은 조정의 의론

2) 이상의 사실은 『高麗史』 권97, 「列傳」 10, <鄭沆 敍>를 참조할 것.

에 밀려서 그런 것이니 가서 있으면 마땅히 돌아오도록 부를 것이오."라고 하였다. 정서가 이미 유배되고 나서 오랜 시간이 지났으나 부르는 명령이 이르지 않으므로 이에 거문고를 연주하며 노래를 지으니 가사가 매우 처량하였다. 정서는 스스로 號를 瓜亭이라고 하였으므로 후세의 사람들이 그 곡조를 <鄭瓜亭>이라고 하였다.[3)]

이 인용문에 의하면 정서는 恭睿太后 여동생의 남편으로서 인종의 총애를 받았으며, 성품이 경박하기는 하지만 재예가 있었는데, 그가 유배된 것은 大寧侯 등 종실과 결탁하여 밤에 주연을 벌였기 때문이었다는 것이다. 그가 주연을 벌인 내막은 앞의 인용문에도 나오지만『고려사』의 <大寧侯暻傳>에 자세하게 기술되어 있다.

大寧侯 暻[4)]은 毅宗 2년(1148)에 侯로 책봉되었다. 경은 도량이 있어서 많은 사람들의 신망을 얻었다. 내관 정함이 臺諫을 모함할 것을 꾀하고 몰래 散員 鄭壽開를 유인하여 "臺省 및 臺吏 李份 등이 왕을 원망하면서 暻을 추대하여 왕을 삼으려고 합니다."라고 무고하니 왕은 그 말에 미혹되어 그를 제거하려고 하였다. 諫臣 金存中이 청하여 일을 맡은 관리에게 심문하도록 명령하였으나 그 결과 증거가 없었다. 정수개는 刺字刑에 처하여 흑산도로 유배하고 이빈은 雲梯縣으로 유배하였다. 정함은 허물을 벗어나려고 또 "外戚과 朝臣들이 대녕후의 집에 출입하고 있으니 진실로 무고가 아닙니다."라고 참소하였다. 이보다 먼저 김존중은 태후 여동생의 남편인 내시낭중 정서 및

---

3) 子敍 仕至內侍郎中 以恭睿太后妹壻 有寵於仁宗 性輕薄有才藝 交結大寧侯暻常與遊戲 鄭諴金存中等 誣構敍罪以聞 毅宗疑之 臺諫劾敍 陰結宗室夜聚宴飮乃流于東萊 語在大寧侯傳 敍將行 王謂曰 今日事迫於朝議也 行當召還 敍旣流召命久不至 乃撫琴作歌 詞極悽惋 敍自號瓜亭 後人名其曲爲鄭瓜亭.(『高麗史』 권97,「列傳」10, <鄭沆 敍>)

4) 仁宗과 恭睿太后 사이에 난 아들은 毅宗, 大寧侯 暻, 明宗, 元敬國師 冲曦, 神宗이 있다.

왕후의 아우인 승선 任克正과는 틈이 있었다. 정서는 성격이 경박하고 재간이 있었는데, 대녕후와 친교를 맺고 늘 함께 어울려 놀았으므로 김존중과 정함 등이 유언 비어를 엮어서 왕에게 아뢰니 왕이 그들을 의심하였다. 재상 崔惟淸·文公元·庾弼 등이 간관 崔子英·王軾·金永夫·朴儵 등을 이끌고 閤門에 엎드려 청하기를, "정서가 대녕후와 친교를 맺고 그 집에 초청하여 잔치를 열고 논다고 하니 죄를 용서할 수 없습니다."라고 하였고, 御史臺에서도 또 "정서가 몰래 종실과 친교를 맺어 밤에 모여서 잔치를 베풀고 술을 마십니다."라고 하여 정서 및 秘書正字 梁碧·戎器色判官 金義鍊·大寧府典籤 劉遇·綠事 李施를 가두었다. 왕은 이 다섯 사람을 용서하였으나, 대녕부를 폐지하고 暻의 노예 金昷을 懷仁으로 유배하였으며, 樂工 崔藝 등을 매를 때려 유배하였다. 臺諫은 閤門에 엎드려 또 청하고 知臺事 崔允儀는 직접 왕의 처소로 가서 諫諍하여, 이빈을 소환하고 정서를 東萊로, 양벽을 會津으로, 金義鍊을 淸州로, 金昷은 摸島로 곤장을 때려서 유배하였다. 처음에 정서가 경을 초대하여 대접할 때 최유청이 그릇을 빌려 주었는데 이 때에 이르러 대간은 또 최유청이 대신의 체모를 잃었다고 論罪하니 그를 南京留守로 貶謫하고, 雜端 李綽升은 집에 있으면서도 탄핵의 주청에 참가하지 않았다고 하여 南海縣令으로 폄적하였는데, 이들은 모두 정서의 妹夫들이었다. 얼마 지나지 않아 吏部에서 정서·최유청·이작승의 죄를 政簿에 기록할 것을 청하니 허가하였다. 의종 11년에 경을 天安府로 유배하고 다시 최유청을 忠州牧使로 폄적하였으며, 임극정을 梁州防禦使로 삼고 정서의 매부 右副承宣 金貽永을 知昇平郡事로 삼았으며, 이작승을 남해현령으로 삼고 정서를 巨濟縣으로 옮겨서 유배하였다. 그 때에 崔藝는 사면되어 송경으로 돌아왔는데 아내와 화합하지 못하였기에, 처가 무고하기를 "최예가 아직도 잘못을 뉘우치지 않고 대녕후의 집에 왕래합니다."라고 하였으므로, 왕이 崔褒偁을 시켜 국문하도록 하였으나 증거가 없었다. 왕은 평소에 圖讖을 믿고 여러 동생들과는 우애가 없었으므로 아직 의심이 풀리지 않았으므로, 몰래 諫臣들을 시켜 대녕후

> 및 임극정 등의 죄를 논하게 하였으며, 또 태후가 그를 구해 줄 것을 염려하여 먼저 태후를 普濟寺로 옮기게 하고 거짓으로 부득이하여 이것을 윤허하는 것처럼 하였다.[5]

이 인용문은 정서가 참소를 받아 유배되었다는 사실을 분명히 보여주고 있다. 그는 비록 성품이 경박하기는 하였으나 결코 모반을 꾀할 만한 인물이 되지는 못하였고, 왕에 대한 충성심은 변함이 없었던 인물임을 확인할 수 있다. 즉 왕권을 차지할 만한 위치에 있는 왕실의 인물을 중심에 둔 당시의 권력투쟁 과정에서 반대파의 모함에 의해 품위를 손상하였다는 것이 유배의 주된 이유였던 것이다. 그가 유배지인 東萊에서 다시 부르겠다고 약속한 毅宗을 그리워하면서 지어서 불렀던 <정과정>은 임금에 대한 변함없는 충성심을 드러낸 노래로서 자신의 결백을 주장하고 다시 불러주기를 바라는 내용을 담고 있다. 그가 「동국사영」의 대상 인물로 꼽히게 된 것도 바로 이 작품을 지었기 때문이다.

한편 정서의 생애에 대한 『고려사』의 이와 같이 소략한 기술에 대해,

---

5) 大寧侯暻 毅宗二年冊爲侯 暻有度量 得衆心 宦者鄭諴謀陷臺諫 密誘散員鄭壽開誣告 臺省及臺吏李份等怨王 謀推戴暻爲主 王惑其言 欲去之 諫臣金存中請令有司按問 果無驗 黜壽開配黑山島 流份於雲梯縣 諴思欲免咎又讒云 外戚朝臣出入大寧侯家 誠不誣矣 先是存中與太后妹婿內侍郎中鄭敘及后弟承宣任克正有隙 敘性輕薄有才藝 交結大寧侯 常與遊戲 存中諴等構飛語以聞 王疑之 宰相崔惟清文公元庾弼等率諫官崔子英王軾金永夫朴朴脩等伏閤請曰 鄭敘交結大寧侯邀其第宴樂遊戲 罪不可赦 御史臺又以敘陰結宗室 夜聚宴飮 囚敘及秘書正字梁碧戎器色判官金義鍊大寧府典籤劉遇錄事李施 王宥五人 罷大寧府 流暻奴金旵於懷仁 笞樂工崔藝等流之 臺諫伏閤更請 知臺事崔允儀直入王所爭之召還李份杖流敘于東萊 碧于會津 義鍊于淸州 旵于撲島 初敘餉暻 惟清借以器 至是臺諫又論惟清失大臣体 貶南京留守 使雜端李綽升 在家不叅劾 貶爲南海縣令皆敘妹婿也 未幾吏部請錄敘惟清綽升罪于政簿 制可 十一年流暻于天安府 更貶惟清爲忠州牧使 克正爲梁州防禦使 敘妹壻右副承宣金貽永知昇平郡事 綽升爲南海縣令 徙配敘于巨濟縣 時崔藝遇赦還京 與妻不恊 妻誣告藝尙不悛 往來大寧侯第 王命崔褎偁鞫之 無驗 王素信圖讖 不友諸弟 疑猶不釋 密諭諫臣論劾大寧侯及克正等罪 又恐太后救之 先遷太后於普濟寺 陽若不得已而允之.(『高麗史』 권90, 「列傳」 3, ‘宗室’ 1, <大寧侯暻>)

여운필 교수는 위의 『고려사』에 수록된 자료와 林椿의 시 <次韻鄭侍郎敍詩幷序>와 <追悼鄭學士>, 서울대학교 도서관 소장의 <海東白雞山玉龍寺贈謚先覺國師碑銘幷序> 등의 자료를 바탕으로 정서의 생애를 재검토하여 그의 생애를 검토하여 정리한 바 있는데, 그것을 요약하면 다음과 같다.

그는 東萊鄭氏로서 仁宗朝의 대표적 文翰官이었던 정항과 權臣 王國髦의 딸 사이의 넷째 아들로 1120년경에 태어났는데, 1135년경에 仁宗의 國舅 任元厚의 딸, 즉 공예태후의 여동생과 결혼하여 가문의 위세를 높였다. 세 형은 모두 요절하였고, 위로 세 누이가 있었는데 그들은 각기 崔惟清·李綽升·金貽永과 혼인하였다. 初名은 嗣文이었으나 부친의 사후에 敍로 개명하였고, 1142년경에 비교적 어린 나이로 禮部試에 급제하고, 仁宗末 내지 毅宗初에는 낭관을 지내고 오래지 않아 御史中丞에 승진하였을 것으로 보이며, 이 때부터 의종의 바로 아래 아우로서 모후의 총애를 받았던 大寧侯 暻과 밀접하게 교유하고 이 무렵에 최초의 詩話集이라고 할 수 있는 『雜書』를 지었을 것이다. 1149~1150년경에 禮部侍郎·翰林侍讀學士의 요직에 승진하였던 그는 여전히 대녕후와 교제하면서 寵倖들과 갈등을 빚었고, 이로 인해 의종의 미움을 받아 잠시 內侍郎中으로 강등되었다가 1151년에는 동래로 유배되었으며, 거기에서 瓜亭이라 自號하고 살면서 <鄭瓜亭曲>을 지었고, 대녕후의 옥사에 연루되어 1157년에는 거제도로 移配되었으며, 이 시기에도 부인 임씨가 왕과 대신을 저주하였다고 誣告당하는 등 어려움을 겪었다. 그는 1170년 10월 明宗의 즉위와 함께 19년의 유배생활을 끝내고 개경으로 소환되어, 옥사 및 유배 이전의 관직인 侍郎·學士로 복귀하였을 것이지만 그 동안의 공백으로 중요한 정치적 역할은 감당하지 못하였다. 그러다가 무인정권의 축출을 내세웠던 金甫當의 난이 실패하자 그 여파로 일어난 癸巳亂 때 집권무신 세력에게 주륙당하

였을 가능성이 있고, 그렇게 되면 그는 50세 중반의 나이로 후사를 남기지 못하고 죽었을 것이다.6)

이상과 같은 정서의 일생 이외에도 우리가 주목해야 할 언급이 몇 가지 더 있다. 崔滋의 『補閑集』에는 정서가 글을 보는 식견이 매우 뛰어났다는 사실을 알려주는 일화가 실려 있다. 『고려사』「열전」에서 재예가 있었다는 표현으로 단순화되어 있는 정서의 문학적 감식안을 엿볼 수 있는 자료이므로 여기에서 살펴보기로 하겠다.

> 또 中書 李藏用 家藏인 中丞 정서가 찬술한 『잡서』 3권을 얻어서 함께 후편에 붙여서 通儒의 첨삭과 보완을 기다리기로 하겠다.7)

> 中丞 鄭敍의 『雜書』에 실은 侍中 崔惟善의 <규정(閨情)>에서
>
> 꾀꼬리는 새벽에 울고 근심 속에 비가 내리는데
> 푸른 버들은 맑음을 희롱하고 눈앞에는 봄이로다.
> (黃鳥曉啼愁裏雨　綠楊晴弄望中春)
>
> 라고 하였고, 또 <빗(梳)>에서는
>
> 쓰려고 하면 머리에 꽂아야 하는데
> 어찌하여 匣 속에 있는가?
> (入用宜加首　何曾在匣中)
>
> 라고 하였다. 그 才華가 매우 넉넉할 뿐 아니라 그 지위가 신하로서

6) 정서의 이상의 구체적 논의와 자료에 대해서는 呂運弼, 「鄭敍의 生涯에 관한 새로운 檢討」(『睡蓮語文論集』 24집, 수련어문학회, 1999.4), 참조.

7) 又得李中書藏用家藏　鄭中丞所撰雜書三卷　幷附于後編　而俟通儒刪補.(崔滋, <續東文選序>, 『東文選』 권84)

> 최고에 이르리라는 것을 알 수 있다고 하였다. 지금 『侍中集』을 보면 '머리에 꽂는다(加首)'라는 글귀가 매우 많은데, 정공은 어떻게 이 一聯을 취하여 신하로서 그 지위가 최고였음을 알았는가? (중략) 이듬해 庚辰에 禮部員外郎이 되어 掌誥[8]를 겸하였다가 여러 번 옮겨 중서령에 이르러 죽자 묘정에 배향하였으니 신하로서 최고의 지위가 될 징조를 그 시가 맞혔다고 하겠다.[9]

앞의 인용문은 최자가 편찬한 『續破閑集』(『補閑集』)의 서문인데, 여기에 따르면 원래 『파한집』의 후편에 정서가 편찬한 시화집인 『잡서』를 첨부하여 독자들로 하여금 刪補하도록 하겠다고 하였으나 현전하는 『보한집』에는 붙어 있지 않은 것으로 보아 도중에 결락되어 없어진 것을 알 수 있게 해 준다. 뒤의 인용문은 『보한집』의 일부인데, 여기에서는 정서의 『잡서』 가운데 崔惟善의 작품 2수를 싣고 있어서 최유선이 재주가 넉넉할 뿐 아니라 신하로서 최고의 벼슬까지 이르리라고 예언하였더니 예언이 맞아 최유선은 중서령에까지 이르렀다는 사실을 말함으로써, 정서의 시적 감식안이 뛰어났음을 알 수 있게 해 준다.

이 인용문을 통해서 보면, 정서는 『잡서』를 통하여 이인로의 『파한집』 이전에 이미 시화집을 편술하여 시와 시인에 대한 일화와 평을 남기고 있었음을 알 수 있고, 또 최자가 활동하던 시기에는 이 책이 식자들 사이에 읽혔음도 아울러 알 수 있다.

---

8) 掌誥는 왕의 모든 글을 맡아 짓는 벼슬 이름이다.

9) 鄭中丞敍雜書載崔侍中惟善閨情詩云 黃鳥曉啼愁裏雨 綠楊晴弄望中春 又梳詩云 入用宜加首 何曾在匣中 非特才華贍給 足以知位極人臣也 今觀侍中集中 如加首之句頗多 鄭何取此一聯 知位極人臣也 (中略) 明年庚辰爲禮部員外郎兼掌誥 累遷至中書令卒 配饗於廟庭 則其位極人臣之兆 惟此詩的矣.(崔滋, 『補閑集』 卷上)

3. 「동국사영」과 관련된 정서 고사

『고려사』「樂志」에는 정서와 <정과정>에 대한 다음과 같은 기록이 있다.

> <정과정>은 내시낭중 정서가 지은 것이다. 정서는 과정이라 自號하였고 외척과 혼인을 맺어 인종의 총애를 받았다. 의종이 즉위하여 그를 고향인 동래로 추방하여 돌려보내면서, "오늘 가게 된 것은 조정의 논의가 급박하기 때문이니, 머지 않아서 마땅히 소환하게 될 것이오."라고 하였다. 정서는 동래에서 오랫동안 머물러 있었으나 소환 명령이 이르지 않아서, 거문고를 잡고 이 노래를 불렀는데 가사가 극히 悽惋하였다. 이제현은 시를 지어 이 노래의 뜻을 풀이하기를,
>
> 님을 그리며 옷을 적시지 않은 날이 없어서
> 진정 봄 산에서 우는 蜀子規[10]와 같네.
> 사람들아 옳고 그름은 묻지 마시라.
> 다만 남은 달과 새벽별은 알리라.
> (憶君無日不霑衣　政[11]似春山蜀子規
> 爲是爲非人莫問　只[12]應殘月曉星知)
>
> 라고 하였다.[13]

---

10) (蜀)子規는 접동새, 소쩍새이다. 중국 사람들은 그 새가 원래 蜀나라의 임금으로 있다가 신하에게 쫓겨나서 산 속으로 들어가서 자규가 되었다고 하는 하였다. 그래서 새이름을 蜀魄·蜀魂 등으로 불러 '蜀'이라는 말을 붙이고 그 울음소리도 '歸蜀道'라고 하였다.

11) 『新增東國輿地勝覽』 권23, 「東萊縣」에는 '政'이 '正'으로 되어 있다.

12) 『新增東國輿地勝覽』 권23, 「東萊縣」에는 '只'가 '祇'로 되어 있다.

13) 鄭瓜亭 內侍郎中鄭敍所作也 敍自號瓜亭 聯昏外戚 有寵於仁宗 及毅宗卽位 放歸其鄉東萊曰 今日之行迫於朝議也 不久當召還 敍在東萊日久 召命不至 乃撫琴而歌之 詞極悽惋 李齊賢作詩解之曰 憶君無日不霑衣 政似春山蜀子規 爲是

이 기록은 <정과정곡>의 유래를 설명한 것인데, 정서가 참소를 받아 동래로 귀양을 떠날 때 곧 소환하겠다고 약속한 의종이 그 약속을 지키지 않았기 때문에 정서가 거문고를 잡고 지어 부른 노래가 바로 이 노래라는 것이다. 이제현의 漢譯詩는 <정과정>의 앞 4구를 번역한 것으로 『益齋亂藁』 권4의 「小樂府」에 실려 있다.

정서가 동래에 유배되어 있을 때 지은 정자, 즉 과정에 대해 『신증동국여지승람』에는 다음과 같이 기록되어 있다.

> 과정은 현에서 남쪽으로 10리 떨어진 곳에 있다. ○정서는 고려조에 벼슬하여 공예태후 여동생의 남편이었기 때문에 인종에게 총애를 받았으나 의종조에 참소를 당하여 쫓겨나서 고향으로 돌아갔다. 왕은 곧 소환하겠다고 하였으나, 오래 되어도 부르지 않으므로, 정자를 짓고 참외를 심고는 거문고를 타면서 노래를 지어, 임금을 그리워하는 마음을 표시하였는데 말이 매우 처량하고 슬펐다. 스스로 瓜亭이라고 호를 지었으니, 악부의 <정과정>이 바로 그것이다. 정자의 터는 지금도 남아 있다.[14)]

정서의 이 일화는 이미 당대에 널리 알려져서 수많은 문인들의 입에 오르내리게 되었고, 그 충정에 감동 받았던 이제현이 이 고사를 「동국사영」의 하나로 포함시킨 것으로 판단된다. 이 인용문의 뒤에는 이제현의 <정과정> 한역시와 鄭樞·韓脩·柳淑·李崇仁의 한시가 실려 있다. 이제현의 한역시는 앞에서 살펴본 작품이고, 정추·한수의 시는 「동국사영」에 포함된 작품이며, 유숙과 이숭인의 시는 정서의 변함없는

爲非人莫問 只應殘月曉星知.(『高麗史』 권71, 「樂志」 2)

14) 瓜亭 在縣南十里 ○鄭敍仕高麗 以恭睿太后妹壻 有寵於仁宗 毅宗朝被讒 放歸田里 王謂曰 行當召還 然久而不召 乃築亭種瓜 撫琴作歌以寓戀君之意 詞極悽惋 自號瓜亭 樂府鄭瓜亭卽其曲也 亭基至今存焉.(『新增東國輿地勝覽』 권23, 「東萊縣」, '古跡')

충성심을 기린 작품이다.

다음에 정서의 삶과 문학을 추도하고 있는 임춘의 두 작품을 통해 그에 삶의 궤적의 편린을 살펴보기로 하자.

林椿, <정학사를 추도하다(追悼鄭學士)>[15)]

선생은 蕭灑하여 속세를 벗어났는데
갑작스러운 바람에 玉樹가 꺾임을 안타까워하네.
상제께서 이미 李長吉[16)]을 데려가도록 하시고
바다 속의 산은 일찍부터 白樂天[17)]이 오기를 기다렸네.
당년의 翰墨은 사람들의 보배로 여겨졌는데
세상의 높은 명성은 조물주의 시기를 받았네.
이제부터 四明山에는 賀知章[18)]이 없으리니
누가 내가 謫仙의 재주를 지녔다고 일컬어 주랴?
先生蕭灑出塵埃　忽歎風前玉樹摧
上帝已敎長吉去　海山曾待樂天來

---

15) 林椿, 『西河集』 권2, 『韓國文集叢刊』 1, 222면.
16) 長吉은 당나라의 시인 李賀의 字이다. 그는 조숙한 천재로 많은 시를 지었으며, 나이 27세에 병중에 낮에 한 붉은 비단 옷 입은 사람이 나무쪽을 가져왔는데, 그 위에 "上帝의 白玉樓를 落成하여 그대를 불러 記文을 지으라고 하신다."라고 쓰여 있었는데, 그 뒤에 그는 죽었다고 한다.
17) 樂天은 당나라의 시인 白居易의 字이다. 어떤 사람이 꿈에 바다 속의 산에 들어갔더니, 신선이 사는 곳에 樂天院이란 집을 비어 두고, "장차 중국의 白樂天이 죽어서 이 집에 올 것이다."라고 하였다. 백낙천이 그 말을 듣고 시를 짓기를, 나는 불법을 배우고 신선을 배우지 않았으니 아마도 그대의 이 말은 잘못 전한 것이리라. 바다 속의 산이 내가 돌아갈 곳이 아니라 돌아간다면 兜率天으로 가게 될 것이다.(吾學空門不學仙　悲君此語是虛傳　海山不足吾歸處　歸則應歸兜率天)라고 하였다고 한다.
18) 賀監은 당나라 시인 賀知章을 가리키는데, 그가 秘書監을 지냈기 때문에 불리는 이름이다. 그는 晩年에 四明山에 은퇴하여 四明狂客이라고 自號하였으며, 일찍이 李白을 보고 "자네는 천상에서 지상으로 귀양 온 신선이다."라고 격찬하였다고 한다.

當年翰墨爲人寶　高世聲名造物猜
從此匡廬無賀監　誰能呼我謫仙才

이 시에서 임춘은 정서의 시재를 당나라의 유명한 시인인 李賀와 白居易, 賀知章에 비겨 그의 빼어난 시적 창작 능력과 시인을 평가하는 감식안을 추켜세우고 있다. 비록 정서의 한시를 현재 살펴볼 수는 없지만 이 시를 통해서 그의 시적 능력이 매우 빼어났을 뿐만 아니라 당대 또는 후인들에게 그 능력을 인정받았음을 짐작할 수 있다.

林椿, <정서 시랑의 시에 차운하다. 서가 있다(次韻鄭侍郎敍詩 幷序)>[19]

죽은 학사 정공은 내가 만나보지는 못하였지만 그의 유고를 소장하고 있는 사람이 있었는데, 곧 공이 남쪽으로 유배될 때에 중순선로에게 화답한 시였다. 추후에 그 운에 따라 화답하였다.(故學士鄭公 余不及見之 有藏其遺藁者 乃公貶南時所和中淳禪老詩也 追和其韻)

선생은 본래 이름 있는 가문으로
여러 대에 걸쳐 侯伯을 전하였네.
귀고리와 貂蟬을 서로 잇고
모두 문 앞에 棨戟을 세웠네.
公은 처음부터 남다른 器量을 지녀서
능히 앞사람의 자취를 계승하였네.
젖을 떼고 나자 처음 글을 지었는데
기량은 교묘하여 또 백 가지를 겸하였네.
지존께서 그를 불러 보시려고
높다란 가마로써 太白을 맞이하였네.

19) 林椿, 『西河集』 권1, 「古律詩」, 『韓國文集叢刊』 1, 212~213면.

기쁘게 龍顔을 보여주시니
총애가 나날이 더해졌네.
손을 잡아 內室에 들어가니
친밀한 관계는 金石과 같았네.
조정의 신하는 실망이 많았지만
위세가 한창 뜨겁게 빛났네.
그 가운데 총애 받는 貴戚의 뜻을 거스르게 되니
교묘한 참소로 물여우처럼 사람을 해쳤네.
조정에서 쫓겨나게 된 명목은
진실로 틈이 쌓인 까닭이었네.
長沙 땅으로 쫓겨난 賈生[20]은
빈 앞자리를 회복하지 못하였네.
滄浪에서 고기잡이하는 늙은이가 되니
이리저리 물에 띄운 배를 집으로 삼았네.
비록 천년 만에 한 번 만날 기회라고 하더라도
엎어지고 뒤집힘은 아침저녁에 달려 있다네.
참으로 행로가 어려움을 알겠거니
발을 들면 높은 산이 많네.
처음에는 털끝만큼의 차이로 시작되더니
마침내 태산 같은 책망을 이루었네.
몸을 마칠 때까지 허물에 얽매여
넘어지면서 늘 마음속으로 흔들림을 느꼈네.
20년 동안 미혹됨을 물리치면서
지난날의 허물을 뉘우쳤다네.
옮겨 다니느라고 침석이 따뜻하지 못하여

20) 賈生은 賈誼를 말하며 前漢 文帝 때의 文臣으로 洛陽 사람이다. 문제 때 博士에서 太中大夫가 되었으며, 뒤에 長沙王의 太傅로 좌천되었다가 다시 梁懷王의 太傅가 되었다. 저서에 『新書』, 『賈長沙集』이 있고, <治安策>·<過秦論> 등의 글이 가장 유명하다. 당시 사람들은 그를 賈太傅, 또 연소한 수재라 하여 賈生이라고 하였으며, 33세에 요절하였다.

거처는 驛站의 말과 같았네.
남쪽지방에는 습한 독안개가 깊으니
기맥을 다칠까 근심할 만하였네.
깊은 산골짜기를 마음대로 돌아다니며
산을 오르느라고 나막신을 여러 번 신었네.
밝은 임금께서 바야흐로 위에 계시니
劉禹錫[21]을 불러 돌아오게 하셨네.
아는 사람은 듣고 나서 기뻐하면서
손을 이마에 얹고 기다릴 뿐이었네.
이 때에는 원수의 가문이 없어졌는데
누가 올빼미 울음소리를 내었던가?
돌아와서 선조의 廬幕을 지키노라니
하사 받은 글은 옛 벽에 남아 있었네.
하루는 궁궐에서 朝見하니
經筵이 그 때문에 열렸네.
간절한 임금님의 말씀이 있으시니
隔阻하였던 안부를 물어 보셨네.
위태롭고 어려운 때를 당하게 되어
임금의 자리에도 급박하게 닥치는 일이 많았네.
충성은 알려지지 못하고
부질없이 원통한 피가 푸른 구슬로 변하게 하였네.[22]
문득 어제 남긴 글씨를 보니
그 사람을 눈으로 보는 듯하였네.

---

21) 劉禹錫(772~842)은 唐의 시인으로 806년 憲宗이 즉위한 뒤에 連州刺史로 좌천되었다가 다시 朗州로 밀려나는 등 지방관을 전전하다가 10여년 만에 소환되어 太子賓客과 檢校禮部尙書를 지낸 인물이다.

22) 寃血化碧은 원통해서 흘린 피가 푸른 구슬로 변하였다는 뜻이다. 周나라의 大夫 萇弘이 讒訴를 당하여 추방되었는데 후에 蜀 땅으로 돌아가 분개한 나머지 배를 가르고 죽었다는 고사와 관련이 있다. 촉 지방 사람들이 감격하여 그의 피를 궤짝에 잘 간수해 두었더니 3년 뒤에 푸른 구슬로 변하였다고 한다.(『莊子』「外物」: 萇弘死於蜀 藏其血三年 而化爲碧)

신묘한 글씨는 이무기가 다투는 듯하고
빼어난 솜씨로 맹수와 이리를 잡았네.
물결이 뒤집히듯 한번 유쾌하게 읽고 나서
공연히 열람하기를 좋아하는 버릇이 생겼네.
도리어 의심하노라, 수레를 환하게 밝혀 주는 보배를
비로소 턱 아래에서 찾았음을.
보는 이들이 이미 다투어 구입하였고
오랑캐 땅에까지 두루 흘러서 전해졌네.
슬프다, 운명이 그 자리를 차지하여
평생 동안 고달프게 남에게 부림을 당하였음이.
비록 황하의 물이 맑아지기를 기다린다 하더라도
인생 백년은 지나가는 나그네와 같네.
흥성함과 쇠퇴함에는 이치가 있는데
어찌 점을 쳐서 대책을 삼으랴?
至人은 총애와 치욕을 같게 보니
곤궁을 근심함이 없네.
子輿와 서로 좇으며 노닐고
삶을 등뼈처럼 여길 줄 아네.
조용히 당시의 사람들을 살펴보면
狂妄하고 미혹됨이 李赤[23]과 같았네.
나라의 은혜를 끝내 갚지 못하였으니
개탄하면서 분격한 마음을 품네.
대담한 기세가 비록 양보하지 않는다고 하더라도
움직였다고 하면 조롱과 꾸짖음을 받았네.

---

23) 李赤은 唐나라 때의 인물로서, 처음에는 보통 인물과 다름이 없었으나 한 번 厠鬼에 미혹된 뒤에는 세상을 厠間으로 여기고 측간을 황제가 사는 淸都로 여겼다는 인물이다.(柳宗元, 『柳河東集』 권17, <李赤傳>: 柳先生曰 李赤之傳不誣矣 是其病心而爲是耶 抑固有厠鬼耶赤之名聞江湖間 其始爲士無以異於人也 一惑於怪而所爲若是 乃反以世爲溷 溷爲帝居淸都 其屬意明白 今世皆知笑赤之惑也 及至是是非取與向背決不爲赤者 幾何人耶 反修而身無以欲利好惡 遷其神而不返則幸矣 又何暇赤之笑哉)

곤궁한 처지에 천 길 높이에서 떨어지니
긴 두레박줄을 가진 烏獲[24]을 불렀네.
가랑이 아래로 나가라면 마땅히 숙이고 지나가고
얼굴에 침을 뱉은들 어찌 감히 거스르랴?
스스로 劉備의 오이 농사를 따라하지만
늘 郭生의 보리를 두려워하였네.
한가한 거처에 여유로운 날이 많아
章句를 찾고 뽑아내었네.
종이에 붙인 분개한 느낌이
종이에 가득하여 어지러웠네.
揚子雲이 한창 『太玄經』의 초고를 쓰면서
잠시 궁핍한 거처의 조용함을 사랑하였네.
글 짓는 사람 중에는 운명이 기박한 이가 많으니
옛날부터 흔히 橫厄을 당하였다네.
바다 속의 산으로 돌아갈 곳이 있었지만
신선의 놀이는 아득하여 찾기가 어려웠다네.
이제는 白玉樓의 記를 쓰고 있으리니
인간세상으로 유배되지는 않으리.
한스러운 바는 시대를 함께 하지 못하였음인데
마음은 마치 굶주림을 다스리듯 서글프다네.
先生自名家　累葉傳侯伯
相襲珥貂蟬　皆立門前戟
公初有異器　能繼前人迹
斷乳始屬文　技巧又兼百
至尊召之見　降輦迎大白
欣然賜龍顏　寵愛日以益
握手入臥內　契密如金石
廷臣多缺望　聲勢方炎赫

---

24) 烏獲은 戰國時代 秦나라의 力士로서, 힘센 사람을 비유한다.

中間忤貴倖　巧譖含沙射
見黜金閨名　良由釁所積
長沙逐賈生　無復虛前席
滄浪作釣翁　浮家而泛宅
千載雖一遇　飜覆在朝夕
固知行路難　擧足多峐客
始自毫髮差　遂成丘山責
終身纏罪辜　顚躓常動魄
禦魅二十年　愆過懲於昔
遷徙席不暖　所居如郵馹
南中瘴霧深　可虞傷氣脉
優游縱巖壑　屢躡登山屐
聖明方在上　招還劉禹錫
識者聞而喜　以手但加額
是時仇家去　誰作鴟鴞嚇
歸來守先廬　賜書存舊壁
一日朝紫宸　經筵爲之闢
天語垂丁寧　問以寒暄隔
及當危難際　立朝多逼側
忠誠不見知　空使血化碧
忽昨見遺墨　之人猶目擊
神毫鬪蛟螭　大手搏貙貔
翻瀾一快讀　嗜閱空成癖
還疑照乘珠　初從頷下索
觀者已爭購　流傳遍蠻貊
哀哉命壓頭　平生困厮役
雖俟河之淸　百歲如過客
否泰各有理　豈用占蓍策
至人齊寵辱　困窮無戚戚

相從子輿遊　解以生爲脊
靜默閱時人　狂惑等李赤
國恩終未報　慨爾懷奮激
膽氣雖不讓　動輒遭嘲嚇
窮途墮千仞　長綆呼烏獲
出袴當俛就　唾面何敢逆
自從劉備瓜　常恐郭生麥
閑棲多暇日　章句搜且摘
感憤寓諸文　紛紛盈簡策
子雲方草玄　聊愛窮居寂
詞人多薄命　自古例陷阨
海山有歸處　仙遊邈難覓
今修玉樓記　不向人間謫
所恨不同時　意若調飢慼

정서의 작품에 차운하였다고 하는 이 작품은 정서의 원시가 전해지지 않지만, 정서가 五言102句(51韻)의 이런 長篇古詩를 창작할 능력을 지닌 인물이었음을 이 시를 통해 확인할 수 있다. 이 시의 전반부는 출생부터 시작하여 그의 성장과 시적 능력, 왕의 총애와 총신들의 참언, 참언으로 인한 근 20년 동안의 유배와 때늦은 解配, 해배 뒤의 經筵 참가와 횡액으로 인한 죽음[25) 등에 이르기까지 그의 삶의 역정을 정리하고 있다. 후반부에서는 임춘의 입장에서 당세의 權貴들과 타협하지 못하고 劉備나 韓信처럼 살았던 정서의 삶의 태도를 평가하고 있으며, 특히 당시의 권귀들이나 세상 사람들을 측간을 궁실로 알고 세상을 측간으로 여기며 살았던 李赤처럼 여기고 있다고 함으로써 사람들이 정

25) 여운필 교수는 앞의 논문, 23~25면에서, 정서가 유배에서 풀려난 다음 金甫當의 亂에 관련되어 1173년에 죽었을 것이라고 추정한 바 있다.

서를 전도된 시각에서 평가하고 있다는 점을 지적하고 있으며, 마지막에는 이처럼 꼿꼿한 삶의 자세로 세상의 불의와 타협하지 않았던 정서와 동시대에 태어나지 못하였음을 한스럽게 생각한다고 하였다. 그러나 이 시에는 정서가 유배지에서 임금을 그리워하면서 밤마다 거문고를 타면서 <정과정>을 지어 불렀다는 일화는 소개되어 있지 않다.

그러나 정서가 유배지인 동래에서 임금을 그리워하는 노래인 <정과정>을 지어 불렀다는 고사는 조선시대에 들어서도 꾸준하게 언급되면서 그 노래는 사대부들 사이에서 忠臣戀主之詞의 전형으로 높이 평가되었다. 그 현저한 예를 한두 개 살펴보면 다음과 같다.

> 정서 등을 먼 지방에 유배하였다. (중략) 정서가 장차 떠나려 하니 왕은 "오늘의 일은 조정의 議論이 급박하기 때문이니, 가서 있으면 마땅히 소환할 것이오."라고 하였다. 정서가 이미 유배되었지만 부르는 명령은 오랫동안 이르지 않았다. 이에 거문고를 연주하면서 노래를 지었는데 가사가 매우 悽惋하였다. 과정이라고 自號하니 후세의 사람들이 그 곡을 <정과정>이라고 하였다.[26]

> 정서는 동래사람이다. 성품이 경박하였으나 재예가 있었다. 고려 의종 때에 벼슬이 내시낭중에 이르렀는데, 金存中에 의해 (죄에) 얽히게 되어 동래에 유배되었다. 장차 떠나려 하니 왕이 "오늘의 일은 조정의 의론이 급박하기 때문이니, 가서 있으면 마땅히 소환할 것이오."라고 하였다. 정서가 이미 유배되었지만 부르는 명령은 오랫동안 이르지 않았다. 정서는 정자를 짓고 오이를 심고는 거문고를 타면서 노래를 지었는데, 가사가 매우 悽惋하였다. 과정이라고 自號하고 그 곡을 <정과정>이라고 이름 붙였다.[27]

---

26) 流鄭敍等于遠地 (中略) 敍將行 王謂曰 今日事迫於朝議也 行當召還 敍旣流 召命久不至 乃撫琴作歌 詞極悽惋 自號瓜亭 後人名其曲爲鄭瓜亭.(『東國通鑑』 권 24, 「高麗紀」)

앞의 기록은 15세기에 간행된 『동국통감』에 실린 것이고, 뒤의 기록은 19세기의 인물인 李圭景(1788~1856)의 『詩家點燈』에 실린 것으로 이 인용문 뒤에 이숭인과 임춘의 시가 수록되어 있다. 이 두 인용문의 그 내용은 대동소이하며 대개 정서가 동래에서 임금을 그리워하며 거문고를 타면서 <정과정>을 지어 불렀다는 것이다. 이처럼 정서의 이 고사는 당대의 사람들뿐만 아니라 조선후기의 인물들에게까지 임금에게서 멀리 떨어져 있는 인물이 임금을 그리워하는 충신의 한 전형적인 모델로서 인식되었다는 사실을 알 수 있다.

4. 정서 고사의 시적 변용과 전승

1) 「동국사영」 작품군에 투영된 정서 고사

유배지인 동래에서 임금을 그리워하는 마음에서 거문고(또는 비파)[28]를 타면서 <정과정>을 지어 불렀다는 정서의 고사는 굳이 「동국사영」과 연결 짓지 않고서도 후세에 널리 알려진 일이다. 그것은 <정과정>이라는 노래가 향가의 전통을 계승한 고려시대의 노래로서 그 노래가 『악학궤범』에 전함으로써, 국문학사에서 몇 안 되는 작자가 뚜렷한 고려시대의 시가 중의 하나이기 때문이다. 그 노래는 다음과 같다.

---

27) 鄭敍東萊人 性輕薄 有才藝 高麗毅宗時 官至內侍郎 爲金存中所搆 流于東萊 將行王曰 今日事迫於朝議 行當召還 敍旣流 召命久不至 敍築亭種瓜 撫琴作歌 詞極悽惋 自號瓜亭 名其曲曰 鄭瓜亭.(李圭景, <鄭瓜亭 紫霞洞曲>, 『詩家點燈』, 亞細亞文化社, 1981, 465면)

28) 한시 작품들에서는 柳淑의 漢詩 <회포를 적어서 조호 선배에게 부치다(書懷寄趙瑚先輩)> 이후에 거문고 대신에 비파라고 표현된 경우가 다수 있다.

前腔 내님믈 그리ᅀᆞ와 우니다니
中腔 山졉동새 난 이슷ᄒᆞ요이다
後腔 아니시며 거츠르신돌 아으
附葉 殘月曉星이 아ᄅᆞ시리이다
大葉 넉시라도 님은 ᄒᆞᆫ ᄃᆡ 녀져라 아으
附葉 벼기더시니 뉘러시니잇가
二葉 過도 허물도 千萬 업소이다
三葉 물힛 마리신뎌
四葉 술읏 븐뎌 아으
附葉 니미 나ᄅᆞᆯ ᄒᆞ마 니ᄌᆞ시니잇가
五葉 아소 님하 도람드르샤 괴오쇼셔[29]

정서가 지어 부른 이 노래는 그의 동시대인과 후대인들에게 알려지게 되어 고려시대나 조선시대의 수많은 사람들에 의해 자기의 억울한 심정을 호소하는 노래로서, 또는 임금에 대한 변함없는 충성심을 보여주는 노래로서 널리 불리게 되었다. 고려시대에 이 노래가 이미 많이 불렸음은 柳淑(1324~1368)·趙浚(1346~1405)·李崇仁(1349~1392) 등의 작품을 통해서 확인할 수 있는데, 이 가운데 조준의 작품만을 예시하기로 하겠다.

趙浚, <농당의 벽 위에 쓰다(書農堂壁上)>, 2수 중 둘째 수[30]

띳집은 나직하고 나무그늘은 두루 퍼졌는데
해당화 꽃 위에는 비가 자욱하네.
도성에서는 미인을 도무지 볼 수 없는데
<정과정> 노래가 끊어지더니 여음이 들리네.

---

29) 鄭敍, <鄭瓜亭>, 『樂學軌範』, 권5.
30) 趙浚, 『松堂集』 권1, 『韓國文集叢刊』 6, 409면

茅屋低低樹遍陰　海棠花上雨沉沉
京洛美人都不見　瓜亭歌斷有餘音

고려가요 <정과정>에 대한 논의는 이루 헤아릴 수 없을 정도로 많지만 여기에서는 할애하기로 하고 조동일 교수가 『한국문학통사』에서 이 작품에 대해 논의한 부분의 일부를 보면 다음과 같다.

> 노래를 지은 연대는 1156년(의종 10) 전후가 아닌가 추정되나 확실한 증거는 없다. 『고려사』 악지에서는 노래를 지은 연유를 다시 소개하고, 이제현(李齊賢)이 소악부(小樂府)에서 한역한 것을 실었다. 국문으로 된 사설은 16세기 문헌인 『악학궤범(樂學軌範)』에 전하는데, 곡조이름을 따서 <삼진작(三眞勺)>이라고 하였다. 작품이름은 <정과정곡>이라 부르기 일쑤이고, <정과정가>라고 해야 마땅하다는 의견도 있다. (중략)
>
> 처음 두 줄에서는, 님을 그리워하며 울고 있는 모습이 산에 사는 접동새와 비슷하다고 하였다. 그 다음 두 줄은 자기 죄가 임금이 잘못 알고 있는 바와 다르고, 사실은 참소를 당해 허망하다는 것을 남은 달과 새벽별이 바로 알 것이라고 하였다. 그리고는, 넋이라도 한데 가고 싶다고 하던 사람이 누구였던가 하며, 그런 언약을 어기고 임금이 자기를 버린 것을 원망스럽게 여겼다. 그래서, 과도 허물도 천만 없다 하고, 그 모두가 참소하는 무리의 말일 따름이니, 슬프다고 하였다. 마지막 두 줄에서는 님이 자기를 벌써 잊었는가 묻고, 마음을 돌리어 사랑해달라고 간청하였다.[31]

이런 점에서 보면, <정과정>이 굳이 「동국사영」과 관련하여 해석될 때에만 의미를 지니는 작품은 아니라고 할 수 있다. 다만 고려 후기부터 이 작품과 관련된 정서의 고사가 「동국사영」의 하나로 읊어졌다는

31) 조동일, 『한국문학통사』 1, 제3판, 지식산업사, 1994, 322~323면.

측면에서 보면, 정서의 임금을 향한 충성이 그 자체로 가지는 의미보다는 동국에서 벌어진 네 가지의 풍류스럽고 의미 있는 고사라는 완결된 틀 속에 굳건한 자리를 잡았다는 의미가 더해지게 되었던 것이다.

우선 閔思平의 작품을 보면 그 제목이 <정중승이 달빛 아래에서 거문고를 타다(鄭中丞月下撫琴)>[32]로 되어 있다.

> 달빛은 젖은 계수나무가지에 원만하게 흐르는데
> 밤이 깊어지자 갑자기 회포가 시원해짐을 깨닫네.
> 세상사람 중에 누가 진정한 벗인가?
> <廣陵散> 한 곡조를 부질없이 혼자만 알 뿐이네.
> 蟾影圓流露桂枝　夜深斗覺爽襟期
> 世人誰是知音耳　一曲廣陵空自知

이 시는 달빛 아래에서 거문고를 타지만 그것은 알아 줄 이 없는 혼자만의 부질없는 노래에 불과하다는 점을 드러내고 있다. 起句와 承句에서 달빛 아래에서 상쾌한 마음으로 거문고를 연주하는 정서의 모습을 그려낸 다음, 轉句와 結句에서는 정서의 변함없는 충성된 마음을 <광릉산> 곡조에 비겨서 표현함으로써 정서의 충성심을 알아주지 않는 의종의 무관심과 대조시키고 있다. 즉 후반부는 정서의 진심을 의종이 알아주기를 바라는 것은 아무도 모르는 곡조인 <광릉산>을 타는 연주자가 그 뜻을 알아주기를 바라는 것처럼 부질없는 짓이라는 뜻을 담고 있다. 여기에 나오는 <광릉산>은 竹林七賢 중의 한 사람인 嵇康이 洛西 지방을 여행하다가 華陽亭에서 밤에 神人을 만나 전수 받았다는 거문고 곡조의 이름이다. 『晉書』 <嵇康傳>에는 죄를 지어 처형당할 때

[32] 閔思平, 「東國四咏 益齋韻」, 『及菴詩集』 권2, 『韓國文集叢刊』 3, 61면. 이 시는 『新增東國輿地勝覽』 권23, 「東萊縣」에는 실려 있지 않고, 劉在建 편, 『古今詠物近體』 3, 권18, 「琴類」(亞細亞文化社 影印, 1981, 314면)에 실려 있다.

혜강이 거문고를 달라고 하여 <광릉산>을 연주하면서, “예전에 袁孝尼가 나를 따라서 <광릉산>을 배우려 하였는데 나는 늘 그것을 인색하게 막았더니, <광릉산>은 이제 끊어지게 되었구나.”[33]라고 하였다는 대목이 있다. 결국 이 시는 의종에 대한 정서의 그리움과 충성심을 음악과 관련된 知音 고사 및 <광릉산> 고사를 끌어들여 그려낸 것이다.

따라서 민사평은 이 시를 통해서 의종에 대한 정서의 일편단심은 메아리 없는 혼자만의 넋두리와 마찬가지로 부질없는 행동에 불과하였다는 생각을 드러내고 있다.

鄭樞의 작품은 제목이 <정서 중서가 동래에서 귀양살이하면서 달이 밝을 때마다 새벽까지 거문고를 타다(鄭中丞敍謫居東萊 每月明 彈琴達曙)>[34]라고 되어 있는데, 그 細註에 “좌주 익재 시중이 명하여 읊다.(座主益齋侍中命賦)”라고 기록되어 있어서 이 시는 그의 좌주 이제현의 명에 의하여 지은 것임을 알 수 있다.

> 높은 허공에 구름 걷히고 달은 하늘에 있는데
> 거문고 비껴놓고 서로 마주하니 하룻밤이 일년인 듯하네.
> <啼鵑曲>을 끝마쳐도 생각은 다함이 없으니
> 누가 鸞膠를 가져다가 끊어진 줄을 이어주랴?
> 雲盡長空月在天　橫琴相對夜如年
> 啼鵑[35]曲盡思無盡　誰把鸞膠續斷絃

이 시는 임금을 그리워하며 달 밝은 밤마다 거문고를 연주하지만 끊어진 인연을 이을 방도가 없음을 노래하고 있다. 전반부에서는 반향 없

33) 索琴彈之曰 昔袁孝尼嘗從吾學廣陵散 吾每靳固之 廣陵散於今絶矣.(『晉書』 권49, <嵇康傳>)

34) 鄭樞, 「東國四咏」, 『圓齋稾』, 卷上, 『韓國文集叢刊』 1, 196면. 이 시는 『新增東國輿地勝覽』 권23, 「東萊縣」에도 실려 있다.

35) [原註] 啼鵑中丞所製曲名.

는 거문고를 연주하다 보니 마치 하룻밤이 일년인 듯이 길게 느껴진다는 정서의 마음을 드러내고 있고, 후반부에서는 <제견곡> 즉 두견새 노래를 다 연주하고 나도 임금에 대한 생각은 끊임이 없는데, 이미 끊어진 인연을 이어줄 사람이 없음을 한탄하고 있다. 특히 후반부에서는 군왕인 의종과 신하인 정서의 主從關係를 夫婦關係에 비유하여 끊어진 부부의 인연을 다시 이어줄 아교를 가지고 올 사람을 희원하고 있다. 예로부터 부부관계는 악기인 琴과 瑟에 비유하여 표현하고 있는데, 그 금슬의 줄이 끊어지면 그 줄은 오직 난새의 부리와 기린의 뿔로 만든 전설상의 아교인 鸞膠가 있어야만 그 줄을 이을 수 있는데, 현실적으로 그것을 구해서 끊어진 인연의 줄을 이어줄 사람이 없음을 한탄하고 있다. 결국 이런 표현은 정서의 일편단심에도 불구하고 의종은 끝내 그를 다시 부르지 않았다는 역사적 사실을 바탕으로 한 후대적인 해석이라고 하겠다.

韓脩의 작품은 제목이 <정중승이 동래에서 귀양살이하면서 달을 마주하여 거문고를 타다(鄭中丞謫居東萊 對月撫琴)>36)라고 되어 있다.

반쯤 둥근 강에 비친 달이 거문고 위로 떠오르면
한 곡조 새로운 소리에 옛 뜻이 깊네.
어찌 지금 鍾子期가 있다고 하랴마는
다만 伯牙의 마음을 彈奏할 뿐이리.37)
半輪江月上瑤琴　一曲新聲古意深
豈謂如今有鍾子　只應彈盡伯牙心

이 시도 전반부에서 달빛 속에서 거문고를 연주하는 정서의 모습을

---

36) 韓脩, 「奉和益齋相國東國故事四詩」, 『柳巷詩集』, 『韓國文集叢刊』 5, 260면. 이 시는 『東文選』 권21과 『新增東國輿地勝覽』 권23, 「東萊縣」에도 실려 있다.
37) 伯牙와 鍾子期의 故事는 知音으로 널리 알려져 있다.

그린 다음, 후반부에서는 그 노력이 부질없는 행동이라고 해석하고 있다. 그런데 여기에서는 앞의 시들과는 다른 관점을 보여준다. 즉 承句의 '新聲'과 '古意'의 句中對를 통한 정서의 행동에 대한 새로운 해석의 시도가 그것이다. 비록 정서가 연주하는 노래, 즉 <정과정>은 새로 창작된 노래이지만 그것은 매우 깊고 古雅한 의미를 품고 있다는 것이다. 직설적으로 언표하지 아니하고, 옛날에 伯牙와 鍾子期가 그러하였듯이 음악을 통해 뜻을 표현할 뿐 언어의 직설적인 언표를 자제하는 것, 그것이 바로 정서가 품은 뜻이라는 것이다. 주지하다시피 知音 고사는 너무나 유명한 고사이다. 진부하지만 다시 인용해 보자.

> 백아는 거문고를 잘 타고, 종자기는 듣기를 잘 하였다. 백아가 거문고를 탈 때에 뜻이 高山을 오르는 데에 있으면 종자기는 "잘 하는구나, 높고 높아 태산과 같도다!"라고 하였고, 뜻이 流水에 있으면 종자기는 "잘 하는구나, 넓고 넓어 江河와 같도다!"라고 하였다. 백아가 생각하는 것을 종자기는 반드시 체득하였다. 백아가 태산의 북쪽에서 놀 때에 갑자기 폭우를 만나 바위 아래에 머물러 있었다. 마음이 슬퍼서 바로 거문고를 당기어 이것을 노래로 불렀다. 처음에는 霖雨의 典操로 하였고, 다시 산이 무너지는 소리를 만들었다. 곡조를 연주할 때마다 종자기는 문득 그 취지를 다 알았다. 백아가 거문고를 놓고 탄식하여 말하기를, "잘 하는구나, 잘해. 자네의 거문고를 들을 줄 앎이여! 뜻과 생각과 표현하는 것이 나의 마음과 같구려! 내가 어찌 소리를 도피하겠는가?"라고 하였다.[38]

38) 伯牙善鼓琴 鍾子期善聽 伯牙鼓琴 志在登高山 子期曰 善哉 峩峩乎若泰山 志在流水 子期曰 善哉 洋洋兮若江河 伯牙所念 鍾子期必得之 伯牙遊於泰山之陰 卒逢暴雨 止於巖下 心悲 乃援琴而歌之 初爲霖雨之操 更造崩山之音 曲每奏 鍾子期輒窮其趣 伯牙舍琴而歎曰 善哉善哉 子之聽夫 志想象猶吾心也 吾於何逃聲哉.(『列子』「湯問篇」)

> 백아는 거문고를 잘 타고, 종자기는 듣기를 잘하였다. 백아가 거문고를 탈 때에 뜻이 高山을 오르는 데에 있으면 종자기는 “잘 하는구나, 높고 높아 태산과 같도다!”라고 하였고, 뜻이 流水에 있으면 종자기는 “잘 하는구나, 넓고 넓어 江河와 같도다!”라고 하였다. 백아가 생각하는 것을 종자기는 반드시 체득하였다. 『呂氏春秋』에 이르기를, 종자기가 죽자 백아는 거문고를 깨뜨리고 줄을 끊어 죽을 때까지 다시는 거문고를 타지 않았는데, 족히 위해서 탈 사람이 없다고 생각하였기 때문이었다.[39]

이 두 인용문에 나타나는 백아의 행동은 음악을 연주하는 것이었고, 종자기의 행동은 음악을 감상하는 것일 뿐이지 누가 음악을 잘 연주해야 한다든가 누가 음악을 잘 이해하여야 한다는 요구는 없었다. 다만 서로가 상대방을 인정하면서 자기의 진면목을 알아주기를 바라는 마음이 통하고 있다. 그러다가 자기의 음악을 이해해 주는 유일한 친구인 종자기가 죽자 백아는 그만 거문고 줄을 끊어버리고 다시는 거문고를 연주하지 않게 되었다는 것이다. 그런 상황을 잘 아는 정서는 백아처럼 거문고를 연주하고 있기는 하지만, 종자기처럼 자기의 음악을 이해해 줄 만한 사람(毅宗)이 없다는 것을 알고 있음에도 불구하고 달밤이면 거문고를 연주하는 그 행위가 바로 古雅하다는 것이다. 번연히 자기가 알아주기를 희구하는 의종이 진심을 알아주지 않을 줄을 알면서도 반향 없는 구애의 노래를 부르는 정서의 탄주 자체가 바로 이 고사의 핵심인 것이다. 상대편의 수긍 여부와는 상관없이 자기의 진심을 노래하는 정서의 행위는 상대성의 범위를 넘어선 至高至純한 충성심의 발로

39) 列子曰 伯牙善鼓琴 鍾子期善聽 伯牙鼓琴 志在高山 子期曰 善哉 峩峩乎若泰山 志在流水 子期曰 善哉 洋洋兮若江河 伯牙所念 子期必得之 呂氏春秋曰 鍾子期死 伯牙破琴絶絃 終身不復鼓琴 以爲無足爲鼓者.(李瀚, 『蒙求』, <伯牙絶絃>)

라는 것이 이 시의 핵심이 되는 것이다.

마지막으로 金時習의 작품은 제목이 <정중승[40]이 동래에 귀양살이 하면서 달을 마주하여 거문고를 타다(鄭中丞謫居東萊 對月撫琴)>[41]라고 되어 있다.

> 떠도는 혼과 생각이 참으로 가련한데
> 몸은 남쪽의 거친 땅의 瘴氣 어린 바닷가에 떨어졌네.
> 영락한 이 삶을 누가 기꺼이 위로해 주랴?
> 다정한 명월이 급한 장단의 거문고를 비추네.
> 旅魂羈思正堪憐　身落南荒瘴海邊
> 落魄此生誰肯唁　多情明月照繁絃

이 시는 정서의 변함없는 충성심을 드러내기보다는 일신이 황량한 남쪽 바닷가 지방에 유배되게 된 안타까운 정황을 드러내는 데 머물러 있다. 그래서 전반부에서 瘴氣가 어려 있는 거친 바닷가에 떨어졌음을 이야기하고, 후반부에서는 그 안타까운 정황을 이기기 위해서는 거문고 장단에 몸을 맡길 수밖에 없음을 말하고 있다. 여기에서는 다시 임금에게 은총을 빌기보다는 스스로의 안타까운 정황을 위로하기 위해 거문고 장단이 필요하다는 것으로, 앞의 작품들과는 또 다른 방향에서의 정서 고사에 대한 해석을 엿볼 수 있다. 이러한 해석은 생육신의 한 사람으로서 거의 평생을 떠돌아다니면서 살았던 김시습의 개인사적 편력이 바탕에 깔린 해석이라고 하겠다.

이상에서 살펴보았듯이, 정서의 고사를 읊은 「동국사영」의 작품들은 상호 내용상 큰 차이를 보이지 않고 있다. 이것은 궁궐에서 멀리 떨어

40) 『국역 매월당집』 1(세종대왕기념사업회, 1977, 148면)에서는 '鄭中丞'을 '鄭知常'으로 보고 있으나 이것은 '鄭敍'를 잘못 해석한 잘못이다.

41) 金時習, 「詠東國故事」, 『梅月堂集』, 「詩集」, 卷2, 『韓國文集叢刊』 13, 113면.

져 있는 신하나 백성이 임금의 안위를 염려하거나 임금을 그리워하는 일편단심의 충성, 또는 魏闕心이 고려와 조선이라는 왕정체제 아래에서 불변의 이념으로 굳게 자리 잡았고 그것이 시인들을 억지로 규제하는 심리기제로 작용하였기 때문이다. 정서의 고사가 세상 사람들에게 알려지고 난 뒤에는, 참소를 받아 유배된 억울한 처지에 있음에도 불구하고 변함없는 충성심을 가지고 거문고를 탄주하면서 지어 불렀던 <정과정> 노래는 바로 忠臣戀主之詞의 전범 역할으로 자리를 잡게 되었다. 그래서 정서의 고사 또는 <정과정>을 소재로 한 작품들은 그것이 「동국사영」의 하나로 제작되었든지, 그렇지 않고 「동국사영」과는 무관한 독자적인 작품으로 제작되었든지 간에 내용상 큰 차이를 보이지 않고 유사한 범주의 의경을 담고 있다. 물론 달빛 아래에서 거문고를 탄주하는 정서의 행동과, 자신의 결백을 주장하는 내용을 담은 <정과정>을 다루면서 사용하는 제재의 성격과 취급 방법에서 조금씩 차이를 보여주고 있지만, 「동국사영」의 작품들을 통해 드러내고 있는 주제는 임금을 향한 변함없는 충성심의 표현이라는 범주를 벗어나지 않고 있다.

2) 기타 작품에 투영된 정서 고사

정서의 <정과정>은 앞에서 언급하였듯이, 고려시대 이후 충신연주지사의 전범 노릇을 하였기 때문에 후대 문인들의 많은 작품에서 전면적, 또는 부분적 시적 모티프로 활용되었다. 16세기에 들어 그 작품이 『樂學軌範』에 수록되어 조선왕조의 燕享에서 사용된 주요한 속악의 하나로 자리 잡기 훨씬 이전부터 정서 고사와 <정과정>은 많은 시인묵객들의 작품에서 언급되거나 중요한 정보를 전달하는 전범으로 등장하게 되었다.

(1) 〈정과정〉을 한역한 소악부

정서의 <정과정>을 한시로 번역한 작품은 이미 이제현의 소악부에서 찾을 수 있는데, 기왕에 존재하는 우리말 노래를 칠언절구로 번역해야 한다는 부담감 때문인지 지금까지 발견된 작품이 많지는 않았다.

> 님을 그리며 옷을 적시지 않은 날이 없어서
> 진정 봄 산에서 우는 蜀子規[42]와 같네.
> 사람들아 옳고 그름은 묻지 마시라.
> 다만 남은 달과 새벽별은 알리라.
> 憶君無日不霑衣　政似春山蜀子規
> 爲是爲非人莫問　只應殘月曉星知[43]
>
> 魚世謙, <익재의 가사를 본받다(效益齋歌詞)>[44]
>
> 내 님을 몹시 그리워하며 눈물 흘리며 울 제
> 나는 산 속의 蜀魂과 비슷하네.
> 과연 그른지 아니면 옳은지?
> 남은 달과 새벽별은 알리라.
> 苦憶吾君泣涕時　山中蜀魂我依俙
> 果爲非與還爲是　殘月曉星應及知

앞의 시는 고려 후기에 이제현(1287～1367)이 지은「소악부」중의 하나로서 <정과정>의 앞 4구를 한역한 작품이고, 뒤의 시는 조선 초기

---

42) (蜀)子規는 접동새, 소쩍새이다. 중국 사람들은 그 새가 원래 蜀나라의 임금으로 있다가 신하에게 쫓겨나서 산 속으로 들어가서 자규가 되었다고 하였다. 그래서 새이름을 蜀魄·蜀魂 등으로 불러 '蜀'이라는 말을 붙이고 그 울음소리도 '歸蜀道'라고 하였다.

43) 李齊賢,「小樂府」,『益齋亂藁』권4.

44) 魚世謙 외,『咸從世稿』권8.

에 어세겸(1430~1500)이 이제현의 이 작품을 본받아 칠언절구로 지은 소악부이다. 두 작품이 모두 <정과정>의 앞부분을 번역한 것인 만큼 그 내용은 <정과정>의 해당부분과 동일하며 표현상의 차이 이외에 양자의 차이를 지적하기는 어려울 만큼 원문에 충실하게 번역하였다고 하겠다.

(2) 연군지정의 표현에 정서 고사를 활용한 한시

정서의 고사를 다루고 있는 작품의 대다수가 이 범주에 속한다고 하겠는데, 이 작품들은 대개 정서의 변함없는 戀君之情을 작품의 중심사상으로 설정하고 있다.

李春元, <정과정(鄭瓜亭)>[45]

새벽별과 남은 달은 크게 기울었는데
한 곡조 거문고소리에 물결은 모래를 치네.
고금에 님을 그리는 마음은 얼마나 되기에
봄비는 밭두둑에 가득한 노란 꽃을 적시는가?
曉星殘月大橫斜　一曲琴聲浪拍沙
今古戀君多少意　滿畦春雨濕黃花

이춘원(1571~1634)의 이 시는 <정과정>의 처연한 곡조와 임금을 그리는 정서의 일편단심을 확대 해석하여 시상을 전개한 작품이다. 전반부에서 새벽까지 달빛 속에서 거문고를 탄주하는 모습을 상상하면서 그 거문고소리에 맞추어 물결은 모래를 친다고 하고, 후반부에서는 예

45) 李春元, 『九畹集』 권1, 「次東萊雜詠」 17수 중 다섯째 수. *참고로 17수의 소제목을 제시하면, <萇山國>, <太宗臺>, <謙孝臺>, <蘇瑕亭>, <海雲臺>, <鄭瓜亭>, <沒雲臺>, <釜山>, <對馬島>, <梵魚川>, <溫井>, <鄭文道墓>, <李廷馣碑>, <宋象賢祠>, <玉孝子>, <東臺>, <別館>이다.

로부터 정서처럼 연군지정을 품은 사람이 얼마나 되기에 그들이 흘린 눈물이 봄비가 되어 말라버린 꽃들을 적시는지 묻고 있다. 이 시는 역사의 수레바퀴 속에서 정서처럼 남의 질시와 참소를 받아 억울하게 눈물을 흘리며 사는 사람이 그 수를 헤아리기 어렵다는 생각을 담아내었다.

洪葳, <정과정(鄭瓜亭)>[46)]

구름 낀 산은 아득하고 도성[47)]은 먼데
남은 달빛 속에서 두견새의 울음소리를 차마 듣지 못하네.
천년이 지나도 님을 그리는 마음은 한이 없어서
이제까지 여전히 <정과정>을 노래하네.
雲山杳杳隔秦京　殘月啼鵑不忍聽
千載戀君無限意　至今猶唱鄭瓜亭

홍위(1620~1660)의 이 시는 현재에도 정서처럼 임금에 대한 변함없는 일편단심이 요구되는 상황임을 전제로 <정과정>에 담긴 戀主의 情이 필요하다는 생각을 담은 작품이다. 전반부에서 도성에서 멀리 떨어진 곳에 유배된 정서가 새벽까지 잠들지 못하고 두견새의 울음소리를 듣고 있는 정황을 보여준 다음, 후반부에서는 그 때와 마찬가지로 연군지정이 요구되는 상황이기 때문에 여전히 <정과정>을 노래 부르는 사람이 있을 뿐 아니라 그와 같은 행동이 필요한 시절임을 강조하고 있다. 이런 생각은 왕정체제가 지속되는 한 신하들에게 요구되는 도덕적 압박감에서 나온 것이다.

46) 洪葳, 『淸溪集』 권2.
47) 秦京은 秦나라 首都라는 뜻인데, 여기에서는 高麗의 開京을 가리킨다.

申晸, <과정(瓜亭)>[48]

佳人이여, <정과정>을 노래하지 말라.
노래 속의 <과정>을 차마 듣지 못하겠네.
고금에 님을 그리는 한이 얼마나 되는가?
새벽별과 남은 달에 바닷가의 산은 푸르네.
佳人休唱鄭瓜亭　曲裏瓜亭不忍聽
今古戀君多少恨　曉星殘月海山靑

申晸(1628~1687)의 이 작품은 <정과정>의 애절한 노랫가락을 차마 듣기 어렵다는 뜻을 적은 것으로, 음악적으로 애조를 띤 가락이 임금을 그리는 한이 깊기 때문에 생겨난 것으로 파악하고 있다. 앞부분에서 노래를 부르는 歌人에게 너무 처량하기 때문에 노래를 그만 부르기를 바란다는 뜻을 표현하고 있는 데 반해, 후반부에서는 예로부터 지금까지 변함없이 요구되는 충성심을 지녔음에도 불구하고 현실적으로 임금으로부터 소외당할 수밖에 없는 무수한 인물들의 한이 남아 있기 마련이고 그렇기 때문에 새벽까지 잠들지 못하고 고뇌할 수밖에 없다는 사실을 변함없이 푸른 모습을 간직하고 있는 바닷가의 산의 항상성과 대조시키고 있다.

李瀷, <과정곡(瓜亭曲)>[49]

의종 5년에 정서를 동래에 장을 때려 유배하였다. 정서가 장차 유배를 떠나려 할 때 왕이 말하기를, "오늘의 일은 조정의 의론에 밀려

---

48) 申晸, 『汾厓遺稿』 권2, 「萊山感古」 4수 중 둘째 수. *참고로 4수의 소제목을 제시하면, <萇山國>, <瓜亭>, <海雲臺>, <蘇嘏臺>이다.
49) 李瀷, 『星湖集』 권8, 「海東樂府」.

서 그런 것이니 가서 있으면 마땅히 돌아오도록 부를 것이오."라고 하였다. 정서가 이미 유배되고 나서 오랜 시간이 지났으나 부르는 명령이 이르지 않으므로 이에 거문고를 연주하며 노래를 지으니 가사가 매우 처량하였다. 뒷날의 사람들이 그 노래를 <정과정>이라고 이름을 붙였는데, 곧 지금의 계면조이다.(毅宗五年 杖流鄭敍于東萊 敍將行 王謂曰 今日事迫於朝議也 行當召還 敍既流 召命久不至 乃撫琴作歌 詞極悽惋 自號瓜亭 後人名其曲爲鄭瓜亭 卽今之界面調也)

정과정은 어디에 있었는가?
畵省과 玉堂에 참여하였다네.
붉은 해가 처음 뜨는 푸른 바닷가에 멀리 있는데
부르는 글은 내려오지 않는데 세월은 바쁘네.
하늘의 한쪽에는 榛苓[50]이 무한한데
손에 있는 거문고 한 장은
소리마다 깊고 긴 근심을 눌러 멈추게 하네.
윗줄은 괴로운 소리를 내는 대나무처럼 시끄럽고
아랫줄은 무리를 떠난 양처럼 애절하네.
한 번 퉁기고 다시 퉁기니 구름이 날아올라서
흐르는 바람에 말려서 하늘 가운데로 들어가네.
바다의 파도가 조금 일어나니 학은 날아 돌아오는데
金雞[51]는 눈물을 자아내며 扶桑으로 오르네.
九重宮闕에는 紫皇[52]이 근엄한데
화분을 뒤엎어서 해와 달의 광명을 되돌리기 어렵네.
꿈속에서 임금님께 한 곡조를 연주하니
머리 숙인 시녀들은 모두 애간장이 끊어지네.
<折楊歌>를 부르는 강남의 아가씨를 그대는 보지 못하였는가?

---

50) 榛은 나무 이름이고 苓은 약초로 甘草이다. 『詩經』「邶風」의 <簡兮>에 山有榛 隰有苓 云誰之思 西方美人이라는 구절이 있다.

51) 金雞는 天上에 산다는 닭이다.

52) 紫皇은 太淸九宮에 산다는 최고의 神仙이다.

소리를 찾고 악보를 살피노라니 슬픔이 더해지네.
이 곡조를 千秋에 전하기를 바라나니
몇 사람이나 눈물을 흘리며 방황하게 되랴?

鄭瓜亭何處　畵省與玉堂
遠在赤日初昇之碧海傍　徵書不下歲月忙
無限榛苓天一方　手中琴一張　聲聲掩抑幽憂長
上絃嘈嘈韻苦篁　下絃切切離羣羊
一彈再彈雲飛揚　流風捲入天中央
溟濤微興鶴回翔　金雞釀淚騰扶桑
閶門九重儼紫皇　覆盆難回日月光
夢中一曲奏君王　侍女低鬟摠斷腸
君不見江南女兒歌折楊　尋聲按譜增悲傷
願將此調傳千霜　幾人界面來彷徨

이익(1681~1763)의 이 시는 「海東樂府」 속에 포함된 작품으로, 정서가 유배지인 동래에서 임금을 그리워하는 노래인 <정과정>을 짓게 된 과정과 노래를 제작하던 때의 情緖 등을 자유스러운 악부체로 표현하고 있다. 특히 작품의 끝에서 그 노래의 느낌이 너무 애절하고 슬퍼서 듣는 사람들이 눈물을 흘리도록 만들었다는 점을 강조하고 있다. 이 작품의 序에서 이익은 이 노래를 界面調라고도 부른다고 하였는데, 그 명칭에 대하여 『星湖僿說』에 다음과 같은 설명이 있다.

또 오늘날의 사람들은 계면조를 매우 좋아한다. 이것은 고려 시대에 정서가 지은 것으로서 <瓜亭曲>이라고도 부르는데, 이것은 듣는 사람의 눈물이 흘러서 얼굴에 자국을 만들기 때문에 이르는 말이다. 그 소리가 슬프고 원망스러우니 곧 桑間濮上[53]의 남은 흐름이다. 만

53) 桑間濮上은 濮水 가에 있는 桑間 땅이라는 뜻인데, 이곳은 亡國의 音調가 나온 곳이라고 한다.

> 일 師曠[54]에게 들어 보도록 하였다면 반드시 귀를 막고 듣지 못하였을 것이다. 聖世가 크게 일어나는데, 師涓의 微微之音[55]이 무슨 소용이 있는가?[56]

이 인용문에 의하면, 계면조라는 말은 이 노래를 듣는 사람이 너무 슬퍼서 눈물을 흘리게 되니 눈물 자국이 얼굴에 경계선을 남기기 때문에 생긴 것이라고 하였다. 오늘날 국악에서 사용하고 있는 용어인 계면조는 바로 정서의 <정과정>에서 유래된 것임을 알 수 있다.

李裕元, <정과정(鄭瓜亭)>[57]

오이를 심고도 힘이 남아 거문고를 탄주하니
곡조마다 처량하고 슬픈 것이 수풀을 흔드네.
정자 위에는 새가 울고 정자 아래에는 달빛이 비치니
봄 산에서 蜀子規가 우는 듯하네.
種瓜餘力撫絃琴　曲曲悽哀撼樾林
亭上啼禽亭下月　春山疑是蜀規吟

---

54) 師曠은 춘추 시대 晉나라의 樂師인데, 音調르 잘 알아서 한 번 듣고 吉凶를 파악하였다고 한다. 『孟子』「離婁 上」에 '師曠之聰'이라는 말이 나온다.

55) 微微之音은 악곡의 이름으로, 殷나라의 樂官 師涓이 紂王을 위하여 지었다고 하는 노래이다. 武王이 紂를 차자 사연은 동쪽으로 도망가다가 濮水에 익사하였다고 한다. 춘추시대에 衛靈公이 복수 가에서 자다가 밤에 거문고 타는 소리를 듣고 악관을 시켜 옮겨 쓰게 하여 조금 뒤에 施惠臺에서 그것을 연주하게 하였더니, 師曠이 듣고 정지시키면서 망국의 소리이니 들을 게 없다고 하였다고 한다.

56) 且今人甚悅界面調 此麗時鄭敍所造 一名瓜亭曲 以其聞者淚下成界於面故云爾 其聲哀怨卽桑間濮上之餘流也 如使師曠聽之 必將掩而不遂耳 聖世隆興而顧安用師涓微微之音哉.(李瀷, 『星湖僿說』 권13, 「人事門」, <國朝樂章>)

57) 李裕元, 『林下筆記』 권38, 「海東樂府」, 『漢文樂府·詞資料集』 5, 啓明文化社, 1988, 180~181면.

이유원(1814~1888)의 이 시도 해동악부체의 작품인데, 작품에 붙은 細註에서 정서가 유배당하게 된 배경과 <정과정>을 지어 부르게 된 과정을 설명하고 있다. 이 작품은 『고려사』「열전」에 실린, 정서가 유배되게 된 정황과 배경, 유배지에서의 정서의 행동 등에서 중요한 모티프들을 추출하여 시상을 엮어 놓았다. 이 작품은 특별히 빼어난 발상이나 독특한 해석은 없지만, 정서의 변함없는 연군지정에 대한 칭양이 고려 후기와 조선시대 전반을 거쳐 19세기까지 문인들의 시편 속에까지 이어져서 지속적으로 거론되고 있음을 보여준다는 사실만으로도 그 의미가 충분하다고 하겠다.

이상에서 살펴보았듯이, 이 범주에 속하는 작품들은「동국사영」에 포함된 작품들과 마찬가지로 정서의 임금을 향한 변함없는 충성심과 자기의 결백을 드러내고자 노력하는 노력을 긍정적으로 파악하고 있으며, 그것이 후대의 사람들에게 감동을 주고 있음을 평가하고 있다.

(3) 자기의 내심 표현에 정서 고사를 활용한 한시

정서의 고사를 다룬 한시 가운데는 思菴 柳淑(1324~1368)의 또 다른 일화를 통하여 전승되는 일련의 작품들이 있다. 고려 후기에 辛旽의 시기와 무고로 어려운 처지에 빠졌다가 결국 신돈의 손에 죽임을 당하게 되었을 즈음에 유숙은 자기의 결백과 임금에 대한 변함없는 충성심을 밝히기 위하여 <정과정>을 비파로 탄주하였다고 한다.

유숙이 신돈의 참소에 걸려 죽게 된 사건의 시말은『고려사』「열전」<유숙전>에 비교적 소상하게 언급되어 있다.

> 유숙은 공민왕이 시기심이 많아서 공신 중에 온전한 자가 적음을 보고 여러 차례 사퇴를 청하였으나 왕이 허락하지 않았다. 유숙은 병이라고 알리고 몇 달 동안 朝見하지 않고 빈객도 만나지 않았다. 처

음에 신돈의 궁궐 출입을 조금 억제하였는데, 신돈은 등용되고 나자 세도를 부리면서 대신을 중상하니 그 기세를 두려워할 만하였다. (신돈이) 유숙을 부를 때마다 유숙이 가지 않으니 신돈은 깊은 앙심을 품고 또 유숙의 충직함을 싫어하여 온갖 방법으로 참소하고 헐뜯으니 왕은 (신돈의 참소를) 조금 믿게 되었다. 왕이 유숙을 불러 그의 손을 잡고 탄식하며, "나는 경에게 의지하여 길이 股肱之臣으로 삼으려고 하는데 왜 이렇게 기력이 쇠퇴하였는가? 경은 숨기지 말고 마음속의 뜻을 말하라. 경이 바라는 바를 말하기만 하면 들어줄 것이오." 라고 하니 유숙은 시골집에 가기를 청하였고 (왕은 그것을) 허락하였다. 장군·재상·문생·옛날의 관리들이 모두 교외에서 그를 전송하니, 수레와 말이 길을 막고 보는 사람들은 탄식하였다. 유숙이 시를 지었는데 그 마지막 연에서, "충성이 쇠하고 정성스러운 뜻이 박해진 것이 아니지만, 큰 이름 아래에서 오래 머물기는 어렵네.(不是忠衰誠意薄 大名之下久居難)"라고 하니, 사람들이 모두 그의 명철함을 아름답게 여겼다.

유숙이 떠나고 나서 신돈의 세력은 날로 커져서 꺼리는 일이 없게 되었다. 후에 왕은 여전히 유숙을 잊지 않고 칭찬을 그치지 않으니, 신돈은 유숙이 다시 등용될 것을 두려워하여 반드시 죄를 덮어씌우려고 몰래 유숙의 죄를 찾았다. 어떤 사람이 신돈을 위하여 유숙의 시를 외어 주니 신돈은 왕에게 참소하기를, "유숙이 관직을 물러난 데에는 깊은 뜻이 있는데 전하께서는 아십니까?"라고 하니, 왕은 "무슨 뜻이요?"라고 하였다. 신돈이, "유숙은 임금님을 勾踐에 비기고 자기를 范蠡에 비김으로써 그렇게 간절하게 사퇴를 청한 것입니다. 범려는 구천의 장군으로서 吳나라를 쳐서 이기자, 吳王의 妃인 西施를 차지하여 배를 타고 떠나면서 '까마귀의 부리와 물고기의 아가미는 사람을 잡아먹을 相이고, 큰 이름 아래에서 오래 머물기는 어렵네.(烏觜魚腮 食人之相 大名之下 難以久居)'라고 하였습니다. 유숙이 임금님을 구천에 비긴 것은 죄가 이루 말할 수 없을 정도로 큽니다."라고 하니, 왕은 "어디에서 들은 말인가?"라고 하였다. 신돈이 "유숙이 떠나면서 시를 지었는데 그 한 연이 이렇기 때문에 이것이 바로 그 증거입니다. 지금 유숙이 바다 가까이 있는 瑞州에 있으니, 만약 범려를 본받아 배를 타고 떠난다면 반드시 燕都로 가서 德興君의 옹립을 도모할 것이니, 일찍이 제거하여 후환을 없애 버리는 것만 못합니다." 라고 하였다. 왕이 좌우의 사람들에게 "유숙이 떠날 때에 시를 지었는가?"라고 물었는데, 어떤 사람이 그 시의 마지막의 연을 들어서 대답하니 왕은 더욱 그를 의심하였다. 신돈이 유숙을 죽이려고 하였으나, 왕은 거듭 신돈의 뜻을 거스름을 어렵게 여겨 유숙에게 杖을 치고 仕版에서 이름을 없애고 재산을 몰수하라고 명하니, 신돈은 靈光에서 그를 교살하고 말았다.

유숙이 벼슬에서 물러나 은거하면서 나랏일이 평일과 다르다는 말을 듣고 눈물콧물을 번갈아 흘리지 않는 때가 없었다. 禍難이 생기자 집안 사람들은 유숙의 평상시의 말에 의하여 龍腦를 보내었다. 또 도망하는 게 좋다고 하며 좋은 말을 보내었으나 유숙은, "임금은 하늘인데 하늘에서 어찌 도망가겠는가? 또 죽고 삶에는 운명이 있으니 참으로 순순히 받아야 하리라. 도망간들 어디로 가랴?"라고 하였다. 죽을 때에 얼굴빛이 평시와 같았고, 사람들은 모두 그를 위하여 눈물을 흘렸다.[58)]

58) 淑見王多猜忌 功臣少有全者 屢乞退 王不許 淑告病不朝 不通賓客者 數月 初旽出入禁闥 淑稍抑之 及進用 作威福 中傷大臣 氣焰可畏 每招淑 淑不往 旽深銜之 且惡淑忠直 讒毁百端 王稍信之 召淑執手嘆曰 予倚卿 永作股肱 何其衰耗乃爾 卿其言志無隱 唯卿所欲 淑乞退田里 許之 將相大臣門生故吏 咸餞于郊 車騎塞路 觀者咨嗟 淑賦詩 其末聯云 不是忠衰誠意薄 大名之下久居難 人皆嘉其明哲

淑旣去 旽勢日熾 無所忌憚 後王猶不忘淑 稱之不已 旽恐淑復用 必欲加害 陰求淑罪 有人爲旽誦淑詩 旽譖于王曰 淑之乞退 有深意 上知之乎 曰 何意邪 旽曰 淑以勾踐比上 范蠡自比 故其乞退甚懇 范蠡爲勾踐將 伐吳勝之 取吳王妃西施 載船而去曰 烏觜魚腮 食人之相 大名之下 難以久居 淑以上比勾踐 罪莫大焉 王曰 何以聞之 旽曰 淑將行 賦詩 其一聯云云 此其驗也 今淑在瑞州近海 若效范蠡 乘舟而去 則必向燕都 謀立德興 不如早除 以絶後患 王問諸左右曰 淑去時作詩否 有擧末聯以對者 王愈疑之 旽欲殺淑 王重違旽意 乃命杖之 除名籍沒 旽遂縊殺于靈光

淑之屛居也 聞國事異於平日 未嘗不涕泗交下 及禍作 家人以淑平日之言 送龍

이 인용문에 따르면, 평소에 올곧은 태도로 왕의 신임을 받은 유숙을 미워하고 그의 복위를 두려워한 신돈이 恭愍王에게 참소함으로써 유숙은 除名籍沒되고 결국 신돈의 세력에 의해 영광에서 교살되었다고 한다. 그런데 신돈이 공민왕에게 한 참소의 내용이 웃음을 머금게 할 만큼 재미있다. 신돈은 유숙이 지은 시의 末聯, 즉 "충성이 쇠하고 정성스러운 뜻이 박해진 것이 아니지만, 큰 이름 아래에서 오래 머물기는 어렵네.(不是忠衰誠意薄 大名之下久居難)"라는 대목을 근거로, 유숙이 공민왕을 越王 勾踐에 비겼다고 하고, 유숙 스스로는 구천의 장수로서 吳王 夫差를 공격하여 멸망시키고 부차의 애첩이었던 西施와 함께 배를 타고 五湖로 떠났다고 전해지는 范蠡에 비김으로써 공민왕의 의심을 사게 만들었다는 것이다. 그런 비유의 근거는 오로지 서시와 떠나면서 범려가 말하였다고 전해지는 "까마귀의 부리와 물고기의 아가미는 사람을 잡아먹을 相이고, 큰 이름 아래에서 오래 머물기는 어렵네.(烏觜魚腮 食人之相 大名之下 難以久居)"라는 대목의 뒷구절과 '大名之下久居難'(柳淑)이라는 구절의 일치된 표현뿐이다. 그런데도 신돈은 유숙에 대한 의심을 기정사실화한 다음, 따라서 바닷가에 살고 있는 유숙이 범려처럼 배를 타고 燕都에 있는 德興君[59]에게 가서 그를 고려의 국왕으로 옹립하게 되면 공민왕은 왕위를 잃고 말 것이라고 위협을 가하였다. 이런 정황에 처한 공민왕은 결국 유숙을 핍박하게 되고, 신돈의 무리들은 그 틈을 타서 유숙을 교살하게 되었다는 것이다.

腦 又謂不如走 乃送良馬 淑曰 君父 天也 天可逃乎 且死生有命 固當順受 亡將何之 就死 顔色如平時 人皆爲之流涕.(『高麗史』 권112, 「列傳」 권25, <柳淑>)

59) 德興君은 忠宣王의 셋째 아들로 이름은 혜, 원나라 이름은 타스티무르[塔思帖木兒]이다. 한 때 고려에서 승려가 되었다가 1351년(忠定王 3)에 恭愍王이 즉위하자 元나라로 건너가서, 왕에 책봉되었고 1364년(恭愍王 13) 崔濡와 함께 병력 1만 명을 이끌고 압록강을 건너 의주에 침입하였다가 都指揮使 安遇慶·崔瑩 등에게 참패하여 돌아갔다.

여기에서 우리가 주목해야 할 것은 참소의 내용이 왕의 신분을 위협하는 쪽으로 발전하게 됨으로써 정서가 받은 참소와 그 내용이 매우 흡사하다는 사실이다. 즉 정서는 의종의 아우인 대녕후 경과 관계가 친밀함으로써 그를 왕으로 옹립하는 행동을 하지 않을까 하는 의심 때문에 참소를 당한 것과 마찬가지로, 유숙도 원나라의 燕都에 가 있던 덕흥군을 고려의 국왕으로 옹립할 가능성이 있다는 참소를 당함으로써 결국 공민왕에게 의심을 받게 되었던 것이다.

이런 참소를 받고 있는 와중에서 유숙은 안타깝기 그지없었던 정서의 마음과 행동을 본받아 자기의 마음을 표백하는 시를 지어 趙瑚에게 부쳤다.

柳淑, <회포를 적어서 조호 선배에게 부치다(書懷寄趙瑚先輩)>[60)]

타향에서 나그네가 되어 머리는 온통 희어졌는데
가는 곳마다 사람을 만나도 반기는 눈길이 아니네.
청아한 밤은 깊어가고 달빛은 창에 가득한데
비파로 <정과정> 한 곡조를 탄주하네.
他鄕作客頭渾白　到處逢人眼不[61)]青
淸夜沉沉滿窓月　琵琶一曲鄭瓜亭

이 시는 신돈의 모함에 걸려 죽게 될 지경에 이르렀는데도 자신의 결백을 드러낼 길이 없게 되자 정서의 고사를 활용하여 <정과정>을 탄

---

60) 『東文選』 권21. 李崇仁의 『陶隱集』 권3에는 이 시를 <秋日雨中有感> 뒤에 附錄으로 붙인 다음, "此思菴先生臨絶之詩也 謹錄如左"라고 하였다.(『韓國文集叢刊』 6, 572면) 또 楊熙止(1439~1504)의 『大峰集』 권1에는 <題鄭瓜亭>이라는 제목으로 실어서 이 시를 楊熙止의 작품으로 보고 있기도 하다.(『韓國文集叢刊』 15, 20면)

61) 李學逵의 『嶺南樂府』에는 '不'이 '偏'으로 되어 있다.

주함으로써 자기의 억울함과 결백을 드러내고자 한 작품이다. 신돈의 참소가 어처구니없는 거짓이라고 구구하게 변명할 필요도 없이, 다만 '비파로 <정과정> 한 곡조를 탄주하네.(琵琶一曲鄭瓜亭)'라고 함으로써 수많은 말을 아끼고 비파를 연주하는 행동으로써 온전한 자기주장을 대신하고 있다. 이 시가 나온 이후에 이 시의 마지막 구절은 곧 자신의 결백을 주장하는 대명사처럼 인용되기도 하였다.

李崇仁, <가을에 빗속에서 느낌이 있어(秋日雨中有感)>[62)]

비파로 <정과정> 한 곡조를 탄주하니
남은 소리가 쓸쓸하여 차마 듣기 어려웠다네.
고금을 살펴보건대 한은 얼마나 되는가?
발에 가득한 성근 빗속에서 「離騷經」을 읽네.
琵琶一曲鄭瓜亭[63)] 遺響凄然不忍聽
俯仰古今多少恨 滿簾疎雨讀騷經

이숭인(1349~1392)의 이 시는 분명히 유숙의 작품을 읽고 썼음을 起句에서 알 수 있다. 이 시에는 정서의 <정과정>과 관련된 고사, 정서의 고사를 활용한 유숙의 고사, 그리고 참소를 받아 추방된 뒤 임금을 그리워하며 洞庭湖 근처를 방랑하다가 汨羅水에 몸을 던져 죽었던 楚나라의 충신이자 시인이었던 屈原(BC. 343?~BC. 277?)이 지은 「이소」까지 등장시켜서 동양에서 참소를 당하였던 사람들의 집합처럼 되어 있는 만큼, 이 시도 이숭인이 왕에게 어떤 문제에 대해 참소를 당한 상

62) 李崇仁, 『陶隱集』 권3, 『韓國文集叢刊』 6, 571면.
63) 『陶隱集』에는 '鄭瓜亭'이 '鄭過庭'으로 되어 있으나, 이것은 誤字임이 분명하다. 이 시를 인용한 柳成龍의 『西厓集』과 安鼎福의 『東史綱目』에는 모두 '鄭瓜亭'으로 제대로 되어 있다.

황에서 자기의 결백을 드러내려는 방편으로 이 고사들을 활용하고 있는 것이 아닌가 싶다.

柳成龍, <유사암의 시에서 차운하다. 서가 있다(次柳思庵韻 幷序)>64)

思庵의 원한은 천년 뒤에도 맺혀 있는데
강가에는 가을 산봉우리 몇 개가 푸르네.
비파를 잡고 달밤에 탄주하고 싶은데
곡조 가운데 <정과정>이 있는지 모르겠네.
思庵寃結千年後　江上秋峯數點靑
欲把琵琶彈夜月　曲中疑有鄭瓜亭

유성룡(1542~1607)의 이 시는 詩序에서 밝힌 바와 같이 유숙과 이숭인의 시를 읽고 나서 느낀 바가 있어서 억울하게 죽음을 당한 유숙을 조문하기 위해 쓴 작품이다.65) 유성룡은 정서나 유숙처럼 참소를 받은 적이 없었으나 그를 조문하기 위해서는 <정과정>의 곡조를 알아야겠다는 뜻을 넌지시 표현하고 있다.

한편 정서의 고사를 활용하여 자기의 뜻을 드러낸 유숙의 고사는 후대의 문인들에게 널리 알려지게 됨으로써 나중에는 악부체 한시에도 나타나는데, 그 예로 金養根과 李學逵의 작품을 들 수 있다.

金養根, <정과정(鄭瓜亭)>66)

64) 柳成龍,『西厓集』 권2.

65) 이 시의 序는 "柳思庵淑詩 他鄕作客頭渾白 到處逢人眼不靑 淸夜沈沈滿窓月 琵琶一曲鄭瓜亭 後陶隱繼之云 琵琶一曲鄭瓜亭 遺響悽然不忍聽 俯仰古今多少恨 滿簾疎雨讀騷經 余讀而感之 作一詩以吊思庵"라고 되어 있다.

66) 金養根,『東埜集』 권4, 「樂府」, 『漢文樂府・詞資料集』 4, 啓明文化社, 1988, 5

신라[67]시대에 정서가 동래에 유배되었는데, 오랫동안 부르는 명령이 없으므로 거문고를 타면서 이것을 지어서 슬퍼하고 원망하는 뜻을 드러내었다고 한다.(新羅鄭敍謫東萊 久無召命 撫琴作此 以致哀怨之意云)

자규가 울고
봄 산은 밝아오네.
비파 한 곡조는 소리가 가늘게 이어지는데
타향에서 머리가 희어지니 반기는 눈길은 적네.
하늘 한 쪽에서 미인을 바라보는데
백옥루가 어디이기에 오색구름이 나는가?
창에 가득한 달빛이 새롭고
주렴 너머에는 별이 성그네.
<정과정>은 경계를 구획해 내는데
「이소경」은 고금의 한을 뜻한다네.

子規啼　　　　春山曉
一曲比巴聲嫋嫋　頭白他鄉靑眼少
望美人天一方　　玉樓何處五雲翔
滿牕新月　　　　隔簾疎星
境界畫出鄭瓜亭　古今恨意離騷經

李學逵, <정과정(鄭瓜亭)>[68]

蓬萊館 밖에는 비가 어둑하고
威鳳樓 앞에는 사신의 행차가 끊어졌네.
어디가 논객의 한이 가장 깊은 곳인가?

2~53면.

67) '新羅'는 '高麗'의 잘못이다.

68) 李學逵, 『嶺南樂府』.

비파로 <정과정> 한 곡조를 탄주한 곳이네.

蓬萊館外雨冥冥　威鳳樓前絶使星

何處最堪論客恨　琵琶一曲鄭瓜亭

앞의 작품은 김양근(1734～1799)의 것인데, 정서의 고사와 유숙의 고사 이외에 蘇軾의 <赤壁賦> 구절 등을 함께 원용함으로써 다양한 시적 함의를 보여주고 있다.

뒤의 작품은 이학규(1770～1835)의 것인데, 정서의 <정과정>이 영남의 詞曲임을 밝히고 정서가 <정과정>을 짓게 된 내력을 소개하였으며 이제현의 소악부와 유숙의 한시를 인용한 詩序[69]가 붙어 있다. 이 시에 나오는 봉래관은 동래현 本府客舍의 편액이고, 위봉루는 開京에 있던 누각으로서 고려 태조가 백제에서 돌아와서 문무백관의 朝賀를 받은 곳이다. 따라서 이 시는 정서가 머물던 동래와 의종이 있는 개경 사이의 연락이 두절된 당시의 상황을 설정하고, 가장 안타까운 곳은 <정과정>을 비파로 연주한 곳이라고 하되 그 표현은 유숙의 시구를 인용함으로써 이 시가 유숙이 지은 한시의 전통을 계승하고 있음을 보여주고 있다.

이처럼 정서의 고사를 활용하여 자기의 변함없는 충성심과 결백한 내심을 표명하는 전통은 고려 말의 유숙에게서 시작되어 이숭인, 유성룡, 김양근, 이학규 등을 거쳐 원래의 정서 고사 못지 않은 중요한 전승의 전통을 확립함으로써, 조선시대 전체를 관류하는 한시 창작의 전통으로 작용하고 있었음을 알 수 있다.

---

69) 鄭瓜亭嶺外詞曲名 高麗毅宗時 鄭敍以恭睿太后妹壻 因有寵於仁宗 被讒放歸田里 將行王謂曰 行當召還 久之因無召命 乃築亭種瓜 撫琴作歌以寓戀君之意 詞極悽惋 自號瓜亭 樂府亭在東萊府城南十里 遺址至今宛然 李益齋齊賢嘗作詩解之曰 (中略) 又柳淑詩 (後略).

(4) 정서 고사를 다룬 〈정과정부〉

이상에서 살펴본 작품들이 모두 한시 작품임에 비해, 16~17세기에 살았던 경상도의 선비 鄭榮邦(1577~1650)[70]은 정서의 행적과 변함없는 충성심을 읊은 <정과정부. 서가 있다(鄭瓜亭賦 幷序)>를 지어 그의 행적과 정신을 기리고 있다. 그는 작품에 붙인 序에서 다음과 같이 창작배경을 설명하고 있다.

> 정서는 蓬原[71] 사람으로, 고려 睿宗朝에 入仕하여 지위가 知臺事[72]였는데 강직함 때문에 폐치당하여 봉원에 유배되어 살았다. 갯가에 정자(亭)를 세우고 그 앞에 채마밭을 만들어 직접 오이(瓜)를 심는 것으로 일을 삼았다가 그것을 취하여 스스로의 號로 삼았다. 또 노래 가사를 지어 임금을 그리워하고 나라를 걱정하는 충성을 담았는데, 그 가사가 구슬퍼서 지나치게 슬퍼하고 상심함을 면하지 못하였다. 뒷사람들이 그것을 <정과정곡>이라고 불렀다. 일찍이 『고려사』 악부 중에 <정과정곡>이 있는 것을 보았지만 그 가사는 전하는 게 없다. 다만 柳思菴의 시는 (중략)이고 李陶隱의 시는 (중략)인데, 비록 그 가사를 보지는 못하였지만 그 가사가 슬프고 원망스러움을 두 시를 보면 상상할 수 있다. 나는 臨川 마을에 寓居하면서 선비들이 <정과정>이라는 제목으로 글을 짓는 것을 보고 그것을 얻어 볼 수 있었는데 그 때문에 감탄하게 되었다. 곧 과정은 곧 시중 鄭沆의 아들이고, 시중은 곧 우리 선조인 僕射試事中 公의 아우이므로, 남처럼 평범하게 만난 것이 아니기에 드디어 붓을 잡아서 이것을 짓는다.(鄭敍蓬原人 仕高麗睿宗朝 位知臺事 以直見廢 謫居蓬原 亭于浦溆之上 而治

---

70) 鄭榮邦(1577~1650)은 조선 중기의 학자로서 자는 慶輔, 호는 石門이다. 鄭經世의 문하에서 공부하여 1605년(宣祖 38) 進士試에 합격하였으나 光海君이 즉위하여 失政을 거듭하자 벼슬을 단념하고 眞城에 물러나서 살았다. 한시에도 능하였고, 경상도 醴泉郡 龍宮의 마산리사에 祭享되었고, 英陽郡 立巖面 연당리에 있는 主一齋와 瑞石池는 그가 36세 때 조성한 別墅였다고 한다.

71) 蓬原은 東萊의 옛 이름이다.

72) 知臺事는 知御史臺事의 준말로, 고려시대의 御史臺의 從四品 관직이다.

圃其前 手種瓜爲事 旣取以自號 又作歌詞 以寓戀君憂國之忠 其詞悽惋 殆不免過哀而傷 後人謂之鄭瓜亭曲 嘗見麗史樂府中 有鄭瓜亭曲 而其詞無傳 惟柳思菴詩 (중략) 李陶隱詩 (중략) 雖不見其詞 而其詞哀怨 見二詩可想矣 余寓居臨川 見士子輩 命題鄭瓜亭爲賦 得見之爲之感歎 蓋瓜亭 卽侍中沆之子 而侍中 乃吾先祖僕射試事中工 弟也 非若佗人之汎然於其遭遇者 遂援筆賦此)[73]

이 서문에 따르면, 정영방은 『고려사』의 정서에 대한 기록, 유숙과 이숭인의 한시 등은 읽어보았지만, 막상 정서가 지은 노래인 <정과정>은 읽어보지 못하였음을 알 수 있다. 정영방이 살던 시기에는 이미 『악학궤범』이 간행된 후이지만, 시골에 살던 그는 그 책에 실린 <정과정>을 확인할 수 없었기 때문에 가사는 전하는 게 없다고 한 것이다. 다만 그가 읽은 자료만 가지고 <정과정> 가사의 내용이 '슬프고 원망스러울 것(哀怨)'이라고 짐작하고 있을 뿐이다. 그리고 정서가 직계 조상은 아니지만, 정서의 부친인 정항은 정영방의 직계 선조의 아우이기 때문에 남다른 인연을 무시하기 어려워서 이 글을 짓게 되었다고 창작동기를 밝히고 있다. 그가 지은 <정과정부>는 길지만, 흔하지 않은 작품형식이기에 전편을 보여주기로 하겠다.

鄭榮邦, <정과정부. 서가 있다(鄭瓜亭賦 竝序)>

아침에 임천[74]을 떠나서
저녁에 봉원[75]에서 길을 멈추었네.
강의 물결은 흐느껴서 소리가 있는데

---

73) 鄭榮邦, 『石門集』 권1, 「賦」.

74) 臨川洞은 경상북도 眞城(현재의 靑松郡 眞寶面)에 있던 마을로서, 鄭榮邦이 과거에 뜻을 끊고 卜居한 곳이다.

75) 蓬原은 東萊의 옛 이름이다.

연기 낀 나무는 어둑하여 흔적이 없네.
대저 어찌하여 낙랑[76] 땅의 한 모퉁이가
상원[77]과 꼭 같은가?
어찌하여 삼려[78]가 남긴 「이소」[79]는
그렇게도 정회가 억눌려서 괴롭고 원통한가?
夫子[80]의 한결같은 아름다움을 생각하나니
품은 옥과 잡은 난초가 뒤섞이게 되었네.
향기와 덕을 간직하여 드러내지 않고
비단예물을 가져와 쌓아두었네.
임금과 신하가 만나 뜻을 얻으니[81]
물고기와 몰이 서로 만나 기뻐함과 같네.
그 포부를 펼칠 수 있기를 바라며
지위는 또 어사대의 끝에 올랐네.
위로는 重華[82]의 성찰이 없고
아래로는 귀를 거스르는 충언이 없었네.
봉황은 외롭게 날아 모일 데가 없는데
떼 까마귀는 수많은 무리들이 시끄럽게 울어대었네.
은혜는 그대를 옥처럼 여기는[83] 데에 마치지 못하고

---

76) 樂浪은 漢四郡 중 樂浪郡을 두었던 지역 곧 청천강 이남 자비령 이북 지방의 이름인데, 여기에서는 우리나라를 가리킨다.

77) 湘沅은 湘水와 沅水의 竝稱인데, 둘 다 중국의 湖南省에 있는 河川이다.

78) 三閭는 三閭大夫의 준말로 戰國時代 楚나라의 문인·정치가인 屈原이 지냈던 관직이다. 辭賦에 매우 능하여 楚辭의 대표적 작가가 된 그는 참소와 추방을 겪은 자신의 신세를 두고, <漁父辭>에서 "세상 사람이 다 취하였지만 나는 홀로 깨어 있다.(世人皆醉我獨醒)"라고 읊었다.

79) 「離騷」는 戰國時代 楚나라 屈原이 지은 서정적 長篇 敍事詩이다. '離騷'란 遭憂, 즉 근심을 만난다는 뜻이며 楚나라의 懷王과 충돌하여 물러나야 하였던 屈原의 실망과 憂國의 정을 노래한 것이다.

80) 夫子는 덕행이 높아 모든 사람의 스승이 될 만한 사람이라는 뜻인, 여기에서는 屈原을 가리킨다.

81) 風雲은 風雲際會의 준말로 君臣이 서로 만나 뜻이 맞음을 의미한다.

82) 重華는 舜임금을 가리키는데, 堯임금의 文德이 舜임금에 이어져서 거듭 빛을 발한 사실을 가리킨다.

자취는 이미 금란전[84]에서 멀어져 버렸네.
남에게 은혜를 베풀려는 평소의 소원으로
靑門에서 오이씨를 심었던 일을 배웠네.[85]
옮겨 심으니 때에 맞추어 무성하게 뻗어나고
익어서 늘어진[86] 열매가 뜰에 가득하였네.
손으로 계속 따도 광주리에 차지 않고
임금께 올리지 못하는데 누가 차마 먹겠는가?
정성은 한갓 미나리를 바치는[87] 것보다 간절하지만
햇살은 넘어진 동이를 비추지 않았네.
흘러간 물결이 다시 돌아오지 못함을 슬퍼하고
기운 해가 다시 돋지 못함을 느꺼워하였네.
마름으로 윗옷을 만들고 연잎으로 아래옷을 만들어 입고[88]
처량하게 임금을 그리워하며 감히 잊지 못하였네.
비파[89]에 얹어서 회포를 호소하는데
마음에 가득한 붉은 정성을 드러내었네.
태양[90]이 빨리 달려감을 슬퍼하고

---

83) 王汝(女)는 '너를 옥처럼 귀하게 여긴다.'는 뜻인데, 『詩經』「大雅」의 <民勞>에 "임금은 너희들을 옥처럼 여길 것이니, 이에 크게 간한다.(王欲玉女 是用大諫)"라는 연이 있다.

84) 金鑾은 金鑾殿의 준말로 翰林院 또는 翰林學士를 뜻한다. 唐 德宗 때 翰林院을 金鑾殿으로 옮긴 데서 비롯된 말로, 鑾坡라고도 한다.

85) 이 구절은 秦의 東陵候 邵平이 靑門 밖에 오이씨를 심은 고사를 鄭敍가 본받았다는 것을 가리킨다. 邵平은 秦이 망한 뒤에 布衣로 지내면서 오이씨를 심었는데, 오이가 오색으로 매우 아름다웠기 때문에 세상 사람들이 東陵瓜·靑門瓜라고 일컬었다고 한다.

86) 離離는 열매가 익어서 늘어진 모양이다.

87) 獻芹은 변변치 않은 미나리를 바친다는 것으로, 남에게 선물을 보내는 것을 겸손하게 표현하는 말이다.

88) 芰衣荷裳는 마름으로 만든 윗옷과 연잎으로 만든 아래옷으로, 隱者의 복장을 가리킨다.

89) 胡琴은 胡人의 현악기라는 뜻으로, 琵琶를 가리킨다.

90) 羲馭는 태양을 부리는 마부인 羲和라는 뜻으로, 太陽을 가리킨다. 羲和는 태양을 실은 마차를 부리는 御者이기 때문이다.

긴 밤이 더디고 김을 원망하였네.
잎은 가지를 떠나 색깔이 바래는데
기러기는 변방을 나오니 소리가 쓰라렸네.
쫓겨난 첩은 듣고서 탄식하고
버림받은 신하는 그래서 눈물 흘렸네.
옛날부터 충직한 사람은 용납되기 어려운데
그대는 어찌하여 스스로 너그럽지 못하였는가?
賈誼는 長沙에서 부엉이를 읊고[91)]
屈原은 湘沅에서 돌을 품었네.[92)]
모두가 滄浪[93)]에서 스스로 취한 것인데
비록 따르고자 하더라도 대개 어려운 일이었네.
저 務光[94)]과 巢許[95)]는
아득한 옛날에 있었으니 논하지 아니하네.
吳市[96)]에는 南昌尉가 있고[97)]
동문에는 逢萌의 모자가 걸려 있었네.[98)]
이것은 곧 몸을 온전히 하고 해를 멀리함이니

---

91) 賦鵬은 부엉이를 읊는다는 뜻으로 賈誼의 <鵬鳥賦>에서 유래하여 벼슬길에서 실의함을 비유하는데, 그는 序에서 長沙王의 傅로 폄적되었을 때 鴞처럼 생긴 상서롭지 않은 鵬이 집에 날아옴을 보고 卑濕한 땅에 사는 것을 슬퍼하면서 오래 살지 못할 것으로 여기고 <복조부>를 지었다고 하였다.

92) 懷沙는 돌을 품고 물에 빠져 죽는다는 뜻으로 屈原의 <懷沙>(『楚辭』「九章」)에서 유래하는 말이다. 후에 이 말은 충신이 울분으로 물에 빠져 죽는 義死의 전범이 되었다.

93) 滄浪은 漢水의 하류지역을 가리키는데, 滄浪之水는 『孟子』「離婁」에서 孔子가 인용한 <孺子歌>와 屈原의 <漁父辭>에도 나온다.

94) 務光은 湯임금 때의 은사인데, 湯임금이 그에게 왕위를 넘기려고 하자 돌덩이를 지고 물에 잠겨서 죽었다고 한다.

95) 巢許는 堯임금 때의 은사인 巢父와 許由를 竝稱하는 말이다.

96) 吳市는 吳나라의 수도의 街市를 가리킨다.

97) 이 구절은 『漢書』<梅福傳>에 나오는, 南昌尉 梅福이 王莽의 專政을 피하여 變姓名하고 會稽에 숨어 살면서 吳市의 門卒이 되었던 고사를 가리킨다.

98) 이 구절은 後漢의 逢萌(字 子慶)이 王莽이 그 자식을 죽이는 것을 보고 三綱이 끊어졌다고 하고, 떠나지 않으면 화가 남에게 미칠 것이라고 하면서 도성의 東門에 갓을 벗어 걸어놓고 遼東 땅으로 배를 타고 떠난 고사를 가리킨다.

禍가 어떻게 서로 간섭할 길이 있으랴?
그대가 떠난 지 이제 오백여 년이 지났어도
세상은 더욱 변하여 지키기가 어렵네.
義는 바다를 건너기보다 더 견제당하고
勇은 산을 뽑기보다 더 무뢰하네.
하물며 귀신과 도깨비가 함께 하는 곳에서
잠깐 동안의 구차스러운 안위를 추구하리요?
풀잎은 옷을 만들 수 있고 나무열매는 먹을 수 있는데
누가 한 번 떠나서[99] 돌아오지 못하는가?
이제와 옛날을 구별할 수 없는데
또 어찌 길게 탄식하리요?
흰 구름[100]을 노래하며 돌아오는데
산은 푸르기만 하고 물은 졸졸 흐르네.

朝發軔於臨川　　夕弭節乎蓬原
江波咽而有聲　　煙樹暝而無痕
夫何樂浪之一隅　　絶有似乎湘沅
豈三閭之遺騷　　何壹鬱而煩寃
念夫子之洵美　　紛懷瑾與握蘭
蘊馨德而不出　　來束帛之戔戔
際風雲之嘉會　　同魚水之交歡
庶獲展其抱負　　位又躋於臺端
上無重華之好察　　下有逆耳之忠言
鳳孤飛而無所集　　鷽萬族之啾喧
恩未終於玉汝　　迹已遠於金鑾
將澤物之素願　　學種瓜於青門
蒔及時而繁衍　　子離離兮滿園

99) 長往은 한 번 떠나 돌아오지 않는다는 뜻으로, 세상을 피하여 은거함 또는 죽음을 비유한다.

100) 白雲은 흰 구름으로, 隱者 또는 은자의 詩로서 "遙遙望白雲"(陶潛, <和郭主簿>)이라는 白雲篇을 가리키기도 한다.

手摘摘兮不盈筐　君不御兮誰忍餐
誠徒切於獻芹　日未照於覆盆
傷流波之不復　感頹陽之再暾
芰余衣兮荷余裳　悵思君兮不敢諼
托胡琴而訴懷　輸滿腔之忱丹
悲義馭之駸駸　怨長夜之漫漫
葉辭條而色死　鴈出塞而聲酸
放妾聞而嘘噫　纍臣爲之汍瀾
自古忠直者難容　君胡爲乎不自寬
賈賦鵩於長沙　屈懷沙於湘源
皆滄浪之自取　雖欲追而蓋難
彼務光與巢許　在邃古而不論
吳市有南昌之尉　東門掛逢萌之冠
斯乃全身而遠害　禍何由而相干
自子逝今五百餘年　世愈變而難存
義見制於蹈海　勇無賴於拔山
矧鬼魅之與處　求晷刻之苟安
草可衣兮木可食　孰長往而不還
無今昔之可別　又何爲乎永歎
歌白雲而歸來　山靑靑兮水潺湲

이 작품은 매우 애절한 어조를 사용하여, 시인이 정과정이 있는 동래를 찾은 경위를 기술한 뒤에, 정서가 유배된 동래 지역을 굴원이 유배되었다가 죽은 湘水 지역과 대비하여 그 유사성을 지적하는 것으로 발전하고 있다. 두 곳의 유사성을 바탕으로 임금에 대한 충성심과 백성사랑의 정신을 지녔던 중국 역대의 인물들과 정서를 비교함으로써 정서의 속마음이 결코 임금을 배신하지 않았고 또 다른 사람들에게 은혜를 베풀고자 노력하였음을 靑門 밖에 오이를 심었던 東陵候 邵平, <鵩

鳥賦>를 지었던 賈誼, 자기의 억울함을 밝히기 위해 물 속에 투신하였던 屈原, 벼슬을 극구 물리쳐 버렸던 務光과 巢父·許由, 王莽의 폭정을 피하여 會稽의 吳市에 숨어 살며 문지기 노릇을 하였던 梅福, 王莽의 무도한 행위를 보고 도성의 문에 갓을 벗어 걸어놓고 떠났던 逄萌 등의 행동과 비교하여 동일한 차원의 것이었음을 말하고 있다. 결말 부분에서는 정서가 죽은 지 오백 년이 지났지만 여전히 세태는 믿을 수 없고 義와 勇을 추구하기가 어려운 세상임을 말하고 있다. 특히 "흰 구름을 노래하며 돌아오는데, 산은 푸르기만 하고 물은 졸졸 흐르네."라고 노래한 마지막 연은 광해군의 폭정을 보고 出仕에 대한 생각을 끊은 작가 자신의 처지를 투영한 부분으로서 타의에 의해 시골에 묻혀 있을 수밖에 없었던 정서와는 달리 스스로 선택한 은거의 결심을 재확인할 수 있는 대목이라고 하겠다.

5. 맺음말

이상에서 「동국사영」 작품군에서 주요한 대상이 되는 정서 고사와 그의 작품인 <정과정>의 시적 변용과 전승에 대하여 살펴보았다. 논의된 바를 요약하여 글을 마무리하기로 하겠다.

정서는 공예태후의 妹壻로서 인종의 총애를 받았는데, 성품이 경박하였으나 재능과 기예가 있었던 인물이다. 그는 의종의 아우인 대녕후 경과 친하게 사귐으로써 정함·김존중 등의 참소로 의종의 의심을 받았고, 또 대간에서 몰래 종실과 친교를 맺어 밤에 모여서 잔치를 베풀고 술을 마신다는 탄핵으로 동래로 유배가게 되었다. 유배지인 동래에서 다시 부르겠다고 약속한 임금을 그리워하면서 그가 지은 <정과정곡>은 임금에 대한 일편단심을 드러낸 작품으로서 자신의 결백을 주장하는 내용을 담음으로써 「동국사영」의 대상 인물로 거론되었다. 그는 명종의 즉위와 함께 19년의 유배생활을 끝내고 개경으로 소환되어, 옥사와 유배 이전의 관직인 시랑·학사로 복귀하였다가 김보당의 난이 실패하자 그 여파로 일어난 癸巳亂 때 집권무신 세력에게 오십대 중반의 나이에 주륙되었을 것으로 보인다.

정서가 동래에 유배되어 있으면서 임금이 다시 부르겠다고 한 약속을 믿고 달밤이면 임금을 그리워하며 거문고를 타면서 <정과정> 노래를 지어 불렀다는 일편단심은 당대 및 후대의 문인들에게 忠臣戀主之詞의 모범으로 인식되어 왕정체제 하의 고려와 조선시대에 변함없는 魏闕心을 드러낸 문인의 귀감으로 받아들여지게 되었다.

정서 고사의 시적 변용과 계승을 살펴보면, 비록 자기와의 약속을 지키지 않은 군왕이지만 신하로서의 변함없는 충성심과 자기의 결백한 마음을 호소하는 그 모습을 「동국사영」의 작자들이 모두 긍정적으로 파악하고 있다는 점을 지적할 수 있다. 그 작품들은 내용상 큰 차이를 보이지 않고 있는데, 그것은 궁궐에서 멀리 떨어져 있는 신하나 백성이 임금의 안위를 염려하거나 임금을 그리워하는 일편단심, 또는 위궐심이 고려시대와 조선시대 모두 왕정체제 아래에서 불변의 이념으로 굳게 자리 잡았고 그것이 시인들을 강제하는 심리기제로 작용하였기 때문이다. 정서 고사가 알려지고 난 뒤에는 자기의 억울함과 변함없는 충성심을 보여주는 그의 행동과 거문고를 탄주하면서 지어 불렀던 <정과정> 노래는 바로 충신연주지사의 전범 역할을 하게 되었다.

그래서 정서의 고사 또는 <정과정>을 소재로 한 작품들은 「동국사영」의 하나로 제작되었든 그렇지 않든 간에 내용상 큰 차이를 보이지 않고 유사한 시적 의경을 담고 있다. 달빛 아래에서 거문고를 탄주하는 정서의 행동과, <정과정>을 다루면서 사용하는 제재의 성격과 취급 방법상 약간의 차이를 보이고 있지만, 「동국사영」의 작품들을 통해 드러내고 있는 주제는 임금을 향한 변함없는 충성심의 표현이라는 범주를 벗어나지 않고 있다.

「동국사영」에 포함되지 않고 독자적으로 제작된 정서 고사 또는 <정과정> 관련 작품은 크게 ㉠<정과정>을 한역한 소악부, ㉡연군지정의 표현에 정서 고사를 활용한 한시, ㉢자기의 내심 표현에 정서 고사를 활용한 한시, ㉣정서 고사를 다룬 <정과정부>로 나눌 수 있다. 이 중 ㉠에 속하는 작품들은 <정과정>의 앞부분을 번역한 것인 만큼 표현상의 차이 이외에는 양자의 차이를 지적하기 어렵고, ㉡에 속하는 작품들은 「동국사영」에 속하는 작품들과 마찬가지로 정서가 임금을 변함없이 그리워하는 마음과 자기의 결백을 드러내려고 한 태도를 긍정적으로 파악하고 있다. ㉢에 속하는 작품들은 정서 고사를 활용하여 자기의 결백을 밝히고자 하였던 고려 말기의 유숙의 고사가 겹치게 됨으로써 정서 고사와 유숙 고사가 이중의 의미 맥락을 형성한 모습을 보여주고 있다. 따라서 이 범주의 작품들은 두 사람의 고사를 확실히 알 때 그 겹쳐진 의미를 파악할 수 있다. 그런데 작품들 가운데에는 유숙 고사의 의미를 제대로 파악하지 못하고 다만 유숙이 정서의 고사를 시적으로 형상화한 것으로 오해하는 경우가 종종 있기도 하지만, 정서의 고사를 활용하여 자기의 변함없는 충성심과 결백한 내심을 표현하는 전통은 고려 말의 유숙의 일화에서 시작된 뒤 이숭인, 유성룡, 김양근 등의 작품에 반영되는 과정을 거쳐 이학규의 작품에까지 이어지는데, 이 작품들에서 유숙 고사는 원래의 정서 고사에 뒤지지 않는 중요한 위치를 차지함으로써 조선시대 전체를 관류하는 시적 전통으로 작용하고 있다. 마지막으로 ㉣은 정서 고사를 한시와는 다른 형식인 賦作品으로서 그 형식의 독특성과 애절한 어조 속에 작가의 입장을 투영시키는 특징을 보여주는 것이다.

제4장 최당 고사의 시적 변용과 전승

1. 머리말

「동국사영」의 하나로 꼽힌 최당의 고사는 그가 海東耆英會의 회원들과 함께 눈 속에서 소를 타고 松都 근교의 皺岩을 찾아가 놀았다는 사실이 중심이 된다. 이제현을 비롯한 후대의 인물들이 그 사실을 아름답게 여겨서 즐겨 시적 제재로 삼았고, 또 그것을 「동국사영」의 하나로 꼽았으니 그들은 최당의 고사를 통해 사대부 풍류의 한 전형을 찾으려 하였던 것으로 이해된다.

여기에서는 먼저 최당의 생애와 그 고사를 일별한 다음, 그 고사를 다룬 작품들을 「동국사영」뿐 아니라 독립적으로 전해지는 한시까지 포함하여 살펴봄으로써 후대인들이 최당 고사를 바라보는 시각이 어떠하였는지를 살펴보고자 한다.

2. 최당의 생애

최당은 본관이 昌寧으로 平章事 崔惟淸(1095~1174)의 아들이다. 1171년(明宗 1) 殿中內給事를 거쳐 尙書左丞·參知政事·中書侍郎平章事 등을 역임하고 神宗 때에는 守太尉門下侍郎同中書門下平章事에 이르러 致仕하였다.

그의 부친 최유청은 中書侍郎平章事·守司空·集賢殿大學士·判禮部事를 지냈고, 祖父 奭은 守太保門下侍郎·同中書門下平章事·判吏禮部事를 지냈다. 『高麗史』「列傳」에는 최유청 및 그 자손에 대하여 다음과 같이 기술되어 있다.

> 崔惟淸은 毅宗 초에 知奏事에 승진하니 出納에 오직 성실하므로 갑자기 中書侍郎·同中書門下平章事·判兵部事에 나아갔다. 이 때 郎中 鄭敍가 몰래 大寧侯와 결탁한 일에 연좌되어 외지로 유배되게 되었는데 崔惟淸은 鄭敍의 妹壻로서 鄭敍가 大寧을 향연하는 데에 器皿을 빌려 주었으므로 臺諫이 大臣의 체모를 잃었다고 탄핵하여 南京留守使로 폄출되었다가 이어 忠·廣 2州 牧使로 폄출되었다. 비록 오래 外職에 머물렀으나 怡然히 自處하니 임금이 그가 충직하여 다른 마음이 없음을 깨닫고 다시 平章事를 除拜하고자 하였으나 저지하는 자가 있어서 이에 守司空左僕射로 致仕케 하였다. 鄭仲夫의 난리에 문신이 다 살해당하였으나 여러 장수가 평소에 惟淸의 덕망에 마음속으로 경복하였으므로 군사를 경계하여서 그 집에 들어가지 말게 하였으며 期功[1]의 친척에 이르기까지 함께 화를 면하였다. 아들이 8명인데 詵·詡·諲·讜·詵·讓과 중이 된 두 사람이다. 이 중 詵·詡·讜·詵 4명이 급제하였으므로 해마다 그 어머니에게 歲米를

1) 期功은 일년의 喪服과 大功·小功의 喪服이다. 『日知錄』「禮制」'期功喪去官'에 "古人於期功之喪 皆去官持服"이라고 기록되어 있다.

주었으며 証은 禮部尙書, 詡는 閣門祗候, 諲은 錄事, 讓은 雜職署令이 되었고, 讓의 손자는 雍이다. 雍은 典理佐郎·國子司業·國學典酒·世子宮令·副知密直司事·文翰學士를 지냈고, 아들은 元中·元直인데 元直의 아들이 瑩이다. 詵은 明宗 때에 右司諫이 되었고, 參知政事·守太傅門下侍郎·同中書門下平章事·判吏部事를 지냈다. 아들은 宗源·宗峻·宗梓·宗蕃이니 宗源은 檢校太子詹事요, 宗梓는 左僕射며 그 아들이 昷이요, 宗蕃은 承宣이니 그 아들이 玶이다. 宗峻은 左承宣·左散騎常侍·知門下省事를 지내고 門下侍中에 이르렀다. 昷은 樞密院事·守司空左僕射·守太傅·中書侍郎平章事를 지냈다. 璘은 門下侍中平章事를 지냈고, 두 번이나 知貢擧를 지냈다.[2)]

이 기록을 통해서 보면, 최당의 집안은 선조로부터 후대에 이르기까지 대단한 문벌을 이루었음을 알 수 있다. 그의 부친 최유청은 鄭敍의 妹壻로서 大寧侯와 관련되어 폄출당하기는 하였으나, 평소의 덕망으로 인하여 무신란 때에도 화를 면할 수 있었다고 하였다. 최당을 포함한 4형제가 등과함으로써 그 어머니는 歲米를 지급받을 정도로 위세를 떨친 가문이었으며, 그의 후손들도 대단한 명망을 받았다고 하겠다.

『고려사』「열전」에는 최당의 일생을 다음과 같이 요약하고 있다.

讜은 어려서 총명하고 글을 잘 지었다. 明宗 初에 正言이 되어 일을 논하다가 貴倖의 뜻을 거슬려 낙직되었고 이어 起用되어 吏部員外郎이 되어 나가 東南道를 안찰하여 聲績이 있었고 累遷하여 參知政事가 되었다. 神宗 때에 中書侍郎·平章事가 되고 守太尉門下侍郎·同中書門下平章事에 나아가 글을 올려 물러나기를 청하여 드디어 致仕하고 한가히 있으면서 그 齋를 雙明이라고 扁額하고 아우 守太傅 詵 및 太僕卿으로 致仕한 張自牧과 東宮侍讀學士 高瑩中, 判秘書省으로 致仕한 白光臣, 守司空으로 致仕한 李俊昌, 戶部尙書로 致

2) 동아대학교 고전연구실, 『譯註 高麗史』 8, 太學社, 1987, 477~487면. 발췌.

> 仕한 玄德秀, 守司空으로 致仕한 李世長, 國子監大司成으로 致仕한 趙通 등과 함께 耆老會를 만들어 逍遙하며 自適하니 時人이 이들을 地上仙이라고 하고 圖形을 돌에 새겨 후세에 전하였다. 熙宗 7년에 卒하니 나이가 77이요 靖安이라고 謚하였다. 아들 臣胤은 尙書, 臣英은 郞中이다. 臣胤의 아들은 璘이다.[3]

여기에는 최당이 致仕한 후 雙明齋를 지어 閑居하면서 아우 崔詵 및 張自牧·高瑩中·白光臣·李俊昌·玄德秀·李世長·趙通 등과 함께 耆老會를 만들어 逍遙自適하니 그 때의 사람들이 이들을 '땅 위의 신선'[地上仙]이라고 말하고 圖形을 돌에 새겨 후세에 전하였다는 사실이 언명되어 있다. 이 모임에 참석한 사람들의 나이와 역할에 대하여 崔瀣는 다음과 같이 언급하였다.

> 해동에 있는 나라가 400년을 태평하니 인물과 풍류가 대개 중화와 겨룰 만하였다. 神宗 무오년(1198, 신종 원년)에 崔靖安公이 비로소 珪組를 풀고 靈昌里에 雙明齋를 짓고, 계해년(1203)에는 사대부로서 늙어서 스스로 은퇴한 이들을 모아서 날마다 시와 술, 거문고와 바둑으로써 서로 즐기니 好事者들이 그림으로 그려서 <海東耆老會圖>를 만드니, 趙通(字 亦樂)이 그것을 기록하고, 병인년(1206)에 이르러 정안공의 아우 文懿公의 나이가 70을 바라보게 되자 글을 올려 벼슬을 그만두고 또한 이 모임에 참여하게 되니 곧 그 모습을 그림 속에 그려 넣고 朴仁石 少卿이 그것을 기록하였다. 大僕卿 寶文閣直學士로

3) 少聰悟 善屬文 明宗初爲正言 論事忤貴倖落職 尋起爲吏部員外郞 出按東南道 有聲績 累遷參知政事 神宗時 拜中書侍郞平章事 進守太尉門下侍郞同中書門下平章事 上章乞退 遂致仕閑居 扁其齋曰雙明 與弟守太傅詵 及太僕卿致仕張自牧 東宮侍讀學士高瑩中 判秘書省致仕白光臣 守司空致仕李俊昌 戶部尙書致仕玄德秀 守司空致仕李世長 國子監大司成致仕趙通等 爲耆老會 逍遙自適 時人謂之地上仙 圖形刻石 熙宗七年卒 年七十七 謚靖安 子臣胤尙書 臣英郞中 臣胤子璘(『高麗史』 권99, 「列傳」 권12, <崔惟淸> 條).

> 致仕한 張自牧이 첫째이니 나이는 78세이고, 太尉 平章 集賢殿大學士로 치사한 최당이 둘째이니 나이는 77세이다. 司空 左僕射로 치사한 李俊昌이 셋째인데 최태위와 같은 나이이고, 判祕省 翰林學士로 치사한 白光臣이 넷째인데 나이는 74세이며, 禮賓卿 春宮侍讀學士로 치사한 高瑩中이 다섯째인데 백광신과 같은 나이이다. 司空 左僕射 寶文閣學士로 치사한 李世長이 여섯째인데 나이는 71세이고, 戶部尙書로 치사한 玄德秀가 일곱째인데 이세장과 동년이며, 太師平章 修文殿大學士로 치사한 崔詵이 여덟째인데 나이는 69세이며, 軍器監 趙通이 아홉째인데 나이는 64세이다. 모두 합하여 아홉 사람인데, 그 때에 李眉叟[李仁老]가 盧貞·狄兼謨·司馬光의 고사에 의거하여 일찍이 여러 노인들 사이에 있으면서 詩文 100여 수를 지어 한 모임의 빼어난 일을 형용한 것이 매우 자세하였다. 모임의 아름다운 일을 자상히 형용한 것이 『雙明齋集』에 있어서 士林에 전해지게 되었다.4)

이 기록에 의하면, 그들은 崔詵과 趙通을 제외하고는 모두 70세를 넘은 노인들로서 함께 모여 詩酒와 琴碁로 즐겼는데, 그들의 풍류스러운 모습은 그들을 따랐던 젊은 사람인 李仁老의 글에 자세하고, 그 풍류는 최당의 문집인 『쌍명재집』에 실려 전해지게 되었음을 알 수 있다.

최당보다 17살 아래였으나 이웃에 살며 함께 어울렸던 李仁老(1152

---

4) 海東有國 承平四百年 人物風流蓋侔于中華 神王戊午 崔靖安公始解珪組 開雙明齋於靈昌里中 癸亥 集士大夫老而自逸者 日以詩酒琴棋相娛 好事者傳畫 爲海東耆老會圖 趙通亦樂誌之 及丙寅 靖安公之弟文懿公年俯七旬 上章納政 亦預斯會 卽添入其像于圖中 朴少卿仁碩誌之 大僕卿寶文閣直學士致仕張自牧 其一也 年七十八 大尉平章 集賢殿大學士致仕崔讜 其二也 年七十七 司空 左僕射致仕李俊昌 其三也 與大尉同年 判祕省翰林學士致仕白光臣 其四也 年七十四 禮賓卿 春宮侍讀學士致仕高瑩中 其五也 與白同年司空 左僕射 寶文閣學士致仕李世長 其六也 年七十一 戶部尙書致仕玄德秀 其七也 與司空同年太師 平章 修文殿大學士致仕崔詵 其八也 年六十九 軍器監趙通 其九也 年六十四 通共九人 時李眉叟翰林依盧·狄·司馬故事 嘗從容諸老間 著詩文百有餘首 形容一會勝事詳矣 有雙明齋集傳于士林.(崔瀣 <海東後耆老會序> 『拙藁千百』 卷1, 『韓國文集叢刊』 3, 3면)

~1220)는 그의 풍류와 자기와의 관계에 대해 <최태위를 제사하는 글(祭崔太尉文)>에서

> 용감하게 조정에서 물러나서 한가히 살아가는 즐거움은 가히 平泉의 꽃나무와 綠野의 酒詩를 압도할 수 있었다. 나이 八旬이 지나도 붉은 뺨과 흰 머리로 지팡이를 짚고 산에 놀며 촛불을 밝히고 바둑을 두었으니, 보는 이가 다 黃石公[5]이 下邳에 노는 것과 같다고 하였다. 돌아보건대 나같은 小子가 公에게 알려짐은 <峨洋曲>이 있어서 鍾子期를 만난 것 같고, 코 끝에 흙이 묻힌 것을 큰 자귀로 찍어내는 것과 같았다. 나의 하찮은 글을 문장가들의 울타리에서 놀 수 있다고 하여, 苦海를 다 탐색하여 한 편도 남기지 않고 藥石[6]에 새기고 歌姬에게 가르치니, 만일 공의 賞音이 아니었다면 어찌 絲管에 올리고 金石에 새겨 찬연히 빛나게 하여 북두칠성과 같이 오래도록 전하리요?[7]

라고 하였고, 또 그의 풍류스러운 모습을 다음과 같이 시로 그려내었다.

> 李仁老, <최태위의 쌍명정(崔太尉雙明亭)>[8]
>
> 공을 바로 巢父·許由라고 하자니 城郭에 살고
> 공을 夔龍[9]이라고 하자니 숲과 골짜기를 사랑하네.

---

5) 黃石公은 중국 秦나라 말기에 下邳에서 張良을 만나 그에게 兵書를 주었다고 하는 노인이다.

6) 藥石은 병을 고칠 수 있는 약과 鍼이다.

7) 其於勇退閑居之樂 可以壓平泉之花木 綠野之酒詩 年過八旬 紅頰白髭 杖策遊山 然燭圍棋 見之者皆以爲若黃石公之遊下邳 顧予小子 脫彼公知 峨洋有曲 得遇子期 鼻端有地 風斤可施 謂僕不腆之文 可以遊作者之藩籬 窮探苦海 無一篇之見遺 饞諸藥石 教以歌姬 儻非我公之賞音 烏得以播絲管勒金石 燦然如星斗以久垂.(李仁老, <祭崔太尉文>, 『東文選』 권109)

8) 『東文選』 권6. 『三韓詩龜鑑』 卷下에는 이 시의 앞 8구만 수록되어 있다.

千金으로 몇 이랑의 땅을 사서
푸른 기와 붉은 난간의 작은 누각을 이루었네.
깨끗한 바람의 맑은 소리에 한낮의 베개가 시원하고
푸른 구름은 계속하여 빈 뜰에 떨어지네.
한가함을 구하고 한가함을 얻어 한가한 맛을 아니
오래 노닐며 뜰에 나부끼는 작약 꽃을 꿈꾸지 않네.[10)]
온갖 꽃 다 진 곳에 한 그루의 소나무요
흰 구름 깊은 곳에 青田山의 鶴[11)]이네.
머리를 돌리니 구구한 꿈과 허깨비 마당인데
천지를 좇아다닌 것이 달팽이의 두 뿔[12)] 사이였네.
醉吟先生[13)]은 龍門에서 취하여
八折灘 흐르는 물을 손수 팠었네.
六一居士[14)]는 穎川에 살면서
글을 짓고 거문고를 타면서 스스로 즐겼네.
그러나 어찌 이 庭院에서 蓬瀛[15)]을 얻어

---

9) 夔龍은 현달하고 어진 재상을 말한다. 皐夔稷契에서 온 말인데, 이들은 모두 堯舜 때의 名臣이다.

10) 翻階藥은 '섬돌에서 펄럭이는 작약'이라는 뜻으로, 여기에서는 조정에서 벼슬하는 것을 의미한다. 謝玄暉가 中書省에 入直하여 지은 시에 "붉은 작약 꽃은 섬돌에서 펄럭이네.(紅藥當階飜)"라는 구절이 있다.

11) 青田鶴은 중국 浙江省 青田縣의 서북쪽에 있는 青田山에 사는 鶴이다. 『永嘉記』에는 "青田雙白鶴 年年生 伏子長便去"라는 기록이 있고, 梁 元帝는 <鴛鴦賦>에서 "青田之鶴 晝夜俱飛 日南之雁 從來共歸"라고 하였다.

12) 蝸角은 달팽이의 뿔이라는 뜻으로 『莊子』「則陽」에서 戴晉人이 魏 惠王에게 한 말 중에 나온다. "달팽이의 왼쪽 뿔 위에 나라가 있는데 觸氏라고 하고, 오른쪽 뿔 위에도 나라가 있는데 蠻氏라고 합니다. 때때로 이 두 나라가 땅을 다투어 싸우는데, 전사자가 수만 명이 되고, 패잔병을 쫓아 15일이나 걸렸다가 돌아온다고 합니다.(有國於蝸之左角者 日觸氏 有國於蝸之右角者 日蠻氏 時相與爭地而戰 伏尸數萬 逐北旬有五日而後反)" 따라서 좁은 세상에서 하찮은 일로 서로 다투는 것을 蝸牛角上의 爭鬪라고 한다.

13) 醉吟先生은 白樂天인데, 그는 龍門 八折灘에 험한 돌이 있어 배가 많이 파선되므로 그것을 파서 험한 것을 제거하였다.

14) 六一居士는 歐陽修의 號인데, 거문고와 책 등 다섯 가지에 자기 몸을 합하여 六一이라고 하였다.

난새와 학을 탈 것 없이 허공에 노니는 것만이야 하리요?
雙明亭 위에서 먼 멧부리를 바라보니
의연한 한 점 푸른빛은 약속이 있었던 듯하네.
謂公巢許寓城郭　謂公夔龍愛林壑
千金買斷數畝陰　碧瓦朱欄開小閣
淸風泠泠午枕凉　蒼雲陣陣空庭落
求閑得閑識閑味　舊遊不夢翻階藥
群花落盡一株松　白雲深處靑田鶴
回首區區夢幻場　千里追奔兩蝸角
醉吟先生醉龍門　八節灘流手自鑿
六一居士居穎川　著書詑琴自書樂
豈如庭院得蓬瀛　不煩鸞鶴遊寥廓
雙明亭上望遠岑　寸碧依然如有約

이 시에서는 우선 최당이 소보·허유와 같은 은자의 기질을 지닌 어진 재상으로서 몇 이랑의 땅을 사서 작은 누각을 이루었음을 밝힌 다음, 그 누각의 정경을 그리고 있다. 깨끗하고 맑은 바람 소리를 들으며 한가롭게 사는 그의 모습을 "한가함을 구하고 한가함을 얻어 한가한 맛을 아니 오래 노닐며 뜰에 나부끼는 작약 꽃을 꿈꾸지 않네."라고 하여 致仕한 후의 한가로운 멋을 즐기는 인물로 묘사하고 있다. 그곳은 꽃이 지고 나면 소나무 한 그루가 靑靑하고, 구름이 깊으면 학이 찾아 드는 아름다운 곳임을 밝히고, 달팽이 뿔과 같이 좁은 천지를 분주히 쫓아다녔던 지난날을 우습게 여기며 살아가는 그의 모습을 그려내고 있다. 그리고 그의 이러한 풍류를 龍門에서 손수 八折灘을 팠던 醉吟先生 白樂天과 穎川에서 글 짓고 거문고 타며 즐겼던 六一居士 歐陽修에 비교하면서, 그 두 인물의 풍류도 봉래산과 영주산과 같은 정원에서 신선

15) 蓬瀛은 蓬萊山과 瀛洲山을 말하는데 여기에는 신선이 산다고 한다.

같은 삶을 살아가는 최당의 풍류에는 미치지 못함을 지적하고 있다. 마지막 연에서는 쌍명정에서 바라보이는 먼 멧부리의 푸른빛이 그 전부터 약속이 있었던 듯하다고 하여 그의 풍류스러운 면모를 더욱 부각시키고 있다.

이와 같은 최당의 풍류가 이인로의 빼어난 필치에 힘입어 과장된 면이 있다고 하더라도 그에게 이런 풍류스러운 측면이 일정 부분 있었음을 증언한다고 할 수 있다.

또 『破閑集』에는 최당의 인간적인 면모를 보여주는 일화가 전한다.

> 鷄林 사람 金生[16]의 글씨 솜씨가 신과 같아 草書도 行書도 아닌 것으로 57종 諸家의 體勢를 훨씬 능가하였다. 본조의 화엄대사 景赫[17]과 樞府의 金立之[18]가 초서로 명예를 독차지하였으나 仲翼[19]이나 周越[20]의 俗氣를 면치 못하였다. 毅宗 말년에 金나라의 사신 蓋益의 筆勢가 奇逸하여 淸河 崔讜이 그 글씨를 구득하여 항상 벽에 걸어 두고 玩賞하였는데, 어떤 사람이 그것을 빌려 가서 진품은 두고 모사품을 돌려보냈다. 학사가 <東山詩>에서
>
> 땅에 떡을 그리니 떡 같지 않아도
> 어리석은 아이들로 하여금 침을 흘리게 하네.

16) 金生(711~791)은 신라시대의 名筆이다. 『三國史記』 권48, 「列傳」 권8에 "金生은 부모가 미천하여 그 世系를 알지 못한다. 그는 景雲 2년(신라 聖德王 10, 711년)에 출생하였는데, 어려서부터 글씨에 능하여 평생 다른 재주를 익히지 않았고, 나이 80세가 넘도록 오히려 붓 잡기를 그치지 않았다. 隷書와 行書·草書가 모두 入神의 경지에 들어, 지금까지 종종 그의 글씨가 있어서 학자들이 보배로 전한다.(金生 父母微 不知其世系 生於景雲二年 自幼能書 平生不攻他藝 年踰八十 猶操筆不休 隷書行草皆入神 至今往往有眞蹟 學者傳寶之)"라고 기록되어 있다.

17) 景赫이 누구인지는 확인하기 어렵다.

18) 立之는 金富軾의 字이다.

19) 仲翼이 누구인지는 확인하기 어렵다.

20) 周越은 중국 南北朝 시대의 서예가로서 書品이 높지 못하였다고 한다.

(畵地爲餅未必似　要令癡兒出饞水)

라고 읊고 웃으며 넘겨 버렸다.[21]

이 인용문은 최당이 아끼던 蓋益의 글씨를 빌려 간 사람이 진품을 숨기고 모사품을 소장자인 최당에게 보냈는데, 그 사실을 알고서도 최당은 웃음으로 넘겨 버렸다는 일화를 담고 있다. 우리는 이 일화를 통해서 최당의 넉넉한 인품의 일면을 엿볼 수 있다. 이 이야기를 전해 듣고 장난삼아 지었다고 하는 이인로의 시는 다음과 같다.

子雲[22]의 봄 지렁이가 덧없이 줄을 이루고
醉素[23]의 놀란 뱀 아득히 떠나갔네.
꿈을 깬 후 누가 사슴을 얻었는지[24] 모르는데
길이 많다고 부질없이 한탄하다 양만 잃어 버렸네.[25]
子雲春蚓謾成行　醉素驚蛇去渺茫
夢覺不知誰得鹿　路多空嘆竟亡羊

21) 鷄林人金生用筆如神 非草非行 逈出五十七種體勢 本朝華嚴大士景赫 樞府金公立之 以草擅名 然未免仲翼周越之俗氣 毅王末年 大金使人蓋益 筆勢奇逸 淸河崔讜購得之 常掛壁以賞之 有人借觀 留其眞迹 而影寫還之 學士誦東山詩 畵地爲餅未必似 要令癡兒出饞水 笑而不問.(李仁老, 『破閑集』 卷上)
22) 子雲은 蕭翼의 字이다. 蕭翼은 중국 唐나라 太宗 때 監察御史를 지낸 사람으로 본명은 世翼이다. 글씨를 잘 쓰지 못하여 무기력한 글씨가 봄 지렁이 움직이는 것 같았다고 한다.
23) 醉素는 술에 취한 懷素를 가리킨다. 懷素는 唐나라의 高僧으로 술을 즐겼고 草書에 능하였다.
24) 이 고사는 『列子』 「周穆王篇」에 나오는데, 한 나무꾼이 사슴을 잡아 언덕 속에 감추어 두고는 그 장소를 찾지 못하고 꿈에 사슴을 잡은 것으로 생각하였으나 이 이야기를 엿들은 사람이 그 장소를 발견하여 사슴을 얻었다고 한다.
25) 이 고사는 『列子』 「說符篇」에 나오는데, 잃어버린 양을 찾던 사람이 岐路에 기로가 겹친 곳을 만나 결국 잃은 양을 찾지 못하였다고 한다.

이인로는 이처럼 넉넉한 마음을 지닌 최당의 인품에 대한 생각을 여러 가지 고사를 끌어와 형상화하고 있다. 이 시는 구절마다 다양한 고사를 인용함으로써 읽는 사람들로 하여금 적이 당황하게 만들지만 시에 담긴 내용은 비교적 단순하다. 최당의 고귀한 인품에도 불구하고 결국 그는 글씨만 잃고 말았다는 것이다. 이 시는 이인로의 말처럼 장난 삼아 지었다고 할 수 있지만, 최당과 평소 친분이 깊었던 이인로는 최당의 집에 보관되어 있던 草書簇子에 대해 또 다른 시를 짓기도 하였다.

李仁老, <최태위 댁에 소장된 초서족자(崔太尉家藏草書簇子)>[26]

미친 張旭[27]이 모자를 벗고 (붓을 휘두르면) 구름과 연기가 서린 듯하여[28]
묘한 붓은 靈과 통해 신선을 만들어 내네.
明珠가 옛 合浦로 돌아오는 것을 보지는 못해도[29]
공연히 그림의 떡에 입에 군침이 도네.
顚張脫帽落雲烟　妙筆通靈迸作仙
不見明珠還舊浦　空留畵餠出纔涎

26) 『東文選』 권20.

27) 張旭은 唐나라 吳땅 사람으로 草書를 잘 썼는데, 술을 좋아하여 奇矯한 행동이 많았으며 頭髮에 먹을 묻혀 글씨를 써는 등 狂態가 있었으므로 사람들은 그를 張顚이라고 불렀다. 벼슬은 常熟尉를 지냈다. 文宗 때에 李白의 歌詩, 裴旻의 劍舞, 張旭의 草書를 三絶이라고 일컬었다.

28) 이 句는 杜甫가 <飮中八仙歌>에서 "張旭은 석잔 술에 草書의 聖人[草聖]으로 소문이 나고, 왕공들 앞에서도 모자를 벗어 머리를 드러내고, 붓을 휘두르면 종이에 구름과 연기가 서린 듯하였네.(張旭三杯草聖傳 脫帽露頂王公前 揮毫落紙如雲烟)"라고 한 구절을 變容한 것이다.

29) 孟嘗은 중국 後漢 사람으로 合浦의 太守를 지냈다. 合浦에는 구슬이 생산되었으므로 전에는 백성들이 그것을 캐어 먹고살았으나, 중간에 태수들이 탐욕을 부려서 구슬로 私利를 채우니, 구슬이 문득 다른 고을로 옮겨 가 버리고 굶어 죽는 자가 길에 가득하였는데, 孟嘗이 태수가 되어 와서 착한 정치를 행하니 일년만에 옮겨갔던 구슬이 다시 돌아왔다고 한다. 이 이야기는 『蒙求』에 <孟嘗還珠>라는 제목으로 실려 있다.

이 초서족자가 앞의 인용문에 나오는 개익의 글씨인지의 여부는 분명하지 않지만 그 뛰어난 글씨의 기세를 이 시의 내용으로 미루어 짐작하기가 어렵지는 않다. 이 시의 마지막 구절, 즉 이 시의 대상이 된 족자가 이인로로 하여금 군침을 흘리도록 할 정도였다는 것은 최당이 <東山詩>에서 그 글씨를 잃고 쓴 내용과 매우 흡사한 것으로 보아 이인로가 읊은 족자가 바로 개익의 글씨였을 개연성을 부정할 수는 없다. 그 족자의 글씨를 쓴 사람이 누구든지 간에 이 일화를 통해서 우리는 최당의 너그러운 품성의 일면을 엿볼 수 있다.

3. 「동국사영」과 관련된 최당 고사

최당의 인품은 앞에서 살펴본 바와 같지만, 그의 풍류를 적실하게 보여주는 것은 바로 눈 속에서 소를 타고 송도 근교의 추암에 나가 놀았다는 고사이다. 이 고사와 관련하여 그가 평소에 소를 타고 놀러 다녔다는 사실은 그와 동시대의 인물이었던 이인로의 시에서 확인할 수 있다.

李仁老, <최태위가 소를 타고 놀러 가다(崔太尉騎牛出遊)>[30]

곱게 꾸민다고 어찌 반드시 발굽과 뿔을 반들반들하게 하랴?[31]
천천히 걸으며 그 성정의 부드러움을 특히 사랑하네.
"음매." 하고 한 번 부르짖어 黃鍾이 울리니
그래서 당시에 헐떡임을 묻는 사람을 알겠네.

30) 『東文選』 권20.
31) 王君夫는 중국 晉나라 사람으로 그에게는 소가 한 마리 있었는데, 발굽과 뿔을 늘 반들반들하게 하였다고 한다.

奇飾何須蹄角瑩　徐行偏愛性情馴
斗然一吼黃鍾動　以識當時問喘人

술을 즐기는 謫仙은 부축 받아 말에 올랐고
산을 사랑하는 潘閬[32]은 나귀를 거꾸로 탔네.
어찌하여 누른 소 등에 온당하게 타서
곳곳의 이름난 곳을 마음대로 다니는가?
嗜酒謫仙扶上馬　愛山潘閬倒騎驢
爭如穩着黃牛背　處處名園任所如

이 시의 첫째 수는 겉으로 아름답게 꾸미기를 싫어하고 성정의 부드러움을 사랑하는 최당의 일상적 모습뿐만 아니라, 백성들의 삶을 염려하는 재상으로서의 인후한 모습을 그렸다. 특히 후반부는 그가 소를 타고 다니는 모습에서 발상의 단초를 잡아 前漢의 丙吉처럼 재상의 본분에 충실하고 있음을 보여주고 있다. 『蒙求』 <丙吉牛喘>에는 다음과 같이 기록되어 있다.

전한의 丙吉은 字가 少卿으로 魯나라 사람인데 宣帝 때 승상이 되었다. 일찍이 외출하였다가 길을 청소하는 사람들이 무리를 지어 싸우다가 죽고 다친 사람들이 길가에 누워 있는 것을 보았다. 병길은 그들을 그냥 지나치며 아무것도 묻지 않았다. 병길은 앞으로 나아가다가 소를 쫓고 있는 사람을 보았다. 소는 헐떡거리며 혀를 빼어 물고 있었다. 병길은 말을 멈추고 아전을 시켜 그 소를 몇 리나 쫓았느냐고 물어 보게 하였다. 그의 휘하 관리가 혼자 말하기를, "승상은 앞과 뒤에서 묻기를 잘못하였네."라고 하였다. 어떤 사람이 병길을 놀리니 병길이 말하기를, "백성들이 소란을 피우고 서로를 살상하는 것은 長安令이나 京兆尹의 직무로서 마땅히 징계하여 범인을 잡아야 할

32) 潘閬은 중국 宋나라 시인으로 號가 逍遙子로 시에 능하였던 인물이다.

> 것이다. 연말에 승상은 관리들의 성적을 평가하여 상벌을 행하도록 上奏할 뿐이다. 재상은 작은 일을 관계하지 않나니 도로에서 일어난 일에 대해서는 물을 바가 아닌 것이다. 바야흐로 봄에 少陽의 기운이 움직여 아직 크게 덥지 않은데 소가 가까이 달려와서 더위 먹은 듯 헐떡거리는 게 아닌가 한다. 이것은 기후가 절기를 잃은 것으로 다치고 해가 되는 것이 있지 않을까 두렵다. 삼공은 음양을 조화하는 일을 맡나니 마땅히 근심해야 할 바이다. 이런 까닭에 물은 것이다."라고 하였다. 휘하 관리는 이에 감복하고 병길이 大體를 안다고 생각하였다.[33]

이인로는 음양의 조화를 살피는 것을 재상의 임무로 생각하며 행동하였던 병길의 고사와 소를 타고 놀러 다니는 최당의 모습을 겹치게 함으로써 최당이 병길과 같은 재상의 풍모를 지니고 있음을 드러내 보이고 있는 것이다.

이 시의 둘째 수는 자연 속을 한가롭게 유람하는 최당의 풍류를 그렸다. 이백처럼 술이 취해 말에 오르기도 하고, 반랑처럼 나귀를 거꾸로 타기도 하면서 누른 소를 타고 이름난 곳을 마음대로 찾아다닌다고 하였다. 특히 반랑이 나귀를 거꾸로 탔던 고사는 고려시대 시인들의 작품에서 가끔 인용되던 고사이기도 하였다.[34] 明나라 都穆이 편찬한 『南濠詩話』에는 반랑에 대한 다음과 같은 기록이 있다.

---

33) 前漢丙吉字少卿 魯國人 宣帝時爲丞相 嘗出逢淸道群鬪者死傷横道 吉過之不問 吉前行 逢人逐牛 牛喘吐舌 吉止駐 使騎吏問 逐牛行幾里矣 掾史獨謂 丞相前後失問 或以譏吉 吉曰 民鬪相殺傷 長安令·京兆尹職所當禁備逐捕 歲竟丞相課其殿最 奏行賞罰而已 宰相不親小事 非所當於道路問也 方春少陽用事 未可太熱 恐牛近行 用暑故喘 此時氣失節 恐有所傷害 三公典調和陰陽 職當憂 是以問之 掾史乃服以吉知大體.(李瀚, 『蒙求』 <丙吉牛喘>)

34) 그 한 예로 陳澕의 시 "三峯縹緲是新居 一抹斜暉轉碧虛 已信此行無去住 浪吟猶自倒騎驢"(<潘閬移居>, 『東文選』 권20)를 들 수 있다.

潘逍遙가 錢唐에 寓居하면서 한번은 陝西에 이르러 華山을 보고 작품을 남기기를, "三峯이 허공에 솟은 것을 매우 사랑하여 머리를 쳐들고 읊조리며 바라보다 나귀를 거꾸로 탔네. 옆 사람이 크게 웃고 그를 따라 웃어도 끝내는 집을 옮겨 위를 향해 살고 싶네.(高愛三峯揷太虛 昂頭吟望倒騎驢 傍人大笑從他笑 終擬全家向上居)"라고 하였다. 이 때 魏野仲이 먼저 陝西에 살다가 逍遙子에게 준 시에 "이로부터 화산의 그림 위에는 다시 반랑이 나귀를 거꾸로 탄 것이 첨가되겠네.(從此華山圖籍上 更添潘閬倒騎驢)"라고 하였으니, 두 사람의 높은 흥치를 가히 생각할 수 있다.[35]

이 시화를 통해서 보면, 반랑은 화산의 승경이 너무 아름다워 정신없이 바라보다 그만 나귀를 거꾸로 탄 것으로 되어 있다. 따라서 나귀를 거꾸로 탄다는 것은 그만큼 자연의 아름다움에 탐닉하고 있음을 뜻하는 것이다.

이인로는 이 시에서 술을 좋아하던 이백이나 산수의 승경에 탐닉하였던 반랑처럼, 최당이 소를 타고 곳곳의 이름난 곳을 마음대로 다니는 모습을 부러운 듯이 표현하여 그의 산천유람의 풍류를 기리고 있다. 이 시에는 「동국사영」에서 언급되는 추암이라는 지명이 나타나지는 않지만 내용으로 보아 최당이 소를 타고 추암에도 놀러 갔다는 사실을 짐작하기 어렵지 않다. 추암은 개성 근교에 있던 바위로서 그가 이곳에 놀러 다녔다는 것은 당시 사람들이 대개 알고 있을 정도로 널리 알려졌기 때문이다.

추암에 대해서는 蔡壽(1499~1515)의 <遊松都錄>에 다음과 같이 소개되어 있다.

---

35) 潘逍遙寓居錢唐 嘗一至陝觀華山 留題云 高愛三峯揷太虛 昂頭吟望倒騎驢 傍人大笑從他笑 終擬全家向上居 時魏野仲先居陝 有贈逍遙詩云 從此華山圖籍上 更添潘閬倒騎驢 二公之高致可想也.(臺靜農 편, 『百種詩話類編』, 臺北:藝文印書館, 1974, 1013면)

> 丙戌日 아침 비가 금방 개었다. 모두 짧은 옷의 가벼운 옷차림으로 炭峴門을 나섰다. 五冠山 골짜기 입구에 이르니 푸른 절벽이 사방으로 둘려져 있었다. 바위틈에서 나온 샘물이 고여 돌고 철쭉꽃 그림자가 물에 거꾸로 비치는 곳을 花潭이라고 한다. 수십 걸음을 더 가면 애써 옷주름을 잡은 듯하여 그 奇詭함을 이루 형용할 수 없는 바위가 있으니 그것을 皺巖이라고 하는데, 최태위가 눈 속에서 소를 타고 왔던 곳이다. 동쪽 봉우리에 허공에 떠 있듯이 우뚝 선 바위가 있으니 그것을 鼓巖이라고 한다.36)

채수의 견문 기록인 이 인용문에 따르면, 추암은 개성 근교의 오관산 아래 있는 곳으로 그 모양새가 옷주름 같이 접혀 있기 때문에 그렇게 이름이 붙었고, 그 주변에는 花潭·鼓巖 등 매우 아름다운 승경이 자리잡고 있다는 사실을 알 수 있다. 『신증동국여지승람』에서는 추암에 대해 다음과 같이 설명하고 있다.

> 송경 도성 동북쪽 2, 3리 되는 곳에 있다. 바위 언덕이 병풍을 펼친 것처럼 있고, 모두 가로지른 금이 있기 때문에 추암이라고 한다. 그 아래 큰 돌이 많아 앉아서 술을 마실 만하다. 고려시대에 최당이 항상 소를 타고 와서 여러 노인들과 여기에서 놀았다.37)

이 인용문의 마지막 구절은 앞에서 언급한 바와 같이 耆英會의 노인들과 함께 최당이 추암에서 놀았음을 말한 부분이다. 이러한 언급은 익

---

36) 丙戌 朝雨乍晴 俱輕裝短服 出炭峴門 至五冠山洞口 翠崖環擁 石泉瀦洄 而躑躅倒影於水者曰花潭 行數十步 有巖贔屓皺如襞積 奇詭不可狀者曰皺巖 崔大尉雪中騎牛處也 東峯有石浮空獨立曰鼓巖.(蔡壽, <遊松都錄>, 『懶齋集』 권1, 『韓國文集叢刊』 15, 376면)

37) 松京都城東北三兩里 有巖峙于川流之側 如展屛障 皆有橫理 故以名焉 下多巨石 可以坐飮 高麗崔讜每騎牛 與諸老遊于此.(『新增東國輿地勝覽』 권12, 「長湍都護府」, '山川', <皺岩>)

재 이제현이 쓴 <妙蓮寺石池竈記>에도 나온다. 그 글 가운데, 三藏 順庵法師가 익재에게 "옛날 崔靖安公이 일찍이 雙明耆老會를 열었는데, 그곳이 지금 이 절[妙蓮寺]의 북쪽 산으로 절에서 수백 걸음밖에 되지 않을 정도로 가깝다."[38]라는 언급이 있다. 妙蓮寺가 三峴 — 즉 松嶽山의 동쪽 언덕이 남쪽으로 굽었다가 서쪽으로 꺾이면 낮은 곳은 적고 우뚝한 곳은 많은데, 거기서 또 갈라져 서쪽으로 뻗은 능선 — 에 있었다고 하니[39] 추암은 그 근처에 있었을 것이고, 이곳에서 최당은 벗들과 耆老會[耆英會]를 열며 놀았을 것이다. 이 때 모인 해동기로회의 모습은 매우 아름다운 것으로 이름이 났고 사람들은 그들이 노는 모습을 그림으로 그리기도 하였으니, 이 사실은 李仁老가 쓴 <이전의 '해동기로도'의 뒤에 짓다(題李佺海東耆老圖後)>라는 글에서 확인할 수 있는데, 그 전문은 다음과 같다.

> 시와 그림은 묘한 곳에서 서로 의존한다고 하여 한 가지 법칙이라고 일컬어진다. 옛 사람들은 그림을 '소리 없는 詩'라고 하고, 시를 '韻이 있는 그림'이라고 하였으니, 대개 사물의 모습을 模寫하여 하늘이 아끼고 감추는 바를 파헤치는 것이니 그 방법이 진실로 기약하지 않는데도 서로 같은 것이다. 내가 일찍이 杜子美의 <술 마시는 가운데의 여덟 신선의 노래(飮中八仙歌)>를 읽었더니 황홀하여 天寶[40] 年間에 나서 여덟 분의 신선과 함께 팔짱을 끼고 노는 듯하였다. 그 때의 畵工들이 <八仙圖>를 그려서 자미의 노래와 서로 안과 밖이 되도록 함으로써 세상에 전하도록 한 것이 적지 않았을 텐데, 어찌하여

38) 昔崔靖安公 嘗爲雙明耆老會 其地於今寺之北岡 去寺數百步而近.(李齊賢, <妙蓮寺石池竈記>, 『益齋亂藁』, 『韓國文集叢刊』 2, 556면)

39) 京城之鎭曰崧 其東崗南迤 岐而西折 微伏而豊起 又分而南爲三峴 遠而望之 若龍蟠焉 近而視之 若鳳峙焉 據龍之腹 附鳳之膺 有佛者之宮 曰妙蓮寺.(李齊賢, <妙蓮寺中興碑>, 위와 같음)

40) 天寶는 唐 顯宗의 年號이다.

> 쓸쓸하게 한 사람도 이를 전하여 오늘에 이르도록 한 것이 없는가? 이것은 옷을 벗고 걸터앉아서 그리는 화가의 교묘함이 시인이 한 번 읊어서 부르는 공훈에 미치지 못하였음이 분명하기 때문이다.
>
> 지금 李佺이 그린 <해동기로도(海東耆老圖)>를 보니 창백한 얼굴에 허연 머리카락, 가벼운 가죽옷에 느슨한 허리띠, 거문고와 바둑·시와 술에 하품하거나 기지개를 켜고 누워서 쳐다보는 자태가 그 묘함을 터득하지 않음이 없으니 비록 징표나 기록을 보지 않더라도 그 사람을 알 수가 있으니 충분히 후세에 무궁하게 이름을 전할 수 있을 것이다. 하물며 太尉公이 시를 지어 그 빛과 가치를 더욱 증가하게 하고 있음에랴?
>
> 李佺은 內殿崇班[41] 存夫의 아들인데 대대로 그림을 잘 그린다는 것으로 海東에서 이름이 높다고 한다. 삼가 跋文을 쓴다.[42]

이 인용문을 통하여 보면 해동기로회의 인물들이 노는 모습은 화가 이전에게 그림으로 그리게 하여 후세에 널리 전하고자 하였음을 알 수 있고, 그 그림에는 최당이 題畵詩를 써서 더욱 유명하게 되었음을 알 수 있다.

이 기로회는 훗날 이들의 풍류스러운 모습을 사모하던 사람들이 다시 그러한 모습을 재현하고자 하는 노력을 보일 때 하나의 전범으로서의 역할을 하기도 하였다. 그래서 당나라 때 백낙천을 중심으로 결성하였던 洛社(즉 洛中九老會)와 고려시대에 쌍명재 최당을 중심으로 하여

---

41) 崇班은 고려시대 掖庭局의 南班 正七品 관직인 內殿崇班을 가리킨다.

42) 詩與畵妙處相資 號爲一律 古之人以畵爲無聲詩 以詩爲有韻畵 蓋模寫物象 披割天慳 其術固不期而相同也 僕嘗讀杜子美飮中八仙歌 怳然若生於天寶間 得與八仙交臂而同遊焉 其時畵工作八仙圖 以與子美之歌相爲表裏 用傳於世者 盖不少矣 乃何闃然無一人傳之 以至於今耶 是知解衣磐礴之巧 其不及詞人一嘯之功審矣 今見李佺所畵海東耆老圖 蒼顔白髮 輕裘緩帶 琴碁詩酒 欠伸偃仰之態 無復得其妙者 雖不見標誌 可知其人 則足以垂名於不朽矣 況乎 太尉公作詩 以增益其光價歟 李佺 崇班存夫之子 世以畵名海東云 謹跋.(李仁老, <題李佺海東耆老圖後>, 『東文選』 권102, 「跋」)

결성되었던 해동기로회의 전통을 이으려는 뜻에서 大寧君 崔有渰(1239~1331)과 東庵 李瑱(1244~1321) 등이 중심이 되어 결성한 모임인 海東後耆老會에 대하여 崔瀣(1287~1340)가 작성한 기록이 있고,[43] 또 이런 전통을 이어 받아 權喜(86세)·權仲和(83세)·李舒(73세)·成石璘(67세)·閔霽(66세)·金士衡(64세)·趙浚(59세)·河崙(58세)·李居易(57세)·李茂(50세) 등 10명이 조선 초기인 1404년(太宗 4)에 後耆英會를 결성하면서 최당이 중심이 되었던 고려시대의 기영회를 전범으로 삼았다는 기록이 전하고 있다. 이 때 權近이 쓴 <後耆英會序>를 보기로 하자.

> 耆英會가 생긴 지 오래이다. 唐나라 白樂天과 宋나라 文潞公이 모두 洛中의 모임을 가졌는데, 당시에 이를 찬미하여 그림으로 그려 전하였다. 우리 동방에서도 前朝가 전성할 때에 太尉 雙明齋 崔讜 공이 늙어서 벼슬에서 물러난 사대부 7인과 더불어 두 분이 하던 일을 추모하여, 비로소 海東耆英會를 만들어 매월 열흘마다 한 번씩 모여 오직 마시고 읊조리는 것으로 즐길 뿐, 세간의 시비득실을 말하지 않기로 기약하였다. 그 뒤 이를 계승한 자들이 부처를 숭배하는 자리로 만들어서 심지어는 노인들로 하여금 번거로이 자주 절을 하도록 하였으니, 자못 천명을 알아 미혹되지 않는 군자의 優游自樂하는 뜻을 상실한 것이다.[44]

---

43) 崔瀣, <海東後耆老會序>, 『拙稿千百』 권1.

44) 耆英有會尙矣 唐之白樂天 宋之文潞公 俱有洛中之會 當時稱美 作圖以傳之 吾東方在前朝盛時 大尉崔公讜號雙明齋 與豈士大夫之老而自逸者七人 慕二公之事 始爲海東耆英之會 約每月逐旬一集 惟以觴詠自娛 語不及臧否得失 厥後踵而繼之者 爲佞佛之席 至使老者僕僕而亟拜 殊失君子知命不惑優游自樂之意矣.(權近, <後耆英會序>, 『陽村集』 권19, 『韓國文集叢刊』 7, 197면) *이 글은 崔恒(1409~1474)의 <耆英圖會坐目>(『太虛亭集』, 「文集」 권1, 『韓國文集叢刊』 9, 196면)에도 실려 있다.

이 인용문은 기영회의 전통은 중국 당나라의 백낙천까지 거슬러 올라가는데 우리나라에서는 고려시대에 최당을 중심으로 한 해동기영회에서 비롯되고, 그 후 이를 계승한 자들이 불교를 신봉하는 쪽으로 오도하여 계승하는 바람에, 그 맥이 끊어졌다가 뜻 있는 사람들이 최당의 전통을 이어 다시 後耆英會를 결성하게 된 경위를 설명하고 있다. 고려시대에 결성되었던 최당 중심의 해동기영회 외에도 庾資諒(1150~1229) 중심의 耆老會, 李瑱 중심의 後英會, 蔡洪哲(1262~1340) 중심의 耆英會 등이 확인되지만,[45] 권근은 이 글에서 해동후기영회 등에 대해서는 언급하지 않고 자신의 판단에 따라 최당이 致仕한 후 해동기영회의 인물들과 함께 추암을 비롯한 승경에서 노닐며 풍류를 즐겼던 그 전통만을 언급하여, 최당의 기로회 결성 전통을 약 200년 후에 또 다시 재현하였다고 주장하고 있다. 더욱이 그들이 내세우는 會中의 禮式이 모두 최당이 주관하였던 해동기영회의 옛 제도를 모방하였다는 것만 보아도,[46] 후기영회의 구체적인 모습이 드러나지는 않지만 그 활

45) 이에 대해서는 李丙疇 외 5인 공저, 『韓國漢文學史』, 半島出版社, 1991, 129~132면, 참조.

46) "모임 가운데의 예식은 모두 쌍명재의 옛날 규칙을 모방한 것인데, 갖추어 아래에 기록한다.(會中禮式 皆倣雙明舊規 備錄如左)"라고 한 다음 제시한 내용 중 모임의 규약인 會約은 다음과 같다.
나이로 차례를 정하고 벼슬로 차례를 정하지 않으며 기구는 간결히 하도록 힘쓴다. 음식은 다섯 가지를 넘지 않고, 채소와 과자, 포와 젓갈의 종류는 다섯 그릇을 넘지 않는다. 술의 순배는 계산하지 않지만 깊고 얕음을 스스로 헤아려야 하니 주인은 권하지 않고 손님도 사양하지 않으며 약간 취하는 것으로 법도를 삼는다. 손님을 초대할 때는 편지 한 장을 함께 사용하되, 손님은 字 밑에 可否를 기록할 뿐 별도의 편지를 작성하지 않는다. 혹시 일을 분담하자고 연락을 받은 사람은 모임이 있는 날에 재촉을 기다리지 말고 일찍 와야 한다. 매월 차례로 모임을 마련하는데, 마련해야 할 사람에게 사정이 있으면 다음 사람이 먼저 준비한다. 약속을 주관하는 사람은 6개월에 한 번씩 교체한다. 약속을 어기는 사람은 일마다 큰 술잔으로 벌주를 마셔야 한다.(序齒不序官 爲具務簡潔 食不過五味 菜菓脯醢之類不過五器 酒巡無算 深淺自斟 主人不勸 客亦不辭 微酡爲度 召客共用一簡 客注可否於字下 不別作簡 或因事分簡者聽 會日早赴 不待促 每月以次辦會 當辦者有故 次者先辦 掌約者 六月一遞 違約者 每事罰一

동은 고려시대의 그것과 크게 다르지 않았음을 미루어 짐작할 수 있다. 또 이러한 최당의 활동을 본받아 그것을 재현하였다는 사실은 최당이 뜻이 맞는 벗들과 더불어 자연을 완상하면서 그 흥취를 즐기며 노년을 보내는 생활이 당시의 사대부들에게는 바람직하고 이상적인 노후생활로 인식되었음을 말해 주는 것이다. 이 글을 쓴 권근이 「동국사영」 중에 최당의 고사를 포함시킨 것은 당연한 결과라고 할 것이다.47)

『신증동국여지승람』에는 앞의 인용문에 이어서 이인로・민사평・권근의 시가 실려 있는데, 이인로의 작품을 제외한 나머지 두 작품은 「동국사영」의 시들이다. 최당의 모습을 가까이에서 직접 지켜보았던 이인로의 작품을 살펴보기로 하자.

두루 구경하니 모두 仙境인데
더욱 기이한 것은 추암뿐이네.
층진 구름은 항상 땅에 깔렸고
쌓인 玉은 처음으로 函을 열어 보는 듯하네.
우뚝 솟았으나 天柱는 아니요
옆으로 퍼진 것이 石帆과 같네.
물이 맑으니 쪽빛이 절로 물들고
길이 좁으니 풀은 누가 벨 것인가?

巨觥, 위와 같음)

47) 그런데도 불구하고 최당의 고사를 다룬 權近의 작품은 제목이 『陽村集』뿐만 아니라 『東文選』에도 <金居士雪中騎牛 遊皺岩>으로 되어 있는 것은 권근이 의도적으로 '崔太尉'를 '金居士'로 썼거나, 문집을 편찬할 때 그것을 정리하는 사람이 잘못 알고 '金居士'로 기록하였을 가능성이 있다. 필자는 여기에 대해 韓脩의 文集인 『柳巷詩集』에 批點을 가하였던 權近이 韓脩가 '崔太尉'를 '金侍中'이라고 하였던 잘못, 즉 姓氏와 人物에 대한 착각을 그대로 계승하되, 한 걸음 더 나아가 '金居士'로 본 것으로 보았다. 그러나 권근이 「동국사영」을 제작한 시기(1403년 9월부터 이듬해 사이인 것으로 추정된다.)와 최당의 海東耆英會에 대한 글을 쓴 시기(1404년)가 비슷한데도 이렇게 다르게 나타나는 것이 무슨 까닭인지 이해하기 어려운 점이 있다.

하늘은 三台의 귀함을 벌여 놓았고[48]
사람은 한결같은 德[49]이 있음을 일컫네.
노년에 벼슬을 내어놓고는
세상과 시고 짠 것을 달리하였네.
사는 곳이 마침 대문과 골목이 서로 닿았고
나갈 때에는 반드시 말고삐를 나란히 하네.
흥이 나면 큰 소리로 읊조리고 이야기하며
담소할 때는 말을 소곤거리네.
짧은 해가 참으로 아까우니
높은 회포에 스스로 입 다물지 마소.
금 안장은 깊숙한 곳에 들어가 길을 재촉하고
구슬 신으로 높은 바위에 오르네.
산새는 歌板[50] 소리에 놀라고
갠 아지랑이는 춤추는 소매를 따르네.
서리 같은 흰머리는 백로를 속이고
옥처럼 맑은 뼈는 소나무·전나무와 겨루네.
저물려는 붉은 해에 향기로운 항아리는 다 비고
취중에 쓴 글씨를 푸른 절벽에 새기네.
아름다운 이름을 만고에 전하니
응당 망하지 않은 凡[不亡凡][51]을 짝하리.
歷賞皆仙境　尤奇獨皺巖
層雲長匝地　疊玉始開函
特秀非天柱　旁陳似石帆
水淸藍自染　逕細草誰芟

---

48) 하늘에 三台星이 있는 것을 본받아서 인간에는 三政丞이 있다는 것이다.
49) 『書經』에 「咸有一德」 篇이 있는데, 다 한결같은 덕이 있어야 한다는 말이다.
50) 歌板은 노래부르며 치는 막대기이다.
51) 『莊子』에 楚王이 凡君과 함께 앉아 있다가 楚나라 신하들이 凡나라가 망하였다고 세 번 부르는 소리를 듣고 凡君이 말하기를, "범이 망한 것이 存을 喪失하게 하지는 못한다. 그러고 보면 범은 망한 것이 아니다."라고 하였다.

天列三台貴　人稱一德咸
暮年辭紱冕　與世隔酸醎
居幸連門巷　行須併轡銜
遣情吟浩浩　談笑語喃喃
短景誠堪愛　高懷自莫緘
金鞍催窈窕　珠履上巉巖
谷鳥驚歌板　晴嵐逐舞衫
霜毛欺鵠鷺　玉骨鬪松杉
紅日芳尊倒　蒼崖醉墨鑱
佳名得萬古　應伴不亡凡[52]

이 시는 추암의 정경을 눈에 보이듯이 그리고 있을 뿐 아니라 그곳을 찾아가 즐기는 최당의 풍류스러운 모습을 실감나게 제시하고 있다. 먼저 앞부분에서 선경 중에서도 가장 기이한 것이 추암이라고 하여 추암에 대한 인상을 제시한 다음 그곳의 정경을 그리고 있다. 즉 추암에는 층진 구름이 항상 땅에 깔렸고 층층이 쌓인 옥같은 바위는 처음으로 函을 열어 보는 듯하다고 하였다. 바위가 우뚝 솟았으나 天柱는 아니고, 옆으로 퍼져서 마치 石帆과 같다고 하였다. 게다가 물은 맑아 쪽빛이 절로 물들고 좁은 길에는 풀을 베지 않아 무성하다고 하였다. 이런 경치는 바로 "하늘은 三台의 귀함을 벌여 놓았고, 사람은 한결같은 덕이 있음을 일컫는다."라고 하였다. 이런 정경을 노년에 벼슬을 내놓은 다음 세상을 잊고 사는 최당의 모습과 연결시키고 있다.

이어서 시인[이인로]과 최당의 관계를 밝히고 있다. 즉 그들이 사는 곳은 대문과 골목이 서로 닿아 있고, 외출할 때는 반드시 말고삐를 나란히 하고, 흥이 나면 큰 소리로 읊조리고 이야기하며, 담소할 때는 말을 소곤거린다고 하였다. 이처럼 친밀한 두 사람이 추암에서 놀 때는,

52) 『新增東國輿地勝覽』 권12, 「長湍都護府」, '山川', <皺岩>.

짧은 해가 참으로 아까우니 높은 회포에 스스로 입 다물지 말라고 하였다. 함께 높은 바위에 오르기도 하고, 노래 부르고 춤추기도 하며 주변 환경을 마음껏 즐긴다고 하였다.

마지막에는 그런 즐거운 시간을 보내다 보니 붉은 해는 저물고 향기로운 항아리는 다 비었으며 취중에 쓴 글씨를 푸른 절벽에 새긴다고 하였다. "취중에 쓴 글씨를 푸른 절벽에 새긴다."라는 것이 바로 민사평의 「동국사영」에서 언급되고 있는 '절벽에 새겨진 시'라고 해석될 "相國題詩"라고 할 수 있을 것이다. 이로써 아름다운 이름을 만고에 전하게 되니 응당 그 실체가 없어지지 않으리라는 것이다.

이처럼 풍류를 아는 최당이었기에 당시의 뛰어난 시인이었던 이인로로부터 이와 같은 극찬을 받을 수 있었고, 뒷날 이제현을 비롯한 수많은 문인들에게 그 풍류가 칭송될 수 있었다고 하겠다.

4. 최당 고사의 시적 변용과 전승

1) 「동국사영」 작품군에 투영된 최당 고사

이상에서 살펴본 바와 같이 「동국사영」 작품군에서 최당을 다룬 작품에서 언급되는 것은 최당이 해동기영회의 구성원들과 함께 눈이 올 때 개성 근교의 추암에 나가 놀았다는 고사이다. 관료로서의 화려한 활동을 마치고 치사한 후, 자연 속에서 풍류를 즐긴다는 것이 중심 내용이라고 할 수 있다. 그러나 같은 사실을 두고서도 어떤 측면이 후대 시인들의 앙모의 대상이 되었는지는 다르게 나타난다고 할 수 있다.

「동국사영」에 들어 있는 최당을 다룬 작품은 그 제목이 대개 <① 태위 쌍명재 최당이 ② 눈 속에서 소를 타고 ③ 개성 북쪽의 추암에서 놀

다>라는 의미를 가지고 있다. 그러나 이 작품들은 시인에 따라 그 제목이 상당한 변모를 보여주고 있음이 주목된다. ②와 ③은 큰 변화 없이 나타나지만 ①은 그 변모과정이 단순한 착오라고 하기 어려울 정도이기 때문에 그 의미를 해석하는 것이 우선 과제라고 생각되므로 그것을 도시하면 다음과 같다.

<표 1> 최당 고사를 다룬 시의 제목

제목 / 시인	① 누가	② 언제, 어떻게	③ 어디서, 무엇을
閔思平	崔大尉	冒雪	游城北皺岩
鄭　樞	雙明崔大尉讜	雪後騎牛	游城北皺岩
韓　脩	金侍中	雪中騎牛	遊皺巖
權　近	金居士	雪中騎牛	遊皺岩
金時習	金居士	雪中騎牛	遊皺巖

이 표에서 보듯이, ②와 ③은 큰 차이를 보이지 않는다. ②는 민사평의 시는 '冒雪(눈을 무릅쓰고)'로, 정추의 시는 '雪後騎牛(눈 온 뒤에 소를 타고)'로 되어 있고 나머지는 모두 '雪中騎牛(눈 속에서 소를 타고)'로 되어 있어서 같은 대상을 지칭하고 있음을 알 수 있다. ③도 민사평과 정추의 작품은 '游城北皺岩(성 북쪽의 추암에서 놀다)'라고 되어 있고 나머지는 '城北'이 빠졌지만 굳이 이 말이 들어가지 않아도 장소를 판단하는 데는 별문제가 없다. 그러나 ①은 ②, ③과는 달리 엄청난 변화를 보여주고 있다. 민사평과 정추의 시는 다같이 雙明齋 太尉 崔讜을 지칭하고 있으나, 한수는 '金侍中', 권근·김시습은 '金居士'라고 하여 우선 대상 인물의 성이 바뀌었을 뿐 아니라 그 신분도 시중과 거사로 나타남으로써 매우 큰 변화를 보여주고 있다. 한수의 시에서 최당이 '金侍中'[53]으로 나타나는 것은 단순한 착각으로 보이지만,[54] 권

근과 김시습의 시에서 '김거사'로 나타나는 것은 이것과는 다른 상당한 의미를 지니는 것으로 볼 수 있다. 필자는 이미 앞의 논문에서

> 권근의 작품에 나오는 '거사'는 (중략) 여기에는 고관대작을 지낸 인물이라는 의미가 없다. '김시중'으로부터 '김거사'로의 변화는 조선시대에 들어, 사대부의 삶의 지향이 굳이 출사라는 입신양명의 측면에만 고정되어 있지 않고, 전원에의 퇴거 또는 은거를 선택한 처사로서의 심신수양도 삶의 의미를 지닌다는 방향으로 발상의 전환이 이루어진 다음에야 나올 수 있는 현상이다. 권근의 작품에서 이렇게 '시중'이 '거사'로 바뀌고, 그것이 다시 김시습의 작품에 그대로 계승되어 고착화되는 것은 문학사나 사상사의 맥락에서 매우 중요한 의미를 지닌다고 하겠다.[55]

라고 해석한 바가 있다. 동일한 인물의 동일한 행적을 두고 지은 작품에서, 의도적이건 비의도적이건 간에 이러한 변화를 보인다는 것은 문학작품이 시인이 살고 있는 시대의 가치를 충실히 반영하고 있음을 의미하는 것이다.

우선 민사평의 작품을 보면, 그 제목이 <최태위가 눈을 맞으며 도성 북쪽의 추암에서 놀다(崔大尉冒雪 游城北皺岩)>[56]로 되어 있다.

> 천 척 높은 바위가 북산에 솟았나니

---

53) 이 때의 김시중은 金富軾을 지칭하는 것으로 보인다.

54) 여기에 대해서는 졸고, 「東國四詠의 淵源과 傳統」(『韓國漢詩硏究』 4, 太學社, 1995.12)의 주 88), 참조.

55) 위의 논문, 312~313면.

56) 閔思平, 「東國四咏 益齋韻」, 『及菴詩集』 권2, 『韓國文集叢刊』 3, 61면. 이 시는 『新增東國輿地勝覽』, 권12, 「長湍都護府」에 실려 있다. 또 劉在建 편, 『古今詠物近體』 2, 권6, 「岩類」(亞細亞文化社 影印, 1981, 22면)에 <長湍皺岩>이라는 제목으로 실려 있다.

옛 賢人이 남긴 자취는 그리기도 어렵네.
相國이 시를 지은 후로
얼마나 많은 행인들이 가리키며 보았는가?
千尺雲根聳北山　古賢遺跡畫應難
自從相國題詩後　多少行人指點看

이 시는 최당의 풍류를 기리는 것이 중심이 된다. 起句에서는 皺岩의 우뚝한 모습을 그렸고, 承句에서는 기구에서 제시된 추암에 남긴 최당의 자취를 형용하기도 어렵다고 하였다. 轉句에서는 그곳에서 최당이 시를 지은 사실을 지적한 후, 結句에서는 많은 행인들이 그곳을 가리키며 보았다고 하였다. 이 시에서 최당이 지었다고 하는 시가 현재까지 전해지지는 않지만, 그가 耆老會의 사람들과 함께 이곳에서 노닐며 많은 시를 지었으리라고 짐작하기는 어렵지 않다. 민사평에게는 중앙의 중요 관직을 역임하고 致仕한 후, 기로회를 조직하여 풍류를 즐겼던 최당의 모습이 매우 이상적이었을 뿐 아니라 또 부러움의 대상으로 인식되었음을 알 수 있다.

정추의 작품은 제목이 <쌍명 최당 태위가 눈이 온 뒤에 소를 타고 도성 북쪽의 추암에서 놀다(雙明崔大尉讌雪後騎牛 游城北皺岩)>[57]로 되어 있는데, 그 細註에 "좌주 익재 시중이 명하여 읊다.(座主益齋侍中命賦)"라고 기록되어 있어서 이 시는 그의 좌주 이제현의 명에 의하여 지은 것임을 알 수 있다.

두 산의 소나무와 상수리나무에 눈이 배나 쌓였는데
물을 넘고 구름을 뚫어 길은 얼마나 돌았는가?
袁安의 베개에서의 높은 흥취를 말하지 말라.

57) 鄭樞, 「東國四咏」, 『圓齋稾』 卷上, 『韓國文集叢刊』 5, 196면.

소를 타고 시를 찾으려 오는데 무엇이 거리끼리요?
兩山松櫟雪培堆　驀水穿雲路幾回
莫說袁安高枕興　何妨牛背覓詩來

이 시는 눈이 오는 악천후에도 불구하고 추암을 찾아오는 최당의 모습을 그려내고 있다. 기구에서는 산의 나무에 눈이 가득 쌓인 모습을 그리고, 승구에서는 그곳에 도달하기 위해 물을 건너고 구름을 뚫으며 구불구불한 길을 찾아오는 최당의 모습을 보여주고 있다. 전구에서는 눈과 관련된 인물, 곧 後漢의 袁安을 끌어와 최당의 흥취는 袁安보다 낫다고 하였다. 원안과 관련된 고사는 다음과 같다.

원안이 아직 빈천한 때 눈이 一丈이 넘게 쌓이게 되었는데, 洛陽令이 몸을 빼어내어 순시하며 인가에서 모두 눈을 치우고 나와 乞食하는 것을 보았다. 원안의 문에 이르러 나다닌 길이 없는 것을 보고, 원안이 이미 죽었다고 하였다. 사람을 시켜 눈을 치우게 하고 들어가서 袁安이 빳빳하게 누워 있는 것을 보고, 왜 나오지 않았느냐고 물으니, 원안은 "큰 눈이 와서 사람들이 모두 굶주리고 있는데 나가서 구걸함은 옳지 않습니다."라고 하였다. 낙양령은 그가 어질다고 생각해서 천거하여 孝廉으로 삼았다.[58)]

원안이 이처럼 어린 나이에도 폭설 속에서 굶주리고 있는 상황에서 구걸함은 옳지 않다고 하여 빳빳하게 드러누워 있었던 데 대해 낙양령으로 대표되는 일반인들은 모두 그의 어짊을 칭송하였다는 것이다. 그러나 이 시에서는 원안의 고사를 공리적인 사고라는 측면보다는 눈 때

58) 袁安未達時 大雪積地丈餘 洛陽令身出按行 見人家皆除雪出有乞食者 至袁安門無有行路 謂安已死 令人除雪入戶 見安僵臥 問何以不出 安曰 大雪人皆餓 不宜干人 令以爲賢 擧爲孝廉.(『後漢書』, <袁安傳>)

문에 밖에 나가지 않고 집에 드러누워 있었던 행동이라는 의미로만 파악하여 그것을 눈 속에서도 소를 타고 나가는 최당의 적극적 행동과 대비시키고 있다. 즉 이 시의 결구에서 "소를 타고 시를 찾으려 오는데 무엇이 거리끼리요?"라고 하여 눈 같은 악천후 정도는 조금도 거리낄 것이 없음을 지적하여 원안의 소극적이고 도피적인 행동보다는 눈 속을 헤치고 자연의 승경을 찾아오는 최당의 적극적이고 능동적인 자연 완상의 풍류를 높이 평가하고 있다.

한수의 작품은 제목이 <김시중이 눈 속에서 소를 타고 추암에서 놀다(金侍中雪中騎牛 遊皺巖)>[59]로 되어 있어서, 그 주체가 '崔太尉'에서 '金侍中'으로 바뀌어 있는 것은 앞에서 언급한 바와 같다. 이 시도 정추의 작품과 같이 눈 속에서 소를 타고 찾아가는 고통스러움을 표현하고 있다.

> 오솔길은 뒤엉켜서 돌 사이로 들고
> 여윈 소는 눈을 밟고 오르기에 지쳤네.
> 어찌 오직 안온하게 걸터앉아 기울고 뒤집힘이 없으리요?
> 시를 짓는 눈이 장차 수많은 구슬 산을 다 살피려 하네.
> 線路縈紆入石間　羸牛踏雪倦躋攀
> 豈唯穩跨無傾覆　詩眼將窮萬玉山

이 시의 기·승구는 돌 사이로 들어가는 오솔길의 모습과 쌓인 눈을 밟고 가는 여윈 소의 고통을 그려내고 있다. 전구에서는 소를 타고 가는 길이 결코 순탄하지만은 않다는 사실을 지적하고 있다. 華山의 승경을 구경하느라고 나귀를 거꾸로 탔던 반랑처럼 소를 타고 가는 길에도 기울고 뒤집히는 어려움이 있음을 적시하고 있다. 결구에서는 이러한

59) 韓脩, 「奉和益齋相國東國故事四詩」, 『柳巷詩集』, 『韓國文集叢刊』 5, 260면.

어려움에도 불구하고 이곳을 찾은 까닭은 눈에 쌓인 수많은 산들, 곧 玉山을 모두 살피려 한다고 하여 온갖 어려움을 무릅쓰고 겨울 설경을 즐기려는 '김시중'[사실은 최당]의 집요한 노력을 높이 평가하고 있는 것이다.

고려시대에 제작된 이상 3인의 작품은 정도의 차이가 있기는 하지만, 모두 최당의 추암에서의 풍류에 초점이 맞혀져 있다. 민사평의 시는 추암에 전해지는 최당의 풍류를 후세의 사람들이 추억한다는 점이 중심이고, 정추와 한수의 시는 눈 속에서 고통스러이 추암을 찾아가는 최당의 모습을 그린 다음 그것이 풍류를 추구하는 그의 적극적이고 능동적인 자세에서 연유된 것이라고 한 점에서 일치한다고 할 수 있다. 한수는 여기에서 한 걸음 더 나아가 눈에 덮인 수많은 산들의 모습을 모두 보려는 뜻이 숨겨 있다는 적극적인 해석을 첨가하고 있다. 그러나 정추와 한수의 작품은 굳이 그 대상이 추암이 아니더라도 충분히 쓸 수 있는 작품이라는 점에서 제재와 시상의 관련성이 그렇게 밀접하다고 하기는 어려운 것으로 보인다. 여기에 대해 조선시대에 들어와 지어진 권근과 김시습의 작품은 이상의 작품들과는 좀 다른 면모를 보여준다.

권근의 작품은 제목이 <김거사가 눈 속에서 소를 타고 추암에서 놀다(金居士雪中騎牛 遊皺岩)>[60]으로 되어 있다. 여기에서 최당을 나타내던 '崔太尉'(민사평·정추의 작품)가 '金侍中'(한수의 작품)을 거쳐 '金居士'로 바뀐 것은 단순한 인물의 교체라는 사실 이상의 의미를 지닌다. '최태위'나 '김시중'은 다같이 최고관료의 인물, 또는 致仕한 재상이라는 의미를 지니지만 '김거사'는 결코 그러한 인물의 범주로는 볼 수 없다. '거사'는 기본적으로 "도덕과 학예가 도저하면서도 숨어살며 벼슬을 하지 않는 선비"[61] 이상의 내포적 의미를 찾아보기 어렵기 때

60) 權近, 『陽村集』 권9, 『韓國文集叢刊』 7, 108면. 이 시는 『東文選』 권21과 『新增東國輿地勝覽』 권12, 「長湍都護府」에 수록되어 있다.

문이다. 이 시가 최당의 고사를 바탕으로 하였다고 하더라도 작품에서 드러나는 풍류는 致仕한 老宰相의 것이라기보다는 자연 속에 은거하면서 자연의 취락을 벗삼는 처사의 풍류 이상으로 해석하기 어려운 점이 있다고 하겠다.

> 눈 속의 시내와 산이 하도 기이하여
> 놀러 나가 소 등에서 느리게 가는 대로 맡겨 두네.
> 추암은 아마도 인간 세상이 아니어서
> 길이 儒仙으로 하여금 시를 짓게 하네.
> 雪裏溪山特地奇　遊觀牛背任行遲
> 皺岩可是非人境　長使儒仙爲賦詩

이 시는 기구와 승구에서 눈 내린 溪山의 경치가 너무 기이하여 그 속에서 느릿느릿 소를 타고 유람하는 인물의 모습을 그려 낸 다음, 전구와 결구에서는 추암의 경치가 인간 세상이 아닌 별세계이기 때문에 시인이 시를 짓지 않을 수 없도록 만든다고 하였다. 이 시의 내용만으로 보면, 결코 致仕한 老宰相의 모습을 찾아보기 어렵다. 그저 겨울철 쌓인 눈 속에서 소를 타고 유람하는 한가로운 隱士의 모습을 보여줄 뿐이다. 게다가 여기에는 李白이 <山中問答>에서 말한 "別有天地非人間"의 시상을 끌어와 道家的 風을 가미시키고 있다. 그래서 결구에서는 儒仙이라는 용어를 동원하여 자연 속에서 閑遊하는 處士的 人物의 모습을 神仙的 風度와 연결시키고 있다.[62]

---

61) 신기철 · 신용철, 『새 우리말 큰사전』 상, 증보판, 三省出版社, 1979, 133면.

62) 한편, 권근이 한수가 知貢擧였을 때 그를 보좌하였고, 젊은 시절에 출입하던 座主 李穡의 집에서 정추 · 한수 등이 시문을 주고받았으며, 한수의 문집인 『柳巷詩集』에 批點을 닮으로써 그의 시문을 자세히 검토할 기회가 있기도 하였다는 점을 고려하면, 권근의 이 작품에 나오는 '김거사'는 한수의 작품에 나오는 '김시중'의 착각이라고 볼 수 있는 개연성도 있다. 이렇게 보면, 이 시는 한수의

김시습의 작품은 제목이 <김거사가 눈 속에서 소를 타고 추암에서 놀다(金居士雪中騎牛 遊皺巖)>[63]라고 되어 있어서, 권근의 작품과 마찬가지로 이 시의 주인공이 '金居士'로 나타나고 있다.

> 눈 속에서 소를 타고 가는 대로 따라가니
> 천 리 강산에 구슬 가루가 흩날리네.
> 袁安이 빳빳하게 누워 사람들에게 구걸하지 않은 뜻이
> 어찌 鄭公의 다리 위에서의 情趣만 할 것인가?
> 雪裏騎牛信步行　江山千里散飛瓊
> 袁安僵臥不干意　那及鄭公橋上情

이 시는 기구와 승구에서 휘날리는 눈 속을 소를 타고 가는 인물의 모습을 그린 다음, 전구와 결구에서 袁安과 鄭公을 대비시키고 있다. 袁安은 앞에서 살펴본 바와 같이, 어린 나이에도 눈 속에서 굶주리는 사람들처럼 구걸하기 싫어서 집에서 나오지 않고 빳빳하게 드러누워 있었던 後漢의 인물로서, 그의 행동은 구차스럽게 살지 않고 고상한 가치를 추구하는 인물의 대명사로 사용된다. 그런데 이 시의 후반부에서는 袁安의 이러한 뜻이 '鄭公의 다리 위에서의 情趣'에 미치지 못한다고 함으로써, 소극적인 가치보다는 鄭公의 높은 풍류를 높이 평가하고 있음을 알 수 있다.

여기서 문제가 되는 것은 鄭公의 정체이다. 필자는 鄭公이 鄭道傳(?~1398)을 가리키는 것으로 추정한 바 있다.[64] 그리고 '鄭公의 다리

작품과 같이 致仕한 老宰相의 여유로운 風度를 그린 것으로 볼 수 있게 된다. 그러나 이 작품에 나타나는 '김거사'와 '김시중'의 차이는 쉽게 설명하기 어려운 것이 사실이다.

63) 金時習, 「詠東國故事」, 『梅月堂集』, 「詩集」 권2, 『韓國文集叢刊』 13, 113면. 『국역매월당집』 1(세종대왕기념사업회, 1977, 149면)에서는 '金居士'를 '金克己'로 보고 있으나 이것은 잘못된 것이다.

위에서의 情趣'는 바로 정도전의 시 <김거사의 시골집을 찾아가다(訪金居士野居)>[65]에 나오는 시적 정취를 가리키는 것으로 보았다.

> 가을 그늘은 막막하고 사방 산은 비었는데
> 낙엽은 소리 없이 땅에 가득히 붉었네.
> 시내 다리에 말 세우고 돌아갈 길 묻나니
> 내 몸이 그림 속에 있는 줄을 모르네.
> 秋陰漠漠四山空　落葉無聲滿地紅
> 立馬溪橋問歸路　不知身在畫圖中

이 시는 『三峯集』의 <重九> 시 細註에 「錦南雜詠」이라고 특기되어 있는 작품 중의 하나로서,[66] 『東文選』·『國朝詩刪』·『箕雅』·『大東詩選』 등에도 실려 있는 정도전의 대표작으로 인정되는 작품이다.[67] 「錦南雜詠」은 정도전이 호남 지방에 유배되어 있을 때 지은 작품임이 『三峯集』 권1의 <送盧判官> 시의 주석에서 확인된다.[68] 그는 1375년(禑王 1) 親元排明을 고집하는 李仁任·慶復興 등에 반대하다가 會津縣[69]에 2년 동안 유배된 일이 있었다. 따라서 이 시의 김거사가 호남의 회진현 사람인 것은 분명하지만 누구인지는 확인하기 어렵다. 다만 이 시와 함께 실린 작품 <김익지를 찾아가다(訪金益之)> 시의 金益之가 김거사와 동일인이라면 그의 字는 益之임을 알 수 있다. 이 두 사람이 동일인이라는 증거는 없으나 <訪金益之> 시의 분위기가 이 시의

64) 拙稿, 앞의 논문, 314면.
65) 鄭道傳, 『三峯集』 권2, 『韓國文集叢刊』 5, 305면.
66) 以下八首錦南雜詠.(위와 같음)
67) 洪萬宗은 이 시에 대해 '詩中有畵'라는 평을 닮으로써 그림처럼 아름다운 정경을 묘사한 작품으로 인정하고 있다.(洪萬宗, 『小華詩評』 卷上, 趙鍾業 편, 『韓國詩話叢編』 3, 東西文化院, 1989, 317면)
68) 以下八首錦南雜詠 皆在貶所作.(『三峯集』 권1, 『韓國文集叢刊』 5, 291면)
69) 會津縣은 현재의 전라남도 羅州이다.

그것과 흡사하다.

鄭道傳, <김익지를 찾아가다(訪金益之)>[70]

빈터의 연기는 어둑하고 나무는 들쭉날쭉하고
풀이 사람의 자취를 덮어 길이 없어지려 하네.
그대 집에 가까이 가도 도리어 알 수가 없는데
농부는 돌아서서 작은 다리 서쪽을 가리키네.
墟煙暗淡樹高低　草沒人蹤路欲迷
行近君家猶未識　田翁背指小橋西

이 두 시를 비교해 보면, 다같이 자연 속의 아름다운 경치 속에 길을 잃고 있는 시인의 모습을 그려내고 있다. 특히 <訪金居士野居>의 전구와 <訪金益之>의 전·결구는 다리 곁에서 서성이는 시인의 모습이 공통적으로 부각되고 있음이 주목된다.

이렇게 보면 정도전의 <訪金居士野居>는 그가 호남의 회진현에 유배되어 있을 때, 그 지방의 인물이었던 '김거사'의 野居를 찾아가서 지은 것으로 단풍 진 가을의 아름다운 정취를 그린 작품이라고 할 수 있다.

김시습은 이처럼 최당과 같은 풍요와 여유 속의 호사한 중앙 노정객의 풍류를 간난 속에서 지방에 은거하는 인물을 찾아보는 유배객의 풍류로 환치함으로써 그 분위기를 일신시키고 있다. 따라서 김시습에 이르면, 중앙 정부의 고관대작을 지낸 후 노년에 자연 속에서 즐기는 여유보다는 중앙 정부의 고관대작과는 거리가 멀었던 자신의 입장을 투영한 새로운 인물 유형을 모색하고 거기에 걸맞다고 생각되는 정도전

70) 鄭道傳, 『三峯集』 권2, 『韓國文集叢刊』 5, 306면.

의 유배지에서의 모습을 끌어들여 자신의 시대에 요구되는 가치 지향을 드러낸 것으로 이해된다. 이런 내용의 시인 만큼 이 시는 제목에 皺岩이라는 특정 지명이 들어가 있으나, 내용에서는 전혀 그러한 언급 없이 시인의 의도만을 강하게 드러낸 것으로 볼 수 있다.

이런 맥락에서 볼 때, 조선시대에 제작된 권근과 김시습의 작품은 고려시대에 제작되었던 작품들과는 또 다른 시각을 담고 있음을 알 수 있다. 권근의 작품은 한편으로 韓脩의 영향을 받은 흔적을 찾아볼 수 있기도 하지만, 시에 표현된 내용만으로 보면 자연 속에서 閑遊하는 處士的 人物의 모습을 神仙的 風度와 연결시키고 있고, 김시습의 작품은 여기에서 한 걸음 더 나아가 정치적 권력과는 거리가 먼 유배객의 풍류를 공리적 가치보다 우위에 둠으로써 시인이 살아가는 당대에 요구되는 가치 지향을 명확히 드러내고 있다고 하겠다.

2) 기타 작품에 투영된 최당 고사

최당의 고사는 「동국사영」에 실린 작품들 이외의 작품에서도 시적 소재로 활용되고 있으니, 이런 현상은 사대부들 사이에 구전되다가 그 고사의 현장을 답사하고 시를 짓는 과정에서 자연스럽게 시 속에 편입되는 것으로 볼 수 있다. 그 중 몇 작품을 살펴보기로 하겠다.

成俔, <추암(皺巖)>[71]

雙明齋의 지난 일은 아득히 자취가 없고
울퉁불퉁한 바위 골짜기에 철쭉꽃이 붉었네.
소 등에서 시 읊으며 눈을 타고 갔는데

71) 成俔, 『虛白堂集』 권5, 『韓國文集叢刊』 14, 274면.

술을 싣고 봄바람을 대하는 것은 어떠한가?
雙明往事渺無蹤　巖壑參差躑躅紅
牛背吟詩乘雪去　何如載酒對春風

성현(1439~1504)의 이 시는 김시습과 동시대 인물이었던 성현의 작품이지만 시의 내용은 판이하다. 김시습이 작품에서 직접 최당의 고사를 언급하고 있지 않음에 대하여, 이 시에서는 雙明齋 崔讜의 고사를 직접적으로 언급하고 있다. 최당이 추암을 찾은 것은 눈 쌓인 겨울이었으나 성현이 이곳을 찾은 것은 철쭉꽃 피는 봄이었기 때문에, 시적 의경도 그것에 걸맞게 설정되어 있다. 이 시의 기구와 전구는 최당의 일을 언급하고, 승구와 결구는 자신의 일을 언급하여 과거와 현재, 겨울과 봄에 어울리는 모습과 풍류라는 대조를 보여준다. 따라서 이 시는 최당이 겨울철 눈 속에서 소를 타고 추암에 놀았던 일과 현재 시인 자신이 봄날 철쭉꽃 핀 속에 술을 마시며 봄바람을 대하는 것은 어느 것이 더 풍류스러운가를 묻고 있다. 이렇게 함으로써 성현은 풍류의 상징처럼 전해지는 최당의 일화를 바탕에 깔고 봄나들이의 풍류를 극대화한 것으로 이해된다.

蔡壽, <추암(皺巖)>[72)]

바위투성이의 높은 숲에 가는 길이 어려운데
때마침 아름다운 곳을 만나 또 서성거리네.
시냇가의 석벽에는 丹靑이 젖어 있고
말 머리의 산봉우리에는 釰戟이 모여 있네.
흥을 타고 아득하게 눈 속을 갔는데
봄을 찾아 술을 싣고 바라봄이 무엇과 같은가?

72) 蔡壽, 『懶齋集』 권2, 『韓國文集叢刊』 15, 404면.

채찍을 휘두르며 다시 靈通寺를 향해 가니
갑자기 안개 낀 洞府가 넓음을 깨닫네.
石卓确雲林行路難　時逢佳處又盤桓
溪邊石壁丹青潤　馬首峯巒釼戟攢
乘興謾溥衝雪去　探春那似載壺看
揮鞭更向靈通去　陡覺烟霞洞府寬

채수(1499~1515)의 이 시는 추암을 보고 느낀 바를 중심으로 자신의 행로까지를 드러내고 있는 작품이다. 首聯과 頷聯은 추암을 찾아가는 길과 추암 주변의 경관을 묘사한 부분이고, 頸聯은 최당이 눈 속에서 소를 타고 추암을 찾았던 일과 자신이 봄날 술을 가지고 찾아온 모습을 대비한 부분이며, 尾聯은 다시 길을 떠나며 골짜기가 넓음을 확인하는 부분이다. 이 가운데 미련이 바로 최당의 雪中騎牛와 현재의 자신의 探春行을 대비한 부분이다. 앞의 성현의 시와 마찬가지로 최당의 눈 쌓인 겨울 나들이와 자신의 봄나들이의 풍류 중 어느 것이 더 풍류스러운지를 물어 자신의 풍류스러움을 부각시키려는 의도가 드러나고 있다.

曺偉, <추암(皺岩)>[73]

그 해에 소 등에서 새 시를 찾으니
눈이 산봉우리를 가리고 白玉이 둘러쌌네.
구슬프게도 雙明齋는 지금 보이지 아니하고
바위 가득한 붉은 비에 낙화가 날리네.
當年牛背覓新詩　雪擁峯巒白玉圍
惆悵雙明今不見　半岩紅雨落花飛

73) 曺偉, 『梅溪集』 권1, 『韓國文集叢刊』 16, 296면.

조위(1454~1503)의 이 시는 꽃 지는 봄에 추암을 찾아 온 시인이 이곳에 전해지는 최당의 고사를 추억하는 懷古調의 작품이다. 이 시의 기구와 승구는 최당이 이곳을 찾아왔을 당시의 모습을 그리고 있고, 전구와 결구는 시인의 눈에 비친 현재의 모습을 그리고 있다. 즉 최당이 소를 타고 이곳에 왔을 때는 눈과 얼음이 쌓인 한겨울이었음에 대해, 조위가 이곳을 찾아왔을 때는 그러한 모습과는 너무나 다른 계절, 즉 붉은 꽃이 바람에 날리는 늦봄이었음을 드러내고 있는 것이다. 이 시는 과거와 현재, 겨울과 봄이라는 대조를 통해 추암 주변의 경치와 회고의 정회를 성공적으로 형상화하고 있다고 하겠다.

이상에서 보았듯이, 최당 관련 고사를 다룬 작품들은 한결같이 눈 속에서 소를 타고 추암을 찾아온 최당의 풍류와 꽃이 피거나 지는 봄날에 추암을 찾아온 시인들의 모습을 대비하는 방식을 보여주고 있다. 일반적으로 자연을 완상하는 놀이가 봄, 가을이 중심이 되는 것을 생각하면 소를 타고 눈 쌓인 산 속을 유람하였던 최당의 풍류가 이색적으로 보였던 것은 당연한 귀결이라고 할 것이다. 따라서 이들 작품에 등장하는 최당의 고사는 시인 자신의 풍류스러움을 드러내기 위한 하나의 방편에 지나지 않는 것이다.

이 작품들에서 다루어진 최당의 풍류가 「동국사영」에서 다루어진 최당의 풍류와 다른 모습을 보이는 까닭은 「동국사영」에서의 최당의 풍류가 金富軾·鄭敍·郭預의 고사와 함께 총체적으로 인식되는 데 반해, 「동국사영」 이외의 작품들에서 다루는 최당의 풍류는 다만 눈 속에서 소를 타고 추암에 놀았다는 사실만이 단편적으로 인식되기 때문이다. 따라서 「동국사영」 이외의 작품들에서는 최당의 고사가 자신의 풍류스러움을 드러내는 보조자료로 이용될 뿐이며, 최당의 풍류 자체에 대한 관심은 현저히 약화될 수밖에 없다고 하겠다.

5. 맺음말

이상에서 「동국사영」 작품군에서 주요한 대상이 되는 최당 고사의 시적 변용과 전승에 대하여 살펴보았다. 논의된 바를 요약하여 결론을 삼기로 하겠다.

최당은 수태보문하시랑·동중서문하평장사·판이예부사를 지낸 최석의 손자이고, 중서시랑평장사·수사공·집현전대학사·판예부사를 지낸 최유청의 아들로서 상서좌승·참지정사·중서시랑평장사 등을 역임하고 신종 때 수태위문하시랑동중서문하평장사로 致仕하였던 인물이다. 그는 치사한 후 쌍명재를 지어 한거하면서 아우 최선 및 장자목·고영중·백광신·이준창·현덕수·이세장·조통 등과 함께 기로회를 만들어 소요자적하여 그 풍류가 '땅 위의 신선'[地上仙]이라고 일컬어지기도 하였다. 이 기로회는 최유엄과 이진이 중심이 된 해동후기로회를 거쳐 또 권희·권중화·이서·성석린·민제·김사형·조준·하륜·이거이·이무 등 10명이 1404년(太宗 4)에 결성한 후기영회의 전범이 되기도 하였다. 『파한집』에는 그가 아끼던 개익의 글씨를 빌려 간 사람이 진품을 숨기고 모사품을 돌려주었지만 그 사실을 알고서도 웃음으로 넘겨 버렸다는 일화가 있어서 그 넉넉한 인품의 일면을 엿볼 수 있기도 하다.

최당이 「동국사영」의 대상이 되는 것은 그가 기로회의 회원들과 함께 눈 속에서 소를 타고 송도 동북쪽의 추암에서 놀았다는 풍류 때문이다. 그의 풍류는 이미 그와 동시대에 살았던 이인로의 <최태위가 소를 타고 나가서 놀다(崔太尉騎牛出遊)> 시를 통해 널리 알려졌음을 알 수 있는데, 이인로는 이 시에서 술을 좋아하던 이백이나 산수의 승경에 탐닉하였던 반랑처럼, 최당이 소를 타고 곳곳의 이름난 곳을 마음대로 다니는 모습을 표현하여 그의 산천유람의 풍류를 기리고 있다. 그가 관료로서의 화려한 활동을 마치고 치사한 후, 자연 속에서 풍류를 즐기는 모습은 후대의 시인들에게 이상적인 노후생활의 전범으로 인식되었던 것이다.

최당 고사의 시적 변용과 계승을 살펴보면, 그 주된 대상이 최당이 추암에서 눈 속에서 소를 타고 노닐었다는 것이지만, 「동국사영」 작품군에서도 그것을 바라보는 시각에는 상당한 차이가 드러난다. 우선 제목에서 드러나는 인물의 변화를 지적할 수 있는데, 민사평과 정추는 각기 '崔太尉', '雙明崔太尉讚'이라고 하여 다같이 최당을 지칭하고 있으나, 한수는 '金侍中', 권근과 김시습은 '金居士'라고 하여 우선 대상 인물의 성이 바뀌었을 뿐 아니라 그 신분도 시중과 거사로 나타남으로써 매우 큰 변화를 보여주고 있다. 한수의 시에서 최당이 '金侍中'으로 나타나는 것은 단순한 착각으로 보이지만, 권근과 김시습의 시에서 '김거사'로 나타나는 것은 이것과는 다른 상당한 의미를 지닌다고 하겠다. 동일한 인물의 동일한 행적을 두고 지은 작품에서 이러한 변화를 보인다는 것은 문학작품이 시인이 살고 있는 시대의 가치를 충실히 반영하고 있음을 의미하는 것이다.

고려시대에 제작된 민사평・정추・한수의 작품은 정도의 차이가 있기는 하지만, 모두 최당의 추암에서의 풍류에 초점이 맞혀져 있다. 민사평의 시는 추암에 전해지는 최당의 풍류를 후세의 사람들이 추억한다는 점이 중심이고, 정추와 한수의 시는 눈 속에서 고통스럽게 추암을 찾아가는 최당의 모습을 그린 다음 그것이 풍류를 추구하는 그의 적극적이고 능동적인 자세에서 연유된 것이라고 한 점에서 일치한다. 한수는 여기에서 한 걸음 더 나아가 눈에 덮인 수많은 산들의 모습을 모두 보려는 뜻이 숨겨 있다는 적극적인 해석을 첨가하고 있다.

여기에 대해 조선시대에 들어와 지어진 권근과 김시습의 작품은 이상의 작품들과는 다른 면모를 보여준다. 이 두 작품은 제목에 '김거사'

라는 용어를 쓰고 있는데, 고려시대의 작품들에 나오는 '최태위'나 '김시중'이 다같이 최고관료의 인물, 또는 치사한 재상이라는 의미를 지니지만 '김거사'는 기본적으로 "도덕과 학예가 도저하면서도 숨어살며 벼슬을 하지 않는 선비" 이상의 내포적 의미를 찾아보기 어렵기 때문에, 이 시들에서는 자연 속에 은거하면서 자연의 취락을 벗삼는 처사의 풍류 이상으로 해석하기는 어렵다고 하겠다. 권근의 작품은 자연 속에서 閑遊하는 처사적 인물의 모습을 신선적 풍도와 연결시키고 있고, 김시습의 작품은 여기에서 한 걸음 더 나아가 정치적 권력과는 거리가 먼 유배객[鄭道傳]의 풍류를 공리적 가치보다 우위에 둠으로써 시인이 살아가는 당대에서 요구되는 가치 지향을 명확히 드러내고 있는 것이다. 특히 김시습의 작품은 중앙 정부의 고관대작을 지낸 후 노년에 자연 속에서 즐기는 여유보다는 중앙 정부의 고관대작과는 거리가 멀었던 자신의 입장을 투영한 새로운 인물 유형을 모색하고 거기에 걸맞다고 생각되는 정도전의 유배지에서의 모습을 끌어들여 자기가 살고 있는 시대가 요구하는 가치 지향을 드러낸 것으로 이해된다.

또 「동국사영」에 들지 않으면서 최당 고사를 다룬 성현·채수·조위의 <皺岩>은 다같이 눈 속에서 소를 타고 추암을 찾아온 최당의 풍류와 꽃이 피거나 지는 봄날에 추암을 찾아온 시인들의 모습을 대비하고 있다. 따라서 이 작품들에 등장하는 최당 고사는 시인 자신의 풍류를 드러내기 위한 역사적 제재에 불과한 것이다. 이것은 「동국사영」 작품군에서 다루어지는 최당의 풍류가 김부식·정서·곽예의 고사와 함께 총체적으로 인식되는 데 반해, 여타의 작품들에서 다루어지는 최당의 풍류는 그가 단지 눈 속에서 소를 타고 추암에서 놀았다는 사실만이 단편적으로 인식되기 때문이다.

제5장 곽예 고사의 시적 변용과 전승

1. 머리말

「동국사영」의 하나로 꼽힌 곽예의 고사는 그가 비가 오는 날이면 맨발로 우산을 쓰고서 開京에 있는 龍化院의 崇教寺의 연못으로 가서 연꽃을 구경하면서 시를 지었다는 사실이 중심이 된다. 이제현을 비롯한 후대의 인물들이 그 사실을 아름답게 여겨서 즐겨 시적 제재로 삼았고, 또 그것을 「동국사영」의 하나로 꼽았으니 그들은 곽예의 이 고사를 통해 그의 소탈한 면모와 風流를 높이 사려고 하였던 것으로 이해된다.

여기에서는 먼저 곽예의 생애와 그 고사를 일별한 다음, 그 고사를 다룬 작품들을 「동국사영」뿐 아니라 독립적으로 전해지는 한시까지 포함하여 아울러 살펴봄으로써 후대인들이 곽예 고사를 바라보는 시각이 어떠하였는지를 고찰하고자 한다.

2. 곽예의 생애

곽예는 고려의 문신으로 初名이 王府, 字가 先甲, 본관이 淸州이다. 1255년(高宗 42) 장원 급제하여 全州司錄이 되었다. 1263년(元宗 4) 詹事府錄事에 補任되어 洪泞와 함께 和親牒을 가지고 일본에 가서 잡혀간 고려인의 송환을 요구하고, 귀국 후 禮賓注簿 兼 直翰林院을 지냈다. 忠烈王이 즉위한 뒤 版圖正郎·寶文署待制·知製誥·必闍赤·國子司業·典法摠郎·衛尉尹·春宮侍講學士를 역임하였다. 1282년(忠烈王 8)에는 右副承旨로서 同知貢擧를 겸한 뒤 左承旨·國子監大司成·文翰學士를 거쳐 1286년 知密直司事·監察大夫로서 聖節使가 되어 元나라에 갔다 오던 길에 병사하였다.1) 그는 문장에 뛰어났던 것으로 알려져 있는데, 『高麗史』「列傳」에는 다음과 같이 기록되어 있다.

> 그는 사람됨이 平淡·勁直하고 謙遜·樂易하여 비록 貴顯에 이르러서도 布衣 때와 같았고, 글을 잘 짓고 書法이 瘦勁하여 一家의 체를 이루니 당시의 사람들이 이를 본받아 翕然히 일변하였다. 그가 翰林院에 있을 때 매번 雨中에 맨발로 우산을 가지고 홀로 龍化池에 이르러 연꽃을 감상하니 뒷사람들이 그 風致를 높이 여겨 그 일을 읊는 사람이 많았다.2)

여기에서는 그가 성품이 平淡·勁直하고 겸손하여 벼슬이 높아져서도 그 이전과 같았다는 점, 글과 글씨에 빼어났다는 점을 지적하였을 뿐 아니라, 비가 오는 날 龍化池의 연꽃을 구경하러 다닌 일화를 제시

---

1) 이상의 사실은 『高麗史』 권106, 「列傳」 권19, '郭預' 조에 나온다.

2) 爲人平淡勁直 謙遜樂易 雖至貴顯 如布衣時 善屬文 書法瘦勁 成一家體 當世效之 翕然一變 其在翰院每雨中 跣足持傘 獨至龍化池賞蓮 後人高其風致 多詠其事.(위와 같음)

하고 그 일을 풍류스럽게 여긴 後人들이 그 사실을 많이 읊었다는 사실을 지적하고 있다. 특히 후자의 일화는 이미 익재 이제현의 『櫟翁稗說』에 소개되어 알려졌는데, 바로 이 일화가 그를 「동국사영」의 대상인물이 되게 한 所以가 된다.

3. 「동국사영」과 관련된 곽예 고사

곽예의 생애는 위에서 살펴본 바와 같지만, 그의 소탈함과 풍류를 적실하게 보여주는 것은 바로 翰林學士로 있을 때 비가 오면 맨발로 우산을 가지고 龍化院 崇敎寺의 못가로 가서 연꽃을 감상하였다는 일화이다. 이 고사와 관련한 그에 대한 평가는 당시에 찬반 양론으로 갈라져 있었음을 이제현의 언급에서 확인할 수 있다.

> 속어에 남을 업신여기고 스스로 잘난 체 하는 이를 '聖者'라고 일컫는다. 사람들이 말하기를, "장원 급제한 사람으로서 성자의 행위를 하지 않은 사람은 오직 곽예공뿐이다."라고 하였다. 어떤 이가 말하기를, "곽공이 한림이 되었을 때 매번 비를 만날 때마다 반드시 맨발로 우산을 들고, 홀로 용화원 숭교사의 못가에 와서 연꽃을 구경하였으니 어찌 성자가 아니겠는가?"라고 하였다. 그래서 곽공은 시에서
>
> 연꽃을 구경하러 세 번 三池에 오니
> 푸른 일산 붉은 단장이 옛날과 같네.
> 다만 꽃을 보는 玉堂의 손님이 있어
> 風情은 아직 줄지 않았는데 살쩍은 실과 같네.[3]

3) 이 시는 金宗直의 『青丘風雅』에 <賞蓮>이라는 제목으로 실려 있고, 주석에서 "공이 한림으로 있을 시절에 비가 오면 반드시 발을 씻고 우산을 가지고서 홀

(賞蓮三度到三池　翠盖紅粧似舊時
唯有看花玉堂客　風情未減鬢如絲)

라고 하였다.[4]

이제현은 여기에서 너무 잘난 체 하는 사람을 일컬어 '聖者'라고 한다는 당시의 풍습을 말한 다음, 곽예에 대한 사람들의 평가가 그를 성자로 보는 사람과 그렇지 않은 사람으로 보는 두 방향으로 갈라져 있었음을 증언하고 있다. 그러면서 그를 성자의 범주 속에 넣는 사람들의 주장이 바로 곽예가 비가 오면 용화원의 숭교사 못가에 가서 연꽃을 구경한다는 사실을 지적하는 것이라고 하였다. 그럼에도 불구하고 이제현이 곽예의 이 일화를 「동국사영」의 하나로 꼽은 것은 그런 정도의 행동은 너무 잘난 체 하는 성자의 범주가 아니라 독특한 풍류의 하나로 파악하고 있었음을 보여주는 것이라고 하겠다.

조선시대에 洪萬宗이 『小華詩評』에서 이 일화를 소개하고 "그 기상이 素湯함을 지금까지 생각할 수 있다."라는 평을 단 것으로 보아, 후대의 인물들도 곽예의 이러한 행동을 풍류의 하나로 파악하고 있었다는 사실을 규지할 수 있다.[5] 또 홍만종은 곽예의 시 <숙직하는 집(直廬)>에 대해서도 언급하고 있으니, 그 시를 살펴보기로 하겠다.

로 용화원의 숭교사 못가에 가서 연꽃을 감상하였다.(公爲翰林日 每遇雨 必洗足持傘 獨至龍化院崇敎寺池上 賞蓮)" 라고 하였다.

4) 俗語 以詭衆自負者爲聖者 人謂 壯元及第 不爲聖者之爲者 唯郭公預而已 或曰 郭公爲翰林日 每遇雨 必跣足持傘 獨至龍化院崇敎寺池上 以賞蓮花 豈非聖者乎 故公詩云 賞蓮三度到三池 翠盖紅粧似舊時 唯有看花玉堂客 風情未減鬢如絲.(李齊賢, 『櫟翁稗說』, 前集 2)

5) 密直每遇雨持傘獨至龍化院池上賞蓮 其詩曰 (中略) 其氣像素湯 至今可想.(洪萬宗, 『小華詩評』 卷上, 趙鍾業 편, 『韓國詩話叢編』 3, 東西文化院, 1989, 303면)

성근 발을 반쯤 걷고 층진 산봉우리를 바라보니
수많은 골짜기의 솔바람에 푸른 이내 움직이네.
한낮이 참으로 한가롭고 公事가 적어
창에 기대어 졸면서 鈞天廣樂[6]을 듣네.
半鉤疎箔向層巔　萬壑松風動翠烟
午漏正閒公事少　倚牕和睡聽鈞天

숙직하는 집에서 읊은 이 시에 대해 홍만종은 富麗한 가운데 閒曠한 뜻이 있다고 하였다.[7] 부려하다고 한 것은 그가 과거에 급제하여 순탄한 관직 생활을 영위한다는 사실을 지적한 것이고, 한광한 뜻이 있다고 한 것은 그런 관직 생활 속에서도 자연을 벗삼고 여유를 즐기는 삶의 모습을 지적한 것이다. 이렇게 보면, 홍만종의 평가는 이제현이 『역옹패설』에서 언급한 곽예에 대한 두 방향의 평가를 아울러 수용하였음을 알 수 있다. 그러나 홍만종이 곽예의 <연꽃을 감상하다(賞蓮)> 시에 대해 素湯함을 높이 평가하고 있음을 보면, 홍만종의 위의 언급은 곽예가 부려함보다는 한광함에 중점을 두고 곽예의 작품을 평가하고 있음을 알 수 있는 것이다.

그렇다면 그가 비가 오면 우산을 들고 찾아갔다는 용화원 숭교사의 연지는 언제부터 있었으며 어디에 있었던 것인가? 『增補文獻備考』에서 1179년(明宗 9) 5월 乙丑에 용화원 못의 물이 피처럼 붉었다고 한 것과 1194년 5월 癸酉에 용화원 남쪽 못의 물이 10여 일 동안 피처럼 붉었다고 한 것[8]으로 보아, 이 못은 늦어도 12세기에는 존재하였던 것임을 알 수 있다. 그 위치에 대해서는 『新增東國輿地勝覽』에서 숭교사는

6) 鈞天廣樂은 天上의 미묘하고 광대한 음악을 가리킨다.
7) 郭密直預 題直廬詩曰 半鉤疎箔向層巔 萬壑松風動翠烟 午漏正閒公事少 倚牕和睡聽鈞天 富麗之中 有閒曠意.(洪萬宗, 앞의 책, 같은 곳)
8) (明宗九年)五月乙丑 龍化院池 水赤如血 (中略) 二十四年五月癸酉 龍化院南池水赤如血 凡十餘日.(『增補文獻備考』 권10, 「象緯考十」)

개성의 남부 歡喜坊에 있으니 지금도 長竿과 趺石이 있다고 하였고,[9] 용화지는 (개성)부의 동쪽 7리에 있다고 하였다.[10] 같은 장소인데도 숭교사는 개성의 남부 환희방에 있다고 하고, 용화지는 개성부의 동쪽에 있다고 하여 종잡기가 어렵기는 하지만, 이 못이 개성 중심가에서 그리 멀지 않은 곳에 위치한 것만은 분명한 듯하다. 이 책의 '龍化池' 항목에는 곽예와 崔瀣(1287~1340)의 시 및 이제현의 <雲錦樓記>가 실려 있다.

최해의 시는 『신증동국여지승람』에는 제목이 실려 있지 않으나, 같은 작품이 『동문선』 권20에는 <밀직 곽예의 상련시에 추가로 차운하다(追次郭密直預賞蓮詩韻)>라는 제목으로 실려 있어서 이 시가 곽예의 <상련> 시를 차운한 작품임을 분명히 알 수 있다.

> 붉은 단장 푸른 일산이 가을 못을 덮었는데
> 갈매기·해오라기 서로 의지하여 제철 만남을 기뻐하네.
> 지난 해 崇教殿 지나던 때를 기억해 보니
> 엷은 구름 지는 해에 비가 실실이 내렸네.
> 紅粧翠盖擁秋池　鷗鷺相依喜得時
> 想得去年崇教過　薄雲殘照雨絲絲

이 시를 지은 최해는 이제현과 같은 나이로서 곽예보다 약 50년 뒤의 인물이다. 그런데 최해는 곽예의 <상련> 시에 차운한 시를 짓고 이제현은 곽예의 고사를 『역옹패설』에서 언급하였을 뿐 아니라 이 일화를 「동국사영」의 하나로 꼽은 것은 이 시를 짓던 당시까지만 해도 곽예의 고사와 <상련> 시가 인구에 회자되었음을 의미한다. 따라서 이제현

9) 『新增東國輿地勝覽』 권5, 「開城府 下」.
10) 위의 책, 권4, 「開城府 上」.

도 곽예의 <상련> 시에 차운한 작품을 지었을 가능성이 있다. 그것은 이제현의 시를 차운하였다고 하는 민사평의 「동국사영」(「東國四咏 益齋韻」) 중 곽예의 고사를 읊은 <곽한림이 빗속에서 연꽃을 감상하다(郭翰林雨中賞蓮)> 시의 운자가 곽예의 <상련> 시의 그것과 일치하고 있기 때문이다.[11] 그리고 『고려사』에는 嬖臣 朴良衍과 宋明理가 忠惠王에게 권하여 숭교사의 연지 곁에 누각을 지어 遊宴의 장소를 만드니, 왕이 송명리에게 명하여 꽃과 나무를 심게 하였다는 기록[12]이 있는 것으로 보아, 이미 이제현과 최해는 용화원의 연지를 직접 목격하였음을 알 수 있고, 그 당시에 연지 곁에는 누각이 서고 꽃과 나무가 많이 심어져 있어서 명소로 알려져 있었다는 사실을 짐작할 수 있다. 또 민사평은 「동국사영」 이외에도 용화원의 연지에서 연꽃을 감상하는 시를 지어 곽예의 풍류를 기리기도 하였다.[13]

곽예의 일화로 인해 문인들에게 회자되었던 용화원의 연지에는 그 후 玄福君 權廉(1302~1340)이 1337년(忠肅王 6) 雲錦樓를 세우고 그의 宗族들이 모여 즐기던 곳으로 면모를 일신하게 된다. 위에서 언급한 이제현의 <운금루기>가 왜 『신증동국여지승람』의 '龍化池' 항목에 실려 있는지 그 까닭을 이해할 수 있는 것이다. 이 <운금루기>는 『익재난고』에 수록된 것을 여기에 재수록한 것인데, 그 중 일부를 보면 다음과 같다.

---

11) 閔思平의 시의 韻字는 池·詩·絲로 郭預 시의 池·時·絲와 한 글자가 다르지만, '詩'는 '時'의 잘못이라고 보는 견해도 있어서(閔丙秀, 『韓國漢詩講解』, 太學社, 1995, 115면, 참조), 이 견해를 인정한다면 바로 이제현은 곽예의 <賞蓮> 시에 차운한 작품을 지은 것으로 볼 수 있다.

12) 又勸王 起樓崇教寺蓮池旁 爲遊宴之所 王命良衍植花木.(『高麗史』 권124, 「列傳」 권37, <盧英瑞傳>)

13) 閔思平, <約義軒洪鐸賞蓮>, 『及菴詩集』 권2, 『韓國文集叢刊』 3, 62면. 이 시는 뒤에서 논의된다.

> 京城의 남쪽에 한 못이 있는데 일백 묘쯤 된다. 그곳을 둘러 살림하는 여염집들이 비늘 같이 늘어서고 빗살 같이 즐비한데, 짊어지고 이고 말을 타고 걷는 사람들이 그 옆으로 줄을 이어 앞서거니 뒤서거니 한다. 어찌 그들이 그윽하면서 기이하고 한가롭고도 넓은 지역이 그 사이에 있는 줄 알랴?
>
> 그 후 至元 丁丑年(1337년) 여름, 연꽃이 만발하였을 때 현복군 權侯가 보고는 그곳을 사랑하여 바로 못 동쪽에 땅을 사서 누각을 세웠다. 높이는 두 길이요, 너비가 세 길인데, 주추는 받치지 않았으나 기둥은 썩지 않게 하고, 기와를 덮지 않았으나 이엉으로 새지 않게 하였으며, 서까래는 다듬지 않았지만 굵지도 않고 약하지도 않았으며, 벽은 丹靑하지 않았지만 화려하지도 않고 누추하지도 않았다. 대략 이와 같은데, 온 못의 연꽃을 모두 차지하고 있다. 이에 그의 아버지 吉昌公과 형제・姻婭들을 초청하여 그 위에서 술을 마시며 화평하고 유쾌하게 놀아, 해가 저물어도 돌아가는 것을 잊을 지경이었다. 아들 중에 큰 글자를 잘 쓰는 자가 있어서 '雲錦' 두 자를 쓰도록 하여 누각의 이름으로 삼았다.
>
> 내가 시험삼아 가서 보니 붉은 꽃 향기와 푸른 잎 그림자가 넓어서 끝이 없는데, 바람과 이슬이 낭자하고 烟波가 흔들리니, 이름을 헛되이 얻지 않았다고 할 만하였다.[14]

권염은 그 생애가 짧기는 하였으나, 외척의 권세를 누리면서 풍류스러운 삶을 살았던 인물이었다. 여기에 대해 李穡(1328~1396)은 다음과

---

14) 京城之南有池 可方百畝 環而居者 閭閻煙火之舍 鱗錯而櫛比 負戴騎步 道其傍而往來者 絡繹而後先 豈知有幽奇閑廣之境 迺在其間耶 後至元丁丑夏 荷花盛開 玄福君權侯 見而愛之 直池之東 購地起樓 倍尋以爲崇 參丈以爲袤 不礎而楹 取不朽 不瓦而茨 取不漏 桷不斲不豊而不撓 壂不艧不華而不陋 大約如是而一池之荷 盡包而有之 於是請其大人吉昌公與兄弟姻婭 觴于其上 怡怡愉愉 竟日忘歸 子有能大書者 使之書雲錦二字 揭爲樓名 余試往觀之 紅香綠影 浩無畔岸 狼藉風露 搖曳烟波 可謂名不虛得者矣.(李齊賢, <雲錦樓記>, 『益齋亂藁』 권6, 『韓國文集叢刊』 2, 555면)

같이 증언하고 있다.

> (權希顔의) 조부인 昌和公 權準(1280~1352)은 공명과 부귀가 여러 사람 가운데 으뜸이었는데, 그 居所를 松齋라고 불렀다. 그리고 그의 부친인 권염은 萬戶의 符를 허리에 차고 외척의 권세를 누리며, 崇教里의 연못가에 누각을 세워 '운금'이라는 편액을 붙이고 그의 어버이와 宗族들을 즐겁게 하였다. 익재 문충공이 그를 위해서 記를 지었으니 참으로 성대한 일이었다.15)

> 정축년(1337년)에 숭교리의 연못가에 누각을 세워 '운금'이라고 편액하였는데 익재 시중이 그 기문을 썼다. 매번 꽃이 필 때마다 盛饌을 갖추고 큰 손님들을 맞이하여 부친에게 獻壽의 잔을 올렸다. 자손들이 모두 모였으니 당시의 사람들이 그것을 흠모하였다.16)

이색은 권염을 중심으로 한 그 일족이 운금루를 세우고 잔치를 베풀어 풍류를 즐긴 것이 당시 사람들의 부러움을 살 정도였으며, 또 이제현이 그 누각에 기문을 썼다는 사실을 강조하여 그것이 당시의 대단히 성대한 일이었음을 지적하고 있다. 이렇게 하여 곽예가 연지에서 우중에 연꽃을 감상하던 풍류는 다시 그 곳에 세워진 운금루와 더불어 그 경관을 감상하는 새로운 명소로 떠오르게 되었으니, 이제현은 李明叔의 「운금루의 네 노래(雲錦樓四詠)」에 和韻한 작품을 통해 운금루의 연꽃을 시로 짓기도 하였다.

---

15) (權希顔의)大父昌和公功名富貴冠諸君 號其所居曰松齋 而尊公腰萬戶之符 踞外戚之勢 作樓于崇教里蓮池之傍 額曰雲錦 樂其親以及宗族 益齋文忠公爲之記 吁盛矣.(李穡, <葵軒記>, 『牧隱文藁』 권3, 『韓國文集叢刊』 5, 20~21면)

16) 歲丁丑 作樓于崇教里蓮池之傍 額曰雲錦 益齋侍中爲之記 每花開 設盛饌 邀大賓 上尊公壽 子姓咸集 時人歆慕之.(李穡, <重大匡玄福君權公墓誌銘幷序>, 『牧隱文藁』 권16, 위의 책, 143면)

李齊賢, <연못의 향기로운 달(荷洲香月)>, 4수 중 첫째 수[17)]

옅은 파도 잔잔하고 달빛 일렁이는데
십 경의 연꽃에 한 번 바람이 부네.
임평산 밑에서 유숙하던 시절을 생각하니
술 깨자 몸은 그림 같은 배에 있었네.
微波澹澹月溶溶　十頃荷花一道風
記得臨平山下宿　酒醒身在畵船中

이 시에서 용화지는 십 경의 연못으로 묘사되어 있다. 이제현이 살던 시기에 이 연못은 여전히 연꽃이 만개하여 시인묵객들의 흥취를 돋구는 장소였음을 확인할 수 있는 것이다. 민사평도 이곳을 방문하여 곽예를 기리는 시를 남겼다.

閔思平, <의헌 홍탁과 연꽃을 감상할 것을 약속하다(約義軒洪鐸賞蓮)>[18)]

머리 위의 서리맞은 쑥 같은 머리털에 해마다 놀라는데
눈에 보이는 운금루를 해마다 저버렸네.
세상살이에 일이 없기는 참으로 얻기 어려우니
오늘에야 용화원 못에서 水仙을 찾아보네.
頭上霜蓬驚歲歲　眼中雲錦負年年
世間無事眞難得　今日龍池訪水仙

이 시는 생활에 부대끼다 보니 가까이 있는 숭교사 연지의 운금루를

---

17) 李齊賢, 「和李明叔雲錦樓四詠」, 『益齋亂藁』 권3, 『韓國文集叢刊』 2, 526면. * 작품의 소제목은 각기 荷洲香月·松壑翠雲·漁磯晩釣·山舍朝炊이다.
18) 閔思平, 『及菴詩集』 권2, 『韓國文集叢刊』 3, 62면.

찾을 틈이 없다가 오늘에야 이곳을 찾아와 즐긴다는 뜻을 담았다. 특히 결구는 용화원 못에서 水仙을 찾는다고 하여 옛날 여기에서 연꽃을 감상하던 곽예를 신선에 비기고 있음이 이채롭다. 따라서 이 시기에는 용화사의 연지가 시인묵객들의 완상처로 엄연히 존재하고 있었음을 알 수 있다.

이제현의 문생이었던 이색도 이 연못을 대상으로 시를 지었다.

> 李穡, <윤오월 초아흐렛날에 홀로 앉아 있는데 석양이 되자 가랑비가 내렸다. 햇빛과 빗방울이 서로 섞이기에 최졸옹[19]이 곽밀직[20]의 <상련> 시에 화운한 '구름 사이로 비치는 저녁햇살에 비가 가느다랗네.[21]'라는 구절을 기억하고는 마음 속으로 말하기를, "송시 중에 '오월에 임평에서 산길을 내려오노라니, 무수한 연꽃이 물 가에 가득하네.'라는 구절이 있으니 오월은 정녕 연꽃이 피는 때로구나." 하였다. 그리고 가랑비가 또 이와 같으니 졸옹 시의 정흥을 상상할 수 있다. 내가 머리가 희끗희끗한 노인[22]으로 영사한[23]을 맡았는데[24] 곽공의

19) 拙翁은 崔瀣(1287～1340)의 號이다. 고려 후기의 문신으로 자는 彦明父·壽翁, 호는 猊山農隱, 본관은 慶州이다. 등제하여 藝文春秋注簿를 거쳐 忠肅王 7년에 元 制科에 급제한 뒤 귀국, 藝文應教·檢校成均大司成을 지냈다. 家勢가 貧寒하여 晩年에 獅子岬寺의 밭을 빌어 농사를 지으며, 『東人之文』을 편수하였고, 『拙稿千百』을 남겼다.

20) 郭密直은 郭預(1232～1286)이다. 그는 고려시대의 문신으로 본관이 淸州, 字가 先甲이고, 초명이 王府이다. 高宗 42년(1255)에 禮部試에 급제하여 全州司錄·詹事府錄事·禮賓主簿兼直翰林院·版圖正郎寶文署待制知制誥·國子司業典法摠郎衛尉尹春宮侍講學士 등을 역임하였다. 忠烈王 8년(1282)에는 右副承旨로 同知貢擧를 겸한 뒤 左承旨國子監大司成文翰學士를 지내고, 동왕 12년에 知密直司事監察大夫로 聖節使가 되어 元에 다녀오던 도중 사망하였다. 강직하고 소박한 성품이었으며, 문장과 글씨에 뛰어났다.

21) 絲絲는 가느다란 봄 빗발의 형용이다.

22) 二毛는 斑白의 머리, 또는 斑白이 되는 나이의 노인이다.

23) 領史翰은 領事·領館事라고도 하는 領藝文春秋館事로서 고려 말기 藝文春秋館의 으뜸 벼슬로서 대개 宰臣이 겸임하였던 자리인데, 史翰은 春秋館과 藝文館이다.

24) 承乏은 재주가 없거나 부족한 사람이 벼슬을 맡는 것이다.

'옥당[25]의 노인'이라는 말은 나의 풍정[26]과 실 같은 살쩍을 먼저 체득한 것이다. 한 편을 읊어서 뒷날 연못에서 모일 때 이야깃거리[27]로 삼고자 한다(閏五月初九日獨坐 至日斜有微雨 日光雨點相雜 因記崔拙翁和郭密直賞蓮詩 漏雲殘照雨絲絲 心語口曰 宋詩有五月臨平山下路 藕花無數滿汀洲之句 五月政荷花開時也 而微雨又如此 拙詩情興可想 予以二毛 承乏領史翰 郭公玉堂老之語 先得僕之風情鬢絲也 吟成一篇 爲他日池之會張本>[28]

"구름 사이로 비치는 저녁햇살에 비가 가느다랗네."라는
猊山[29]의 시 구절이 회자되네.
또 풍류로운 옥당의 노인을 기억하나니
붉은 단장과 흰 머리카락은 둘이 서로 어울리네.
漏雲殘照雨絲絲　膾炙猊山四句詩
更憶風流玉堂老　紅粧白髮兩相宜

이 시를 통하여 보면, 이색은 용화지의 연못과 관련된 곽예의 고사뿐만 아니라 곽예의 시 <연꽃을 감상하다(賞蓮)>에 차운한 최해의 시까지 이어져 온 풍류와 전통을 충분히 이해하고 있음을 알 수 있다.

李穡, <용화지에서 연꽃을 구경하려는데 핀 꽃이 없다(將賞蓮龍化池 花無開者)>[30]

일산과 나막신으로 산에 올라 연꽃을 구경하려는데
거울 같은 푸른 물결에 가벼운 안개가 나부끼네.[31]

---

25) 玉堂은 翰林院이다.
26) 風情은 풍치가 있는 情懷이다.
27) 張本은 어떤 일이 크게 되는 근원이다.
28) 여운필·성범중·최재남 공역, 『역주 목은시고』 6, 月印, 2003, 362~364면.
29) 猊山은 猊山農隱의 준말로 崔瀣(1287~1340)의 호이다.
30) 여운필·성범중·최재남 공역, 앞의 책, 483~484면.

老龍이 분명히 매우 정이 없어
다만 잠만 자면서 꽃을 피게 하지 않았으리.
傘屐登山欲賞蓮　綠波如鏡曳輕烟
老龍的是無情甚　不放花開只管眠

이 시는 용화지의 연꽃이 아직 피지 않는 이유를 늙은 용이 무정하게도 잠만 자느라고 꽃을 피우지 않았기 때문이라고 판단함으로써 그 발상이 특이하고 신선하다. 곽예의 풍류를 알고 있었던 이색으로서, 꽃이 피지 않은 아쉬움을 이렇게 표현한 것이라고 하겠다.

그러나 용화지의 풍류를 계승하였던 운금루의 풍류도 오랫동안 지속되지는 못하였다. 운금루가 있었던 연못에는 현복군 권염이 죽은 뒤 40년이 되지 않아 연꽃이 없어지고 황폐화되었기 때문이다. 이런 사정을 알려주는 것이 이색의 다음 작품이다.

李穡, <한 여름 이래로 몹시 연꽃을 보고 싶어, 어느날 하인에게 가서 살피게 하였더니, 운금지[32]의 꽃은 진 지 오래 되었고 광제지[33]에만 한창 피었다고 한다. 이에 말을 타고 가서 둑에서 말이 가는 대로 따르다가, 우연히 임중랑장의 숲 속 정자에서 천태종 나잔자[34]를 만나 함께 보았다. 공이 음식을 차렸기에 벽통음[35]을 하고서, 저녁

31) 曳烟은 안개가 나부끼는 것이다. 南朝 宋나라 顔延之의 <應詔觀北湖田收>에 “양지 바른 땅에는 정기가 모이고, 그늘진 골짜기에는 차가운 안개가 나부끼네.(陽陸團精氣 陰谷曳寒烟)”라는 구절이 있다.

32) 雲錦池는 開京 남쪽의 龍首山 부근에 있던 못으로 龍華池라고도 하였다.

33) 廣濟池는 개경의 廣通普濟禪寺 부근에 있던 못인 듯하다.

34) 懶殘子는 天台宗의 승려로 天台判事를 지내고 福利君에 봉해진 사람이다. <贈休上人序>(『牧隱文藁』 권8)에 따르면 목은이 어릴 때에 結契하여 忠惠王 복위 5년(1344) 정월에 洪義元・吳仝 등과 함께 三角山에서 독서하였던 벗이라고 한다.

35) 碧筒(筩)飮은 연잎을 큰 술잔처럼 오무려 만든 碧筒杯에 술을 담아서 연 줄기의 구멍을 통해서 빨아 마시는 것으로, 줄기의 모양을 코끼리의 코처럼 굽혀서

무렵에 헤어져 남계원에 들렀다가 돌아오니 해가 이미 저물었기에 2수를 읊다(仲夏以來 苦欲賞蓮 一日遣長鬚往候 則雲錦池花亡久矣 獨廣濟池盛開 於是命駕而往 緣堤信馬 偶得任中郎林亭邀天台懶殘子同賞 公設食作碧筒飮 向晩解携 因過南溪院 旣歸則日已晩矣 吟成二首)>, 2수 중 둘째 수[36)]

雲錦樓의 그림자가 물결 속에 거꾸로 서 있는데
玄福君은 풍류로 유명한 분이었다네.
詩書의 혜택으로 世臣[37)]의 명망이 두터웠고
水陸의 꽃 가운데 군자[38)]로 이름이 높다네.
역력한 흥망[39)]에 반딧불이 풀로 변하고[40)]
널따랗게 읊조림에는 따오기가 놀을 아울렀다네[41)].
인간세상은 잠시 동안에 묵은 자취가 되는데
시 한 수를 새로 짓노라니 글자가 鴉青紙[42)]를 적시네.
雲錦樓臺影倒波　風流玄福是名家
世臣望重詩書澤　君子名高水陸花
歷歷廢興螢化草　寥寥賦詠鶩兼霞
人間俯仰成陳跡　一首新詩字濕鴉

마시기 때문에 象筒飮이라고도 한다.

36) 여운필・성범중・최재남 공역, 『역주 목은시고』 7, 月印, 2004, 앞의 책, 53～56면.

37) 世臣은 대대로 임금을 섬기는 신하로 世祿之臣이라고도 한다.

38) 君子는 北宋의 周敦頤가 <愛蓮說>에서 "연꽃은 꽃 가운데 군자이다.(蓮花之君者也)"라고 한 데서 유래하여 연꽃을 비유한다.

39) 興廢는 興亡이다.

40) '螢化草'는 풀이 썩어 반딧불이 되는 것을 뒤집어서 말한 것인데, 『禮記』「月令」의 季夏之月[六月] 부분에 "썩은 풀이 반딧불이 된다.(腐草爲螢)"라는 말이 있다.

41) '霞兼鶩'은 初唐 王勃의 <滕王閣序>의 "저녁놀은 외로운 따오기와 가지런히 날고, 가을 강물은 넓은 하늘과 같은 빛이로구나.(落霞與孤鶩齊飛 秋水共長天一色)"라는 대목의 上句를 用事한 표현이다.

42) 鴉靑은 종이 이름으로 빛이 까마귀 날개처럼 暗靑色이기 때문에 생긴 말이다.

이 시에서는 개똥벌레가 다시 풀로 돌아가듯이 한 시대를 풍미하던 현복군 권염의 풍류가 지난 자취로 남은 운금루에서 느끼는 착잡한 감정을 토로하고 있다. 이 시의 제작연대가 1379년(禑王 5)인 것을 감안한다면,[43] 곽예로부터 시작되었던 용화원 연지에서 연꽃을 감상하던 풍류는 권염이 그 전통을 계승하였으나 이 시를 지을 무렵에 이미 연못이 황폐화되어 그 풍류가 더 이상 지속되지 못하고 종언을 고한 사실을 알 수 있다.

4. 곽예 고사의 시적 변용과 전승

1) 「동국사영」 작품군에 투영된 곽예 고사

이상에서 살펴본 바와 같이 「동국사영」 작품군에서 곽예를 다룬 작품에서 언급되는 것은 곽예가 비가 올 때면 맨발로 우산을 가지고 용화원의 숭교사 못가에 가서 연꽃을 구경하면서 시를 지었다는 사실이다. 그런데 앞서 이제현의 『역옹패설』에서 언급한 바와 같이, 곽예의 이러한 행동에 대한 당시의 평가는 두 가지로 갈라져 있었지만 「동국사영」 작품군에서는 대개 그의 행동에 대한 긍정적 입장을 유지하고 있다는 점을 우선 지적하여야겠다. 곽예의 행동에 대한 당시의 상반된 평가가 시간이 지날수록 긍정적인 측면에 초점이 맞추어지면서 결국에는 이제현에 의해 「동국사영」의 하나로까지 편입될 수 있었다고 하겠다.

「동국사영」에 들어 있는 곽예를 다룬 작품은 그 제목이 대개 <① 곽한림이 ② 비를 맞으며 ③ (三池의) 연꽃을 감상하다>라는 의미를 가지

43) 李穡의 『牧隱詩稿』는 작품이 연대순으로 수록되어 있는데, 권13의 중간부터 권27의 후반부까지의 시는 모두 1379년에 지어진 작품들이다.

고 있다. 그러나 이 작품들은 최당의 작품에서와 같은 커다란 변이는 드러나지 않고 있어서,[44] 후대인의 해석도 큰 변화를 보여주지는 않는다.

우선 민사평의 작품을 보면, 그 제목이 <곽한림이 빗속에서 연꽃을 감상하다(郭翰林雨中賞蓮)>[45]으로 되어 있다.

> 만 송이 연꽃이 싱그러운 위아래의 못에
> 幽人이 흥이 나서 혼자 찾아오는 때이네.
> 한 번 내린 부슬비에 연꽃 기운이 가득한데
> 몇 리의 향기로운 바람이 버들가지에 떠 있네.
> 萬柄亭亭上下池　　幽人乘興獨尋詩[46]
> 一番細雨蒸荷[47]氣　數里香風泛柳絲

이 시는 곽예가 연못을 찾아가 연꽃을 감상하는 모습을 상상하여 그린 작품이다. 기구와 승구에서 곽예가 흥이 나서 찾아오는 모습을 제시한 다음, 전구와 결구에서는 한 번 내린 부슬비로 인해 연꽃 기운이 가득한 못의 모습과 몇 리에 걸친 바람의 영향으로 연꽃의 향기가 버들가지에 떠 있음을 그려냄으로써 연꽃을 중심으로 주변 경관의 탈속적인 모습을 형상화하고 있다. 이 시에는 곽예의 관료로서의 모습보다는 연꽃으로 대변되는 자연의 아름다운 모습을 즐기는 幽人의 모습이 부각되어 있다. 한림학사로서 개경에 살면서도 자연을 즐기는 그의 은자적인 모습에 초점이 맞추어져 있다고 할 만하다. 이것은 이제현과 친교를

44) 崔讜을 대상으로 한 작품의 변화 양상에 대하여는 졸고, 「崔讜 故事의 詩的 變容과 傳承」, 77～79면, 참조.
45) 閔思平, 「東國四咏 益齋韻」, 『及菴詩集』 권2, 『韓國文集叢刊』 3, 61면.
46) 민병수 교수는 이 시의 '詩'는 '時'의 잘못인 듯하다고 하였다.(閔丙秀, 『韓國漢詩講解』, 太學社, 1995, 115면, 참조)
47) 『東文選』, 권21에는 '荷'가 '霞'로 되어 있다.

맺고 있었던 민사평으로서, 이제현이 이곳에 새로 새워진 <운금루기>에서 언급한 도회 속의 자연이라는 인식과도 통하는 것이므로, 아마 이제현과의 교유 속에 얻게 된 교감과도 관계되는 것으로 생각된다. 이제현의 <운금루기>에 나오는 해당 대목을 보기로 하자.

> 산천을 구경할 만한 빼어난 곳이 반드시 궁벽하고 먼 곳에만 있는 것은 아니다. 임금이 도읍한 곳이나 많은 사람들이 모이는 곳에도 진실로 일찍이 산천이 없었던 것은 아니다. 명예를 다투는 자는 조정에 있고, 이익을 다투는 자는 시장에 있으니, 비록 형산·여산·동정호·소상강을 반걸음만 나서면 굽어볼 수 있는 곳에 늘어놓아 만날 수 있게 하더라도 그런 것들이 있는지를 알지 못한다. 왜 그런가? 사슴을 쫓으면 산이 보이지 않고, 금을 움켜지면 사람이 보이지 않으며, 가을의 털끝은 살피면서 수레에 실은 나뭇짐은 보지 못한다. 마음이 온통 쏠린 곳이 있어서 눈이 다른 데를 볼 겨를이 없기 때문이다.[48)]

여기에서 이제현은 명예나 이익에 사로잡혀 있는 사람은 아무리 좋은 산천의 빼어난 경치를 만나더라도 그것을 알아보지 못한다고 하면서, 그것은 마음이 온통 쏠린 곳이 있어서 다른 데를 볼 겨를이 없기 때문이라고 하였다. <운금루기>가 1337년 무렵에 쓴 글이라는 사실과, 이제현이 「동국사영」을 제작한 시기가 『역옹패설』을 지은 1342년부터 민사평의 몰년인 1359년이었던 점을 감안한다면,[49)] 민사평은 이제현의 이런 생각을 충분히 알고 있었다고 짐작할 수 있다. 민사평은 이제현의 이러한 생각을 바탕으로, 곽예 고사의 현장이었던 용화원 숭교사의 연

---

48) 山川登臨之勝 不必皆在僻遠之方 王者之所都 萬衆之所會 固未嘗無山川也 爭名者於朝 爭利者於市 雖使衡廬湖湘 列于跬步俯仰之內 將邂逅而莫之知有也 何者 逐鹿而不見山 攫金而不見人 察秋毫而不見輿薪 心有所專 而目不可他及也.(李齊賢, <雲錦樓記>, 앞의 책, 554~555면)

49) 拙稿, 「東國四詠의 淵源과 傳統」, 앞의 책, 300면, 참조.

못이 바로 도회 속의 청정한 땅임을 아울러 인식함으로써 곽예의 모습이 도회 속에서도 자연의 승경을 즐기는 탈속적인 성격을 지닌 것으로 파악하고 있었음을 이 시에서 보여주는 것이다.

정추의 작품은 제목이 <곽예 한림이 비를 맞으며 연꽃을 감상한 시가 있다(郭翰林預冒雨 賞蓮有詩)>[50]로 되어 있는데, 그 細註에 "좌주 익재 시중이 명하여 읊다.(座主益齋侍中命賦)"라고 기록되어 있어서 이 시는 그의 좌주 이제현의 명에 의하여 지은 것임을 알 수 있다.

> 연꽃은 아득하고 비는 실실이 내리는데
> 십 경의 모난 못은 경관이 특히 기이하네.
> 응당 '편안 안(安)' 한 글자를 위하여 읊고는
> 먼지 낀 두건을 접고 한참 동안 서 있었으리.
> 荷花漠漠雨絲絲　十頃方塘景特奇
> 應爲吟安一箇字　塵巾折角立多時

이 시는 곽예가 비를 맞으며 찾아간 연못의 경관을 짐작으로 표현한 다음, 시를 읊은 다음에 먼지 낀 두건을 접고 한참 동안 서 있었을 것이라는 짐작을 드러낸 작품이다. 그런데 여기에서 우리의 주목을 끄는 대목은 전구의 표현이다. 곽예가 그곳을 찾아가 시를 지은 동기가 '편안 안(安)' 한 글자를 위한 것이라는 인식이다. 이 때 '安'의 의미는 여러 가지가 있을 수 있겠으나, 육체적인 편안함보다는 정신적인 안정을 의미한다고 보아야 할 것이다. 곽예가 육체의 편안함을 추구하였다고 한다면, 굳이 비가 오는 속에 우산을 쓰고 연꽃을 구경하러 나가지는 않았을 것이다. 오히려 육체적인 괴로움을 감수하면서까지 용화원의 연못에 가서 연꽃을 감상하였다는 것은 연꽃을 통한 정신적 안정을 찾으

50) 鄭樞, 「東國四咏」, 『圓齋稾』 卷上, 『韓國文集叢刊』 5, 196면.

려 하였다고 볼 수밖에 없는 것이다.

정추는 이 시를 통해 곽예가 추구하는 정신적 지향이 마음의 안정에 있었다고 해석하고 있으며, 곽예의 이 고사가 지니는 의미는 바로 현실적으로 보장된 육체적 안온을 거부하고 정신적 안정을 찾은 사실에 있었다는 점을 분명히 보여주고 있다. 이 점이 바로 정추가 인식한 곽예 고사의 의미라고 하겠다.

한수의 작품은 제목이 <곽한림이 비를 맞으며 삼지의 연꽃을 감상하다(郭翰林冒雨 賞三池蓮花)>[51]로 되어 있다.

> 시인의 기호는 여느 사람과 다른데
> 흥이 일어나면 흐리고 맑음에 어찌 구애되리요?
> 三池를 두루 감상하러 번거롭게 왕복한 것은
> 푸른 잎새에 밝은 구슬 쏟아지는 것을 보고 싶어서였네.
> 詩人嗜好與人殊　興發陰晴豈有拘
> 賞遍三池煩往復　要看綠葉瀉明珠

이 시는 곽예가 비를 맞으며 연꽃을 감상하러 간 것을 여느 사람과 다른 시흥 때문으로 파악한 다음, 그가 삼지를 두루 찾아다닌 것은 바로 푸른 잎새에 밝은 구슬이 쏟아지는 모습 곧 활짝 핀 연꽃을 구경하려는 의도 때문이라고 하였다. 빗속에 연꽃을 구경하러 가는 것을 시인의 기호가 다른 사람과 다르기 때문이라는 인식은 나름대로 독특한 것이지만, 활짝 핀 연꽃을 표현한 전구의 표현도 이미 최해의 <빗속의 연(雨荷)> 시에서 비슷하게 형상화된 바 있다.

> 후추 팔백 섬을 쌓아 놓았다고[52]

---

51) 韓脩, 「奉和益齋相國東國故事四詩」, 『柳巷詩集』, 『韓國文集叢刊』 5, 260면.

천년토록 그 어리석음을 비웃었네.
어찌하여 푸른 옥의 말[斗]로
종일토록 밝은 구슬[明珠]를 되는가?53)
貯椒八百斛　千載笑其愚
何如綠玉斗　竟日量明珠

이 시의 전·결구에서 최해는 연잎을 '綠玉斗'로, 연꽃을 '明珠'로 파악하고 있는데, 이제현과 동갑이었던 최해의 이 시를 한수가 읽었을 개연성이 충분하기 때문에, 한수는 이 구절을 이용하여 위의 시상을 엮었을 것이라고 생각할 수 있다.

그러나 이런 표현의 상사성에도 불구하고 한수가 곽예의 고사를 읊은 이 시는 시인의 기호가 보통 사람과는 다르다는 점에 기초함으로써, 곽예의 시인다운 면모를 드러내었다는 점에서 곽예 고사를 보는 또 하나의 시각을 확보할 수 있다고 하겠다.

고려시대에 제작된 이상 3인의 작품은 모두 곽예의 고사가 지니는 의미를 나름대로 긍정적인 관점에서 평가하고 있다. 민사평의 시는 곽예가 연꽃을 찾아간 행동을 도회 속에서 자연을 찾는 탈속적인 모습에 초점이 맞추어져 있고, 정추의 시는 육체적 고통을 감수하면서까지 우중에 연꽃을 구경하러 간 것은 바로 정신적 안정을 찾으려는 자세에 있는 것으로 파악하고 있으며, 한수의 시는 비를 맞으며 연꽃을 보러 간 것은 바로 곽예가 여느 사람과는 다른 시인이었기 때문이라고 하여 그가 관료라기보다는 자연의 아름다움을 찾는 시인이라고 그 성격을 규정하고 있는 것을 알 수 있다. 이들은 모두 곽예의 고사가 지닌 긍정적

52) 당나라 재상 元載가 죽음을 당한 뒤에 家産을 몰수하니 후추가 800섬이요, 다른 재산도 그렇게 많았다고 한다.

53) 原註에, 牧隱이 말하기를 "이것은 富饒한 사람을 풍자함이다.(牧隱云 此誚不廉富饒者)"라고 하였다는 언급이 있다.

인 측면에서 그 의미와 풍류를 이해하고 있다고 하겠다.

다음에는 조선시대에 들어와 지어진 작품을 살펴보기로 하겠다. 원래는 권근의 작품도 있었던 것이 분명하지만, 문집에 빠져 있기 때문에 현존하는 자료로서 확인할 수 있는 것으로는 김시습의 작품이 유일하다. 김시습의 작품은 제목이 <곽한림이 비를 맞으며 삼지의 연꽃을 감상하다(郭翰林冒雨 賞三池蓮花)>[54]로 되어 있다.

> 가느다란 이슬비가 푸른 적삼을 적시는데
> 三池에서 흥이 나서 대궐 술에 얼큰히 취하네.
> 전부터 연꽃[55]이 나를 편애함이 기꺼웠더니
> 맑은 향기 풍겨 와서 玉堂의 簪纓을 일어나게 하네.
> 廉纖細雨濕靑衫　乘興三池禁醞酣
> 前喜六郎偏愛我　淸香來惹玉堂簪

이 시는 이슬비 속에 삼지에서 흥이 나서 임금으로부터 하사 받은 술에 얼큰히 취한 곽예의 모습을 그린 다음, 연꽃의 맑은 향기 때문에 앉아 있을 수만은 없는 감정의 고조상태를 표현하고 있다. 이 시는 앞의 시들과는 달리, 곽예가 삼지를 찾아가는 여정이 설정되지 않고 다만 삼지라는 연못에서 연꽃을 즐기는 곽예의 모습만을 드러내고 있다. 그리고 전구에서 '연꽃이 나를 편애한다'는 표현은 시인[我]이 사물[六郎]

---

54) 金時習, 「詠東國故事」, 『梅月堂集』, 「詩集」 권2, 『韓國文集叢刊』 13, 113면. 『국역매월당집』 1(세종대왕기념사업회, 1977, 149면)에서는 郭翰林을 郭輿로 보고 있으나 이것은 잘못이다.

55) 六郎은 연꽃의 異稱이다. 唐나라 楊六郎[楊再思의 여섯째 아들 昌宗]의 용모가 아름다워 연꽃에 비긴 데서 나온 말이다. 『唐書』 「楊再思傳」에 다음과 같은 말이 있다. 昌宗의 용모가 아름다웠기 때문에 楊再思는 항상, "사람들은 六郎을 연꽃과 비슷하다고 하지만 그렇지 않다. 참으로 연꽃이 육랑과 비슷하다고 할 따름이다."라고 하였다.(昌宗以姿貌倖 再思每曰 人言六郎似蓮花非也 正謂蓮花似六郎耳)

을 사랑하는 것이 아니라 사물이 시인을 사랑한다는 인식으로서, 일상인의 사물인식 체계를 뒤집는 사고방식이다. 곽예가 연꽃을 구경하는 것은 시인 개인의 취향에 따른 것이 아니라 연꽃으로 대표되는 자연이 시인을 부르기 때문에 거부할 수 없다는 김시습의 자연에 대한 새로운 인식의 일단을 드러내는 것으로 볼 수 있다. 또 이 시에서는 곽예의 행동을 제삼자의 관점에서 바라보는 것이 아니라 나[我]의 관점으로 전환하여 파악함으로써 사물과 대상[곽예]과의 거리감을 좁히는 효과도 아울러 꾀하고 있다고 하겠다.

이처럼 조선시대에 들어와서 제작된 김시습의 작품은 고려시대의 작품과는 달리 자연과 시인 사이의 인식체계를 바탕으로 하여, 빗속에 연꽃을 찾아가는 여정과 노고는 배제시키고 오로지 자연 속에 존재하는 대상[연꽃]과 시인 사이의 교감만을 드러내어 그것을 즐기는 시인의 풍류에 초점을 맞추고 있다고 하겠다.

2) 기타 작품에 투영된 곽예 고사

앞에서 살펴본 바와 같이, 곽예 고사의 현장인 용화원 숭교사의 연못은 그곳에 현복군 권염이 1337년에 운금루를 세우고 그의 종족들이 모여 즐기면서 풍류를 이어가는 장소로 그 명승과 전통을 계승하였으나 그것이 단절되자, 그 풍류를 계승하고자 하는 뜻을 담은 작품을 남기기도 하였다. 이색의 다음시가 그 예가 될 것이다.

李穡, <나가고 싶어도 나갈 수 없어 운금루를 생각하다(欲出未能有懷雲錦)>, 3수 중 첫째 수[56)]

---

56) 여운필・성범중・최재남 공역, 『역주 목은시고』 6, 484면.

> 放翁[57]의 시어 가운데 고상한 놀이가 생각나는데
> 가을의 시냇길에 말 한 필과 아이 둘이네.[58]
> 늙은 목은은 앓은 뒤라 다리에 힘이 없지만
> 가랑비 속에서 가마를 타는 것이 또한 風流이네.
> 放翁詩語想淸游　一馬二僮溪路秋
> 老牧病餘無脚力　扶輿細雨亦風流

이 시는 운금루가 곽예 고사의 현장이었던 사실을 염두에 두고 지은 작품이다. 곽예가 비가 오면 맨발로 우산을 들고 용화원으로 갔던 그 일화를 생각하면서, 병을 앓은 뒤라 걷지 못하고 가랑비 속에 수레를 타고 가는 자신의 풍류를 곽예의 그것과 대비시키고 있으니, 이러한 사정은 전구의 '亦'자를 통해서 확인할 수 있다. 곽예가 맨발로 갔던 우중에 연꽃을 구경하러 갔던 그 일도 풍류스러운 일임에는 틀림없으나 자기처럼 어쩔 수 없는 상황에서는 수레를 타고 가는 것 '또한' 풍류인 것은 분명하다는 논리이다. 이처럼 곽예가 <상련> 시를 통해서 보여주었던 고려인의 풍류가 이제현을 거쳐 그의 문생이었던 이색에게까지 전승되고 있음을 확인할 수 있다. 물론 이러한 풍류가 굳이 용화원의 연지에서만 즐길 수 있는 성질의 것은 아닐 것이다. 그래서 이색과 같은 마을에 살면서 莫逆之友로 살았던 한수는 이색과 함께 숭교사가 아닌 天壽寺[59]의 연못에 가서 연꽃을 감상하고 시를 지어, 곽예가 연꽃을 감상하던 그 풍류를 되새기는 작품을 남기기도 하였다.

---

57) 放翁은 宋나라 詩人 陸游의 號이다. 淸新한 시로 일가를 이루었는데 특히 蜀中 풍토를 사랑하여 시집의 제목을 『劍南詩稿』라고 하였으므로 劍南派라고 불린다.

58) 이 구절은 陸游의 시 <游近山>의 "어지러운 산 외로운 가게에 늦은 기러기 소리요, 말 한 필 두 동복에 가을 시냇길이네.(亂山孤店雁聲晩 一馬二僮溪路秋)"에서 따온 것이다.

59) 天壽(水)寺는 開京의 동문 옆에 있던 절이다.

<목은선생을 모시고 천수사[60]에서 연꽃을 감상하고 선생의 시에 차운하다(陪牧隱先生往天壽寺賞蓮 次先生詩韻)>[61], 3수 중 첫째 수[62]

세 번 연못을 찾아가도 감상은 더욱 새로웠는데[63]
지금 세상에서 누가 연꽃을 사랑하는가?
낙원이 서역의 끝에 있어도 응하지 못하지만
濂溪[64] 뒤에 다시 그를 잇는 사람이 아니랴?
땅이 시원한데 어찌 趙盾의 해[65]를 근심하리요?

---

60) 天壽寺는 경기도 開城 동쪽에 있던 절이다. 고려 肅宗 2년(1097)에 창건되었다.

61) 이 시의 셋째 수는 『東文選』 권16에 <陪牧隱先生往天壽寺賞蓮 次先生韻>이라는 제목으로 실려 있다.

62) 성범중・박경신, 『한수와 그의 한시』, 국학자료원, 2004, 270면.

63) 이 구절은 한림학사 郭預가 비 오는 날 연꽃을 구경하러 갔던 고사를 지적한 것이다. 郭預의 <賞蓮>의 첫 구절이 "賞蓮三度到三池"이다.

64) 濂溪는 周敦頤를 가리킨다. 周敦頤는 宋나라의 儒學者로 字가 茂叔이다. 그는 營道縣 濂溪 가에서 世居하였으므로 세상에서는 濂溪先生이라고 부른다. 『太極圖說』・『通書』 등을 지어 理氣學의 開祖가 되었다. 諡號는 元公이다. 程顥・程頤 형제는 그의 제자이다. 여기서 周敦頤를 언급한 것은 그가 중국에서 연꽃을 가장 사랑한 사람으로 알려져 있기 때문이다. 그의 「愛蓮說」은 고결한 인품을 연꽃의 생태를 빌어 잘 표현한 것으로 평가된다. 『古文眞寶』에 실린 그의 「愛蓮說」의 全文은 다음과 같다.
물과 뭍의 풀과 나무의 꽃에 가히 사랑할 만한 것이 매우 많다. 晋나라 陶淵明은 유독 국화를 사랑하였다. 李氏의 唐나라 이래로 세상 사람들은 모란을 매우 사랑하였다. 나는 유독 연꽃을 사랑한다. 진흙에서 났으나 물들지 않고, 맑은 물결에 씻겼으나 妖艶하지 않고, 가운데는 비었으나 겉은 곧으며, 넝쿨도 없고 가지도 없으며, 향기는 멀수록 맑고, 亭亭하면서도 고요히 서있고, 가히 멀리서 바라볼 수는 있어도 가까이 두고 翫賞할 수는 없다. 나는 菊花는 꽃의 隱逸者라고 부른다. 모란은 꽃의 富貴者이다. 연꽃은 꽃의 君子者이다. 슬프다. 국화를 사랑한다는 말을 도연명 이후에 들은 적이 거의 없다. 연꽃을 사랑함에는 나와 같은 사람이 어느 사람일까? 모란을 사랑하는 사람이 응당 많으리라.(水陸艸木之花 可愛者甚蕃 晋陶淵明獨愛菊 自李唐來 世人甚愛牧丹 予獨愛蓮 之出淤泥而不染 濯靑漣而不妖 中通外直 不蔓不枝 香遠益淸 亭亭淨植 可遠觀而不可褻翫焉 予謂菊花之隱逸者也 牧丹花之富貴者也 蓮花之君子者也 噫 菊之愛 陶後鮮有聞 蓮之愛 同予者何人 牧丹之愛 宜乎衆矣)

65) 趙盾의 해[趙盾日]는 뜨거운 여름의 해를 가리킨다. 春秋時代 晉나라의 정치가

바람이 향기로워 庾公의 먼지[66]가 섞이지 못하네.
이 사이의 참된 취향은 진실로 형용하기 어려운데
시편이 묘하여 入神의 경지임을 기쁘게 바라보네.
三訪蓮池賞轉新 愛蓮今世復何人
未應樂國在西極 莫是濂溪更後身
地爽那憂趙盾日 風香不雜庾公塵
此間眞趣誠難狀 喜見詩篇妙入神

따라서 이 시의 배경이 龍化院의 崇敎寺 연못은 아니지만, 한수는 곽예가 즐겼던 그 풍류의 유래와 본질을 충분히 알고 있었음을 이 시를 통해서 확인할 수 있다.

한수의 작품과 같은 예외가 없는 것은 아니지만, 적어도 곽예의 일화를 알고 있었고 또 그 현장을 확인할 수 있었던 시절의 사람들에게는 곽예가 빗속에서 연꽃을 감상하였던 용화원 숭교사의 연못이 소탈한 풍류를 즐길 수 있는 장소의 대명사로 인식되었을 것은 부정할 수 없는 사실이었으므로 그 사실을 아는 후대의 시인들이 그 곳에 가면 곽예와 같은 풍류를 재현하려는 마음이 일어날 수밖에 없었을 것이다. 따라서 곽예의 일화가 일어난 장소였던 용화지는 「동국사영」의 전통을 이어간 문인은 물론, 동국사영의 전통을 알지 못하는 문인들도 그런 범주의 풍류에 젖게 만드는 장소였다고 할 수 있다.

이자 모사가였던 趙衰와 趙盾 父子는 모두 진나라의 공신으로 칭송되었다. 狐射姑가 이 두 사람을 평가하기를, “조최는 겨울날의 해와 같고 조순은 여름날의 해와 같다.(趙衰 冬日之日也 趙盾 夏日之日也)”라고 하였다.

66) 庾公의 먼지[庾公塵]는 庾塵이라고도 하는데, 권세가가 일으키는 먼지를 말한다. 晉나라의 庾亮(289~340)의 권세가 매우 강하였을 때, 王導가 한 말이다. 『晉書』 <王導傳>에 의하면, 庾亮이 비록 外鎭에 있어도 조정의 권세를 좌지우지하고 있을 때, 王導는 서풍이 불어 먼지를 일으키자 부채를 들어 스스로 막으면서 말하기를, “元規[元規는 庾亮의 字임]의 먼지가 사람을 더럽히는구나.(元規塵汙人)”라고 하였다고 한다.

그러나 곽예의 고사의 현장은 여타 「동국사영」의 대상 장소인 김부식의 江西寺, 정서의 鄭瓜亭, 최당의 皺巖이 후대에까지 보존되었던 것과는 달리 삼지, 또는 운금루의 연못이 14세기말에 황폐화된 지경에 이르게 됨으로써 후대의 문인들이 더 이상 그의 일화를 돌이켜볼 수 있는 장소를 잃어버리게 되었고, 그 결과 곽예의 고사를 기릴 기회를 갖지 못하게 되었다고 하겠다. 다만 곽예 고사의 현장이 아닌 곳에서 비슷한 정경을 대하게 되었을 때, 그의 고사를 원용한 작품을 일부 확인할 수 있을 뿐이다. 조선시대에 지어진 鄭希良(1469~1502)의 다음의 시는 그 좋은 예가 된다.

鄭希良, <운금루에서 연꽃을 감상하다(雲錦樓賞蓮)>[67]

꽃자루마다 연꽃은 십 장이나 되는데[68]
홀로 서니 근심스러이 이웃이 없네.
옛 잎은 울퉁불퉁한데
새 꽃은 좋은 손님인 듯하네.
風味는 늙어도 오히려 남아 있음을
徐花潭과 黃眞伊에게서 다시 깨닫네.
이 粲然한 것을 만나니
聲色의 티끌을 씻을 만하네.
구차스럽게도 열매를 따고 싶었으니
韓子[69]는 참으로 어리석은 사람이네.
천년토록 濂溪[70] 노인은

67) 鄭希良, 『虛庵遺集』 권2, 『韓國文集叢刊』 18, 34면.

68) 연꽃의 크기가 십 장이나 된다는 말은 당나라 韓愈의 <古意> 시에 나오는 표현이다. 그는 그 시에서 "太華峰頭玉井蓮 開花十丈藕如船"이라고 하였다.

69) 韓子는 唐의 시인 韓愈를 가리킨다. 韓愈는 <古意> 시에서 중국 華山의 蓮花峰을 연꽃에 비유하고 "어찌하면 긴 사다리 위에서 열매를 따서 七澤에 심어 根株를 이을까?(安得長梯上摘實 下種七澤根株連)"라고 읊은 바 있다.

나와 회포가 친근하다네.
柄柄十丈荷　獨立耿無隣
舊葉低復擧　新花如佳賓
風味老猶在　更覺徐娘眞
邂逅此粲者　可洗聲色塵
區區欲摘實　韓子眞癡人
千載濂溪翁　與我懷抱親

이 시는 운금루의 연꽃을 대상으로 하였으나, 여기에서의 운금루는 개성에 있던 권염이 지은 누각이 아니라 수원에 있던 누각이다.[71] 수원의 운금루는 고려 말에 부사 全成安이 짓고 이색이 記를 지었으며, 조선시대에 들어와 世祖 때 부사 閔孝悅이 중건하고 申叔舟가 記를 지었던 곳이다.[72] 따라서 이 시는 곽예의 고사와는 전혀 관련이 없는 곳이라고 할 수 있다. 또 정희량은 김시습보다 30여 년 늦게 태어난 사람으로서 「동국사영」의 전통이 끊어진 상태에서 지은 것으로서, 「동국사영」에 대해 알고 있었다고 확언하기도 어렵다. 그래서 이 시는 운금루 앞에 펼쳐진 연꽃을 보고 느낀 감회를 형상화한 것이라고 할 수 있다.

이 시는 연꽃을 바라보면서 그 꽃에서 연상되는 관념에 따라 시적 의경을 전개시키고 있다. 시인은 늙어 가는 자신의 모습을 연꽃에 비겨 바라보면서, 늙어도 風情은 사라지지 않음을 개성의 서화담과 황진이의 일화를 통해 확인하고 있다. 또 이렇게 찬연한 연꽃의 모습을 보면서

70) 濂溪는 南宋의 學者 周敦頤를 가리킨다. 그는 연꽃의 덕을 칭송하는 <愛蓮說>을 지었다.

71) 운금루가 수원에 있다는 사실은 이 시와 동시에 지어진 것으로 보이는 그의 다른 작품 <登雲錦樓 復次止亭挹翠韻>(5수 중 둘째 수: "東西南北經行遍 天地中間獨立翁 乾達山前逢晩雨 龍岩寺裡望江風", 鄭希良, 앞의 책, 같은 곳)에서 알 수 있다. 乾達山(또는 建達山)은 바로 수원의 서남쪽에 있는 산이기 때문이다.

72) 『新增東國輿地勝覽』 권9, 「水原都護府」 '樓亭', 참조.

세속의 聲色을 씻을 수 있다고 하면서, 신선이 되려고 관념의 차원에서 華山 蓮花峰의 연밥을 따려고 하였던 韓愈를 비판하는 한편,[73] 연꽃에서 군자적 풍모를 찾으려 하였던 周敦頤를 긍정하는 자세를 보여주고 있다.

이 시와 곽예의 고사의 연결 고리는 "風味는 늙어도 오히려 남아 있음을 徐花潭과 黃眞伊에게서 다시 깨닫네.(風味老猶在 更覺徐娘眞)"라고 한 3연의 표현이다. 이것은 곽예가 <상련>에서 "다만 꽃을 보는 玉堂의 손님이 있어 風情은 아직 줄지 않았는데 살쩍은 실과 같네.(唯有看花玉堂客 風情未減鬢如絲)"라고 한 것과 같은 발상법에서 출발한 것으로, 곽예는 그 늙은이의 風情을 연꽃을 감상하는 데서 풀려고 한 데 대하여 정희량은 松都三絶로 널리 알려진 서화담과 황진이의 일화를 통하여 노인의 風味를 다시 깨닫는다고 하였다. 자연을 향한 노인의 풍정을 남녀의 애환으로 바꾸어 해석한 측면이 특이하지만, 그것들이 다같이 연꽃이라는 대상 또는 매개물을 통하여 이루어진다는 데에서 두 작품의 연관성을 추출할 수 있는 것이다.

이상에서 보았듯이, 곽예 고사를 다룬 작품들은 연꽃을 매개로 하여 곽예가 비를 맞으며 삼지에서 연꽃을 감상하면서 시를 지었다는 일화와 연결될 수 있는 하나의 고리를 중심으로 곽예의 풍류와 자신의 풍류를 대비하는 방식을 보여주고 있다. 이색의 시는 곽예가 연못을 걸어서 찾아가는 모습에 견주어 수레를 타더라도 같은 풍류라고 하였고, 정희량의 시는 곽예가 늙어서 느끼는 연꽃에 대한 풍정에 견주어 서화담과 황진이의 풍미로 전환하여 늙은이의 풍미와 동궤의 것으로 파악하고 있다. 따라서 이 시들은 곽예 고사의 일면, 즉 빗속에 연못을 찾아가는

---

73) 華山 蓮花峰에는 다음과 같은 전설이 있다고 한다. 華山有蓮花峰: 又古來傳說山頂有池 生千叶蓮花 服之便可成仙 故名華山.(孫映逵 主編, 『中國歷代咏花詩詞鑑賞辭典』, 江蘇省新華書店, 1989, 800면)

모습 또는 그곳에서 읊은 시의 한 부분만을 연결 고리로 사용하여 그 맥락을 잇는 것으로 이해할 수 있다.

5. 맺음말

이상에서 「동국사영」 작품군에서 주요한 대상이 되는 곽예 고사의 시적 변용과 전승에 대하여 살펴보았다. 논의된 바를 요약하여 결론을 삼기로 하겠다.

곽예는 고종 때 장원 급제하여 전주사록 · 첨사부녹사 · 판도정랑 · 보문서대제 · 지제고 · 필도치 · 전법총랑 · 춘궁시강학사 · 좌승지 · 국자감대사성 · 문한학사 · 지밀직사사 · 감찰대부 등을 역임한 전형적 관료로서 성품이 평담 · 경직하고 겸손하고, 글과 글씨에 빼어난 인물이었다. 그는 한림학사로 있을 때, 비오는 날 용화지의 연꽃을 구경하러 다녔는데 이 일을 풍류스럽게 여긴 후인들이 그의 풍치를 높이 사서 그 일을 읊는 사람들이 많았다고 한다.

곽예가 「동국사영」의 대상이 되는 것은 바로 그가 용화원 숭교사의 연못에 비를 맞으며 가서 연꽃을 구경하고 시를 지었다는 고사 때문이다. 그러나 이제현의 『역옹패설』에 의하면, 당시의 그의 행동에 대해서는 잘난 체 하는 '聖者'로 보는 시각과 풍류스러운 행동으로 보는 시각이 대립되고 있었음을 알 수 있는데, 이제현은 그의 행동을 풍류로 보아 「동국사영」의 하나로 뽑았던 것이다. 「동국사영」의 전통을 계승한 후대의 시인들은 대개 이제현의 시각에 동조하여 그의 행동을 긍정적인 입장에서 평가하고 있다. 곽예가 즐겨 찾았던 용화원 숭교사의 연못가에는 1337년 현복군 권염이 운금루를 지어 그의 풍류를 계승하다가 결국 1379년 무렵에 연꽃이 폐사하자 그곳에서의 풍류적 전통은 막을 내리고, 곽예 고사의 현장은 결국 사라지게 됨으로써 후인들이 곽예 고사의 현장을 확인할 수 없게 되고 마는 것이다.

곽예 고사의 시적 변용과 계승을 살펴보면, 그 주된 대상이 되는 곽예의 雨中賞蓮에 대해 긍정적 시각에서 평가하는 것은 일치하지만 구체적 내용에서는 약간의 차이가 드러난다.

고려시대에 제작된 민사평·정추·한수의 작품은 정도의 차이가 있기는 하지만, 모두 곽예의 삼지에서의 풍류에 초점이 맞혀져 있다. 민사평의 시는 곽예가 연꽃을 찾아간 행동을 도회 속에서 자연을 찾는 탈속적인 모습을 평가하였고, 정추의 시는 육체적 고통을 감수하면서까지 雨中에 연꽃을 구경하러 간 것은 바로 정신적 안정을 찾으려는 자세로 인식하고 있으며, 한수의 시는 비를 맞으며 연꽃을 보러 간 것은 바로 곽예가 여느 사람과는 다른 시인이었기 때문이라고 하여 그가 관료라기보다는 자연의 아름다움을 찾는 시인이라고 그 성격을 규정하고 있다.

여기에 대해 조선시대에 들어와 김시습의 작품은 앞의 시들이 모두 곽예가 연못을 찾아가는 여정과 연못에서의 시를 짓는 모습 양자를 함께 고려하고 있음에 반해, 여정은 고려하지 않고 연못에서 연꽃을 즐기는 시인의 모습만을 드러내고 있다. 따라서 김시습의 시는 오로지 자연 속에 존재하는 대상[연꽃]과 시인 사이의 교감만을 드러내어 그것을 즐기는 시인의 풍류에 초점을 맞추고 있다.

한편, 「동국사영」에 들지 않으면서 곽예 고사와 관련성을 지닌 이색과 정희량의 작품은 연꽃을 매개로 하여 곽예가 비를 맞으며 삼지에서 연꽃을 감상하면서 시를 지었다는 일화와 연결될 수 있는 하나의 고리를 중심으로 곽예의 풍류와 자신의 풍류를 대비하는 방식을 보여주고 있다. 이색의 시는 곽예가 연못을 걸어서 찾아가는 모습에 견주어 수레를 타더라도 같은 풍류라고 하였고, 정희량의 시는 곽예가 늙어서 느끼는 연꽃에 대한 풍정에 견주어 서화담과 황진이의 풍미로 전환하여 늙은이의 풍미와 동궤의 것으로 파악함으로써, 곽예 고사의 일면만을 연결 고리로 사용하여 그 맥락을 잇고 있다고 하겠다.

參考文獻

1. 資料

『高麗史』.

『古文眞寶』.

『국역 동문선』, 민족문화추진회, 1977.

權近, 『陽村集』.

金時習, 『梅月堂集』.

______, 『국역 매월당집』, 세종대왕기념사업회, 1977.

金養根, 『東埜集』.

金宗直 편, 『靑丘風雅』.

南龍翼 편, 『箕雅』.

『唐書』.

臺靜農 편, 『百種詩話類編』, 臺北:藝文印書館, 1974.

『東國通鑑』.

『東文選』.

동아대학교 고전연구실, 『譯註 高麗史』 8, 太學社, 1987.

『孟子』.

閔思平, 『及菴詩集』.

『三國史記』.

『三韓詩龜鑑』.

『書經』.

서긍 저, 조동원외 5인 공역, 『고려도경』, 황소자리, 2005.

徐渻, 『藥峯遺稿』.

成俔, 『虛白堂集』.

孫映逵 主編, 『中國歷代咏花詩詞鑑賞辭典』, 江蘇省新華書店, 1989.

『詩經』.

辛應時, 『白麓遺稿』.

申晸, 『汾厓遺稿』.

『新增東國輿地勝覽』.

『樂學軌範』.
楊士彦, 『蓬萊詩集』.
楊熙止, 『大峰集』.
魚世謙 외, 『咸從世稿』.
여운필・성범중・최재남 공역, 『역주 목은시고』 6, 月印, 2003.
『禮記』.
울산대학교 인문과학연구소 편, 『울산울주지방 민요자료집』, 울산대학교출판부, 1990.
尹舜擧, 『童土集』.
柳成龍, 『西厓集』.
劉在建 편, 『古今詠物近體』, 亞細亞文化社, 1981.
李圭景, 『詩家點燈』, 亞細亞文化社, 1981.
李奎報, 『白雲小說』.
李穡, 『牧隱文藁』.
____, 『牧隱詩藁』.
李崇仁, 『陶隱集』.
李裕元, 『林下筆記』.
李瀷, 『星湖僿說』.
____, 『星湖集』.
李仁老 저, 成樂薫 역, 『破閑集』, 『韓國의 思想大全集』 3, 同和出版公社, 1985.
李齊賢, 『櫟翁稗說』.
______, 『益齋亂藁』.
李稷, 『亨齋詩集』.
李春元, 『九畹集』.
李學逵, 『嶺南樂府』.
李瀚, 『蒙求』.
林椿, 『西河集』.
『莊子』.
張志淵 편, 『大東詩選』.
『全唐詩』.
鄭道傳, 『三峯集』.

鄭榮邦, 『石門集』.
鄭樞, 『圓齋稾』.
鄭希良, 『虛庵遺集』.
曺偉, 『梅溪集』.
趙浚, 『松堂集』.
『增補文獻備考』.
『晉書』.
蔡壽, 『懶齋集』.
『楚辭』.
崔恒, 『太虛亭集』.
崔瀣, 『拙稿千百』.
韓脩, 『柳巷詩集』.
洪萬宗 편, 洪贊裕 譯註, 『詩話叢林』, 通文館, 1993.
______, 『小華詩評』.
洪葳, 『淸溪集』.
『後漢書』.

2. 論著

김건곤, 『이제현의 삶과 문학』, 以會文化社, 1996.
金聖基, 「李齊賢의 詩文學 硏究」, 서울대학교 대학원 문학박사학위논문, 1990.8.
金性彦, 「金富軾의 삶과 文學」, 『韓國漢詩作家硏究』 1, 太學社, 1995.7.
金在滿, 「金富軾」, 『高麗의 人物』, 『韓國人物史』 2, 大衆書舘, 1981.
金泰永, 「高麗後期 士流層의 現實認識」, 『創作과批評』 44, 창작과비평사, 1977.
閔丙秀, 『韓國漢詩講解』, 太學社, 1995.
朴敬伸, 「韓脩와 그의 詩世界」, 『韓國漢詩作家硏究』 2, 太學社, 1996.12.
서울대학교 東亞文化硏究所 편, 『國語國文學事典』, 新丘文化社, 1974.
成範重, 「金富軾 故事의 詩的 變容과 傳承」, 『울산어문논집』 11, 울산대학교 국어국문학과, 1996.12.
______, 「東國四詠의 淵源과 傳統」, 『韓國漢詩硏究』 4집, 太學社, 1996.12.
______, 「崔讜 故事의 詩的 變容과 傳承」, 『울산어문논집』 12, 울산대학교 국어

국문학과, 1997.12.

______, 「郭預 故事의 詩的 變容과 傳承」, 『울산어문논집』 13·14합집, 울산대학교 국어국문학과, 1999.11.

成範重·朴敬伸, 『韓脩와 그의 漢詩』, 국학자료원, 2004.

신기철·신용철, 『새 우리말 큰사전』, 증보판, 三省出版社, 1979.

沈慶昊, 「閔思平論」, 『韓國漢詩作家硏究』 1, 太學社, 1995.7.

安輝濬, 『韓國繪畵史』, 一志社, 1980.

呂運弼, 「鄭敍의 生涯에 관한 새로운 檢討」, 『睡蓮語文論集』 24집, 수련어문학회, 1999.4.

李圭虎, 「次韻法과 鄭知常의 送人」, 『韓國古典詩學論』, 새문사, 1985.

이동주, 『韓國繪畵小史』, 서문문고 1, 서문당, 1972.

李丙疇 외 5인 공저, 『韓國漢文學史』, 半島出版社, 1991.

李鍾默, 「高麗時代 寺刹題詠詩의 作法과 文藝美」, 『韓國漢詩硏究』 2, 太學社, 1994.12.

鄭景柱, 「鄭敍의 生涯와 忠臣戀主之詞로서의 鄭瓜亭」, 『釜山漢文學硏究』 8, 釜山漢文學會, 1994.1.

______, 「<정과정> 한시의 서정적 적층에 대하여」, 『瓜亭文學의 再照明』, 부산: 坡田韓國學堂, 1997.

鄭求福, 「李齊賢의 歷史意識」, 震檀學會編, 『韓國古典』심포지움, 제2집, 一潮閣, 1985.

조동일, 『한국문학통사』 1, 제3판, 지식산업사, 1994.

胡雲翼 저, 張基槿 역, 『中國文學史』, 大韓教科書株式會社, 1985.

洪禹欽, 『漢詩論』, 영남대학교출판부, 1991.

찾아보기

1. 작품명 · 서명

【ㄷ】

【ㅁ】

【ㅂ】

【ㅅ】

2. 인명 · 지명 · 건물명 · 사건명

【ㄱ】

【ㄴ】

【ㅇ】

【ㅈ】

【ㅌ】

【ㅍ】

【ㅎ】

성범중(成範重)

경북 상주 출생. 상주중·경기고 졸업. 서울대학교 인문대학 국어국문학과 졸업. 동 대학원 석사·박사과정 수료. 문학박사. 현재 울산대학교 국어국문학과 교수. 주요 저서로 『울산울주지방 민요자료집』(공편), 『척약재 김구용의 문학세계』, 『한수와 그의 한시』(공저), 『역주 목은시고』 1~10(공역), 『한문학 속에 남아 있는 울산지역의 풍광과 풍류』 등이 있고, 다수의 논문이 있다.

東國四詠 硏究

초판 1쇄 인쇄 2006년 2월 10일
초판 1쇄 발행 2006년 2월 17일
지은이 성범중
펴낸이 박성복
펴낸곳 도서출판 월인
등록 제6-0364호(1998. 5. 4)
주소 142-879 서울특별시 강북구 수유2동 252-9
전화 (02) 912-5000
팩스 (02) 900-5036
e-mail worin@hitel.net
homepage http://www.worin.net

ISBN 89-8477-303-4 93810

값 11,000원